江西省高校人文社会科学重点研究基地 2016 年度项目（JD16162）
南昌大学中国中部经济社会发展研究中心 2016 年度项目（16ZB10）
南昌大学"区域经济与绿色发展创新研究平台（9162–22110017）"
江西长江经济带协同创新中心项目

# 长江经济带区域协同发展：
# 产业竞合与城市网络

## 王圣云　向云波　万　科　等著

中国财经出版传媒集团

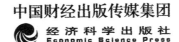

经济科学出版社
Economic Science Press

**图书在版编目（CIP）数据**

长江经济带区域协同发展：产业竞合与城市网络／
王圣云等著 . —北京：经济科学出版社，2017.4
ISBN 978 - 7 - 5141 - 7931 - 6

Ⅰ. ①长… Ⅱ. ①王… Ⅲ. ①长江经济带 - 区域
经济发展 - 研究 Ⅳ. ①F127.5

中国版本图书馆 CIP 数据核字（2017）第 076330 号

责任编辑：于海汛 李一心
责任校对：刘 昕
版式设计：齐 杰
责任印制：潘泽新

**长江经济带区域协同发展：产业竞合与城市网络**
王圣云 向云波 万 科 等著
经济科学出版社出版、发行 新华书店经销
社址：北京市海淀区阜成路甲 28 号 邮编：100142
总编部电话：010 - 88191217 发行部电话：010 - 88191522
网址：www. esp. com. cn
电子邮件：esp@ esp. com. cn
天猫网店：经济科学出版社旗舰店
网址：http://jjkxcbs. tmall. com
北京汉德鼎印刷有限公司印刷
三河市华玉装订厂装订
710×1000 16 开 16.5 印张 270000 字
2017 年 7 月第 1 版 2017 年 7 月第 1 次印刷
ISBN 978 - 7 - 5141 - 7931 - 6 定价：46.00 元
**（图书出现印装问题，本社负责调换。电话：010 - 88191510）**
**（版权所有 侵权必究 举报电话：010 - 88191586**
**电子邮箱：dbts@ esp. com. cn）**

# 前　言

　　长江是世界第三大河，长江流域是人类文明的发祥地，流域面积达 180 万平方公里。长江经济带主要覆盖上海、江苏、浙江、安徽、江西、湖北、湖南、重庆、四川、云南、贵州 11 省市，横跨我国东、中、西三大区域，面积约 205 万平方公里，人口占全国的 2/5，经济总量接近全国的 45%。长江素有"黄金水道"之称，水运条件优越，干流横贯东西，支流沟通南北，是联系我国沿海、内陆与沿边地区，东部、中部与西部地区以及发达地区、欠发达地区和落后地区的大动脉，是我国实现国内国外双向开拓和内陆经济与海洋经济交汇融合的中枢地带，具有巨大发展潜力和全流域整体发展优势，是我国东西向的经济主轴带，也是引领我国区域协同发展的战略支撑带和中国未来最有发展前景的经济带，这为长江经济带产业密集带、城市网络带、交通物流和信息技术经济带的形成与发展创造了有利条件。

　　实现长江经济带区域协同发展，须坚持"产业—城市—区域"一体发展和协同治理导向，以产业转型升级和产业群落发展为推动，以城市集群网络为载体，以区域协同发展为目标，构建紧密关联、网络交叠的城市网络体系和城市集群，促进长江上中下游城市群协同发展，打造我国东中西区域协调发展带。

　　从区域经济学理论来看，区域城市网络的形成和演变需具备以下三个条件：一是地域内有较强经济集聚、辐射和带领能力的中心城市或城市圈；二是城市区域拥有广阔的经济腹地和市场范围；三是城市之间具有紧密的交通物流、信息技术、通信网络等经济联系，城市之间、企业之间、市场之间相互依赖，互相联系，协同发展。

若以1996年国家提出建设"沿江综合经济带"作为"长江战略"之始，迄今长江经济带建设已有20载。当前长江经济带新一轮的开发开放必然带来全流域区域空间结构重组。随着长江经济带交通运输建设持续推进，区域物流网络逐步完善，互联网技术对城市经济的影响日益深远。城市之间、地方之间、企业之间一些新的经济合作机会不断涌现。经济专业化分工更加细分，交易密度大为增加，功能性联系明显加强，要素产品流动大幅增多，产业结构不断演进，市场规模和范围不断拓展，城市之间的产业竞合愈加激烈，人口和经济活动分布重新被分配，长江经济带城市体系结构不断被塑造，长江经济带城市之间的关系不断被改变。开放、创新与市场因素进一步促进了长江经济带城市网络浮现和格局演化。城市之间在经济、文化、教育、创新等方面建立起了紧密的功能联系，形成了功能互补、更加扁平化和更具灵活性的地域分工格局以及开放的、有机的、便捷的城市网络空间组织。城市网络中城市的综合竞争力也得到相应了提高，由多中心城市或城市圈构成的区域城市网络不断融合和集聚，最终形成长江经济带城市集群网络，使城市网络的整体效应和流域一体化的协同效应不断发挥出来，促进长江经济带区域协同发展。

本书以"创新、协调、绿色、开放、共享"五大发展理念为指导，以"产业—城市—区域"为研究主线，以产业竞合为研究起点，以城市网络为研究重点，以长江经济带产业竞合、城市网络和区域协同发展为研究主题，重点对长江经济带的产业结构、产业竞争与产业协同发展导向，长江经济带城市网络和城市集群合作，以及长江经济带区域协同发展能力和决定因素等内容进行研究，以期对促进长江经济带产业、城市和区域协同发展和治理提供一定的参考建议。

# 目　　录

**第一章　绪论** ································································ 1

 第一节　长江经济带的范围、属性与特征解析 ············· 1

 第二节　长江经济带"产业—城市—区域"协同
    发展与治理思路 ··································· 7

 第三节　长江经济带"产业—城市—区域"协同
    发展的理论框架 ··································· 8

 第四节　本书内容安排 ········································ 12

**第二章　长江经济带产业结构与经济发展现状** ············ 14

 第一节　长江经济带区域经济发展总体态势 ············· 14

 第二节　长江经济带第一产业及其行业发展分析 ········ 20

 第三节　长江经济带第二产业及其行业发展分析 ········ 30

 第四节　长江经济带第三产业及其行业发展分析 ········ 44

 第五节　本章小结 ············································ 61

**第三章　长江经济带产业竞争与协同优势** ················· 66

 第一节　偏移份额模型与产业部门优势图 ··············· 66

 第二节　长江经济带产业结构与产业竞争力 ············· 70

 第三节　长江经济带产业部门优势分析 ·················· 86

 第四节　长江经济带产业协同发展导向 ·················· 94

 第五节　本章小结 ············································ 96

**第四章　长江经济带制造业结构与竞争力** ················ 100

 第一节　长江经济带制造业地位及变化 ················· 101

第二节　长江经济带制造业的偏移份额分析 ……………………… 116

第三节　本章小结 ………………………………………………… 140

# 第五章　长江经济带城市网络与城市集群合作 …………… 143

第一节　经济联系模型与社会网络方法 ………………………… 143

第二节　长江经济带城市经济竞争力评价 ……………………… 145

第三节　长江经济带城市网络结构分析 ………………………… 149

第四节　长江经济带城市集群空间合作路径 …………………… 154

第五节　本章小结 ………………………………………………… 156

# 第六章　长江中游城市群物流网络空间组织 …………… 158

第一节　长江中游城市群发展态势 ……………………………… 158

第二节　长江中游地区中心城市辐射空间 ……………………… 160

第三节　长江中游地区物流网络空间布局 ……………………… 166

第四节　长江中游城市群经济空间网络组织 …………………… 168

第五节　本章小结 ………………………………………………… 175

# 第七章　长江中游城市群城际联系网络动态演化 …………… 178

第一节　长江中游城市经济竞争力动态演变 …………………… 178

第二节　长江中游城市群空间网络结构时空演化 ……………… 181

第三节　本章小结 ………………………………………………… 190

# 第八章　长江中游城市群人口与经济空间均衡分析 …………… 192

第一节　重心模型与空间自相关模型 …………………………… 192

第二节　长江中游城市群人口与经济空间分布关系 …………… 194

第三节　长江中游城市群人口重心与经济重心演变 …………… 197

第四节　本章小结 ………………………………………………… 199

# 第九章　长江经济带生态足迹与生态承载格局 …………… 201

第一节　长江经济带生态足迹与生态承载力测算 ……………… 201

第二节　长江经济带生态足迹与生态承载力分析 ……………… 207

第三节　本章小结 ………………………………………………… 210

**第十章　长江经济带城市协同发展的决定因素** …………………… 212

第一节　决定因素的指标分析 ……………………………… 213
第二节　长江经济带城市协同发展的决定因素识别 ………… 214
第三节　长江经济带城市协同发展的决定因素评析 ………… 219
第四节　本章小结 ………………………………………… 225

**第十一章　长江经济带区域协同发展能力综合评估** ………… 227

第一节　基于"五力模型"的区域协同发展
　　　　能力分析框架 …………………………………… 227
第二节　长江经济带区域协同发展能力综合
　　　　评价与比较分析 ………………………………… 235
第三节　本章小结 ………………………………………… 247

**参考文献** ………………………………………………… 249
**后记** …………………………………………………… 254

# 第一章

# 绪　　论

## 第一节　长江经济带的范围、属性与特征解析

### 一、长江经济带国家战略的提出历程

　　长江素有"黄金水道"之称，其流经地区城市集中、经济发达、资源丰富、人口众多，由此形成的长江经济带与沿海经济带构成了我国经济发展的主架构，是我国国土开发和经济布局"T"字形空间结构战略中一条重要的一级发展横轴。

　　长江经济带最早由中国生产力经济学会在 1984～1985 年提出，当时所用的概念是"长江产业密集带"，是指以长江流域若干特大城市为中心，通过其辐射和吸引作用，城市和农村的发展，从而形成一个较大范围的经济区。1992 年，党的十四大提出，"要以上海浦东开发为契机，进一步开放长江沿岸城市，把上海打造成长江流域的经济增长极，带动长江流域地区实现跨越式发展"，开启了从浦东开放到沿江开发的新篇章，区域发展战略也从增长极战略到点轴战略演变。1995 年，党的十四届五中全会进一步明确，"要建设以上海为龙头的长江三角洲及沿江地区经济带"。在1996 年颁布的国家"九五"计划和 2010 年远景目标纲要中，提出要"依托沿江大中城市，逐步形成一条横贯东西，连接南北的综合经济带"的战略取向。1999 年，党的十五届四中全会提出了西部大开发战略，使得长江战略被暂时搁浅。此后，我国又先后提出了东北振兴和中部崛起国家战

略，形成了区域发展总体战略。

在全国经济高速增长和长江沿岸地区政策推进下，长江沿岸经济发展迅速，但也出现了如下问题：在区域协调发展方面，长江流域上中下游地区之间的利益关系难以理顺，长江经济带东、中、西部地区之间的发展差距日益扩大；在资源环境方面，资源浪费和生态环境破坏加重，流域上中下游地区之间的生态补偿难以落实；在基础设施方面，尽管长江经济带的综合交通基础设施建设取得很大进步，但长江流域很多港口航道运力不足，支流通航条件较差，运输设备老旧；在管治方面，长江流域各地区之间、部门之间存在各自为政、条块分割的现象，导致地区之间进行有效合作的成本较大，难以发挥流域经济整体优势；在产业发展方面，产业无序竞争使得沿江各省市工业园区布局不当，经济产出效率低下，没有发挥企业集聚和产业集约发展优势，特别是在产业群落建设中存在产业链较短、龙头企业带动能力有限、配套企业发展不足等制约性问题。

2014 年颁发的《国务院关于依托黄金水道推动长江经济带发展的指导意见》，再次将长江战略上升为国家战略，长江流域区域发展进入了网络化开发的新阶段。2016 年国家又印发了《长江经济带规划纲要》，提出了"长江要抓大保护，不搞大开发"的绿色发展理念，又对长江经济带发展提出了新的要求。总之，长江经济带战略是我国在新常态背景下，深入发挥长江经济带发展潜能，打造中国经济转型升级新支撑带的重大战略举措。尤其在当前国内外经济转型、经济要素大规模流动、经济活动多元开放、地区竞争日益激烈、资源环境问题日趋恶化等宏观背景下，促进长江经济带区域协同发展，不仅有利于发挥长江流域各地区比较优势，缩小地区发展差距，而且有助于加快长江经济带发展战略的实施，促进长江流域上、中、下游地区整体崛起，从而发挥长江经济带在全国国民经济增长和区域协调发展格局中的支撑作用。

## 二、长江经济带区域范围界定

长江经济带覆盖上海、江苏、浙江、安徽、江西、湖北、湖南、重庆、四川、云南、贵州共 11 个省市，横跨我国东、中、西三大区域，面积约 205 万平方公里。按照行政区和规划区要求，本书将长江经济带划分上、中、下游三大地区：上海、江苏、浙江和安徽属于下游地区；江西、湖北和湖南属于中游地区；重庆、四川、贵州和云南属于上游地区。

## 三、长江经济带属性与特征解析

### （一）长江经济带的内涵特征

**1. 长江经济带是一条产业密集带**

长江经济带具有丰富的水资源、矿产资源和生物资源优势，开发历史悠久，农业基础良好，具有以现代工业为主导的产业体系，集中了国内现代工业的精华，是我国重要的冶金、建材、汽车、石化工业基地和高新技术产业基地，沿着长江流域已形成一条产业门类齐全、产业分布沿岸密集的产业密集带①。

**2. 长江经济带是一条城市网络带**

长江经济带域内城市密集，涵盖了以上海为中心的长江下游地区长三角城市群、以武汉为中心的长江中游城市群和以重庆为中心的长江上游地区成渝城市群。目前，已经形成以上海、南京、武汉、重庆、成都为增长极，以企业合作、交通物流和信息技术联系为纽带的长江经济带城市集群网络，在长江经济带区域协调发展进程中发挥着重要的集聚与辐射作用。

**3. 长江经济带是一条交通物流和信息技术经济带**

长江经济带域内除了长江航运体系之外，还有纵横交错的铁路网和航空、管道和公路系统。长江经济带正在建成畅通的黄金水道、高效的铁路网络、便捷的公路网络、发达的航空网络、区域相连的油气管网、一体发展的城际交通网以及联系紧密且网络密集的信息技术带，因此，长江经济带是一条交通物流和信息技术经济带（见图 1 - 1）。

### （二）长江经济带的属性特征

长江经济带既是流域经济带，也是梯度区域经济带②（见图 1 - 1）：

①　孙尚清主编. 长江经济研究——综合开发长江的构想 [M]. 北京：中国展望出版社，1986.

②　张思平. 流域经济学 [M]. 武汉：湖北人民出版社，1987.

（1）长江干流流域由西到东覆盖在北纬 30 度附近，是人类文明的发祥地①。（2）长江是我国第一大河，干支流纵横分布，湖泊广布，流域水资源综合开发利用与发展流域经济息息相关。（3）长江流域是一个自成体系的整体，全流域是一个经济系统。根据我国三级阶梯地形大势，可将长江流域分为上游、中游和下游，以流域为整体单位，由上中下游共同构成一个流域经济带。上、中、下游之间的资源、资本、信息、技术、劳动等各种要素的流动和配置，建立分工协作优势互补的区域产业体系，实现经济合理分工与资源合理配置，可以发挥流域经济整体优势②。（4）长江上中下游地区的资源禀赋各异、发展阶段不同，经济结构也不同，长江流域经济水平存在下游发达，中游欠发达，上游不发达的地带性差异。针对长江经济带的地带性差异，将处于不同发展阶段的三大梯度地带通过长江串联起来，逐步向中西部地带推进实施经济平衡战略③。（5）要素跨流域和地区流动及其异地整合效应对长江经济带经济活动和城市网络具有重要影响。作为通航大河的流域经济，主要特点是航运作为巨大的传输通道，将人流、物流、能流、信息流、市场流纳入其系统，串联构成流域经济带。（6）长江流域具有广阔腹地，流域充满梯度，干支流构成了相互联系和相互依存的地域联系网络④。推动长江经济带区域协同发展，有利于挖掘长江经济带中上游广阔腹地蕴含的巨大内需潜力，有利于优化沿江产业结构和城镇化布局，推动长江流域经济整体提质增效升级，形成上中下游优势互补、协作互动和长江南北两岸地区协调发展的格局。（7）长江流域通江达海，下游地区又是沿海省份，重视陆海互动是发展长江经济带的应有之义。推动我国经济增长空间从沿海向沿江内陆拓展，促进陆海统筹和一体化发展。

世界流域发展遵循的共同规律是"点—轴—面"空间结构律，如莱茵河流域，以城市节点为依托，由交通轴向外辐射，扩及面状区域腹地，形成了链状产业密集带和流域经济区⑤。国外与长江经济带较为相似的流域

---

① 刘盛佳主编．长江流域经济发展和上、中、下游比较研究 ［M］．武汉：华中师范大出版社，1998.

② 虞孝感主编．长江流域可持续发展研究 ［M］．北京：科学出版社，2003.

③ 吴传钧，序言（刘盛佳主编．长江流域经济发展和上、中、下游比较研究 ［M］．武汉：华中师范大出版社，1998）.

④ 刘盛佳主编．长江流域经济发展和上、中、下游比较研究 ［M］．武汉：华中师范大出版社，1998.

⑤ 顾新华，顾朝林，蔡建辉．长江在呼唤——长江大流与经济开发战略研究 ［M］．南京：江苏人民出版社，1988.

经济带（区）有美国的密西西比河、德国的莱茵河、英国的泰晤士河等，这些河流都不仅承担着经济带（区）的发展任务，而且往往还担负着航运、防洪、水电等多重任务。依赖流域黄金水道，通过降低交通物流成本，促进资源要素和产品流动，整合流域各次级经济区发展，是这些大河流域经济协同发展特征的共性。但与这些流域经济带（区）有较大差异的是，长江经济带覆盖范围更广，空间不均衡性更为突出，交通运输的网络功能更弱，上中游地区城镇化进程较为滞后，经济发展水平仍然很低，尤其是当前面临的开发开放、生态环境保护以及协调我国东中西区域发展的任务更重，使得加快长江流域产业转型和城镇化进程，促进长江经济带上中下游一体化发展尤为重要。

### （三）长江经济带在全国经济版图中的战略地位

长江经济带是我国东西向经济主轴带（见图1-1）。长江经济带覆盖上海、江苏、浙江、安徽、江西、湖北、湖南、重庆、四川、云南、贵州11省市，面积约205万平方公里，人口和生产总值均超过全国的40%。长江经济带横跨我国东中西三大区域，具有独特优势和巨大发展潜力，是我国综合实力最强、战略支撑作用最为突出的一条东西向发展轴带，在区域发展总体格局中具有重要战略地位。长江流域不但是我国继沿海地区之后有一个增长潜力巨大的经济核心地带，也是实现城市化、工业化和我国区域协调发展的重要地区。尤其是长江经济带作为我国东西向经济主轴带，在决定全国东中西部区域协调发展中具有不可或缺的作用[①]。长江经济带建设不仅有利于促进长江上中下游沿岸地区发展，而且肩负着促进西部大开发，带动中部崛起以及加快全国区域协调发展的重任。长江经济带依托黄金水道将内陆最发达的长江中游城市群、成渝城市群与海岸经济带的长三角城市群连接起来，成为贯通我国东中西三大区域的重要经济走廊和区域性的城市集群。改革开放以来，长江经济带已发展成为我国综合实力最强、战略支撑作用最大的区域之一。

---

① 沈玉芳主编. 区域经济协调发展的理论与实践——以上海和长江流域地区为例［M］. 北京：科学出版社，2009.

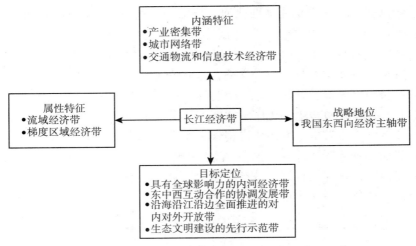

**图1-1　长江经济带的内涵、属性、战略地位和目标定位**

## （四）长江经济带的目标定位

从战略目标定位来看，长江经济带又将是具有全球影响力的内河经济带、东中西互动合作的协调发展带、沿海沿江沿边全面推进的对内对外开放带、生态文明建设的先行示范带。具体来看，即将长江经济带培育成为具有国际竞争力的城市群，使长江经济带成为充分体现国家综合经济实力、积极参与国际竞争与合作的内河经济带。立足长江上、中、下游地区的比较优势，协调人口与经济布局匹配以及与资源环境承载能力的关系，发挥长江三角洲地区的辐射引领作用，促进中上游地区有序承接产业转移，提高要素配置效率，激发内生发展活力，使长江经济带成为推动我国区域协调发展的示范带。用好海陆双向开放的区位资源，创新开放模式，促进优势互补，培育内陆开放高地，加快同周边国家和地区基础设施互联互通，加强与丝绸之路经济带、海上丝绸之路的衔接互动，使长江经济带成为我国横贯东中西、连接南北的开放合作走廊。统筹江河湖泊丰富多样的生态要素，推进长江经济带生态文明建设，构建以长江干支流为经脉、以山水林田湖为有机整体，江湖关系和谐、流域水质优良、生态流量充足、水土保持有效、生物种类多样的生态安全格局，使长江经济带成为水清地绿天蓝的生态廊道[①]。此外，必须指出的是，长江经济带在维护我国的

---

[①]　《国务院关于依托黄金水道推动长江经济带发展的指导意见》。

资源安全、生态安全和粮食安全方面都起到了极其重要的作用（见图1-1）。

## 第二节　长江经济带"产业—城市—区域"协同发展与治理思路

　　长江经济带是一条流域经济带，其优势在横贯东西的全流域一体化、特殊区位和黄金水道，长江经济带再度成为国家战略，期望将其打造成我国横贯东西的中轴经济支撑带，但前提是生态环境不能得到破坏。长江经济带发展经济与保护生态环境之间的冲突不可避免，探求经济与生态协调发展的路径势在必行，这也是将长江经济带建设成为生态文明先行示范带的根本要求。

　　长江经济带拥有得天独厚的黄金水道和南北两条交通网络轴线，同时，河网密布，路网纵横，城市之间的经济联系日益增强，长江流域实现区域一体化任重道远。若要打造具有世界影响力的内河经济带，须坚持"产业—城市—区域"一体发展和协同治理导向。实现产业集群式、城市网络化的"产业—城市—区域"一体化发展和协同治理。换言之，即以产业转型升级（从制造业向服务业）和集群式发展为推动，城市网络化发展为载体，区域协同发展为旨归，提升长江经济带产业分工合作层次和竞争优势，将产业结构高级化作为长江经济带经济增长的重要推动力量，构建紧密关联、网络交叠的城市网络体系和城市集群，促进长江上中下游地区协同发展，打造我国东中西区域协调发展带。

　　为此，必须重视地方或城市的比较优势发挥，重视省际市际的经贸、文教、科技和生态等领域的合作，构建长江经济带的区域协调机制。加强产业承接和转移规划的实践步伐，加快产业群落转型发展和建设，壮大龙头企业的辐射带动作用，增强产业横向联系，改变产业增长模式。继续优化工业园区布局，促进工业化和信息化深度融合，围绕"创新驱动、做强集群、转型升级、绿色崛起"的发展重点，以"换动力、强龙头、优结构"为主线，以提质增效升级为中心，坚持市场导向、企业主体、改革创新驱动，促进长江流域工业园区智能化、生态化、绿色化转型升级发展。继续降低黄金水道运营成本，以制度创新和改革减少条块分割导致的高交易成本，充分提升黄金水道优势在长江经济带一体化发展中的基础作用。加快长江经济带交通物流网络布局和优化调整，加快区域互联网络一体化布局。推进长江经济带新型城镇化建设，以城市网络化开发提高城镇化效率，不仅要以中心城市增长来带动边缘城市发展，而且要加强城市经济专业化分工和职能互补，打造全流域城市集群一体化网络带。

## 第三节　长江经济带"产业—城市—区域"协同发展的理论框架

### 一、交通运输成本机制与长江经济带区域城市网络形成

当前，长江经济带各城市之间的空间距离、经济距离往往被快速发展的交通联系所缩短，城市之间密切的交通物流联系是长江经济带城市集群发展的活力所在。交通基础设施建设是城市集群构建的基础和前提条件，长江经济带各城市之间借助交通基础设施进行的密集联系不断激发出城市之间交流、交易的经济动力。若长江经济带的中心城市运输成本较低或出现明显下降，对周边城市的客货流便具有明显吸引力，引起客货流向中心城市集聚，既壮大了中心城市的发展能力，也提高了中心城市的空间辐射能力，进而拓展了长江经济带中心城市的空间辐射范围，反之亦然。交通运输成本变化机制影响着长江经济带城市集群的空间组织和网络结构。

### 二、物流网、互联网对长江经济带城市体系结构的再塑

随着地方空间（space of places）向流动空间（space of flows）的转变，流动空间对城市区域发展的重要性日益凸显，城市网络研究由关注城市节点（city node）向关注城际联系网络（inter-city connection network）的功能流（functional flows）转变①。尤其是随着传统物流业向现代物流业转型以及网络社会的日益崛起，区域物流网络化和区域网络一体化成为长江经济带发展的一个宏观趋势。区域内物流节点城市、交通物流通道在信息网络叠加后与地方经济社会要素相互作用、相互影响，使得各种经济资源和要素在物流节点城市、各种经济联系轴线上产生聚集效应，并随着聚

---

① 曼纽尔·卡斯特尔. 网络社会的崛起［M］. 北京：社会科学文献出版社，2000.

集规模的日益扩大，长江经济带各城市之间在地域上发生空间关联作用，在集聚或扩散动力机制共同作用下形塑出稀疏不匀的空间结构①。由城市节点向交通经济带发展，最后在网络经济作用下形成区域城市网络体系。其中，由多个节点和连线构成的区域物流网络是推动和重塑区域经济空间的重要力量。交通通信技术的飞速进步使城市集群一体化趋势逐渐加强，区域交通网络日趋完善，城市交通可达性不断增强，城市间交通通信联系时间大幅降低，这使得物流节点城市体系和物流联系通道构成的物流网络结构变得更为重要，物流网络效应在城市集群化发展中的组织和带动作用显现出来。特别是在城市组团发展背景下，城市物流网络效应的充分发挥深刻影响着城市集群经济空间结构。当联系加强之后，所有空间尺度的不同地方和城市之间的相互依赖日益重要。

## 三、开放、创新与竞合机制推进了长江经济带城市网络化发展

从城市网络演变机理来看，区域城市网络形成需要具备三个条件：其一是一定地域内要有较强集聚辐射和经济带领能力的中心城市或城市圈；其二是城市区域具有广阔的经济腹地和市场范围；其三是城市之间具有紧密的交通通信网络、企业网络、市场网络等经济联系，城市之间相互依赖，城市网络和支撑的联系网络之间互相依存，协同发展②。

作为长江经济带增长极的中心城市，其主要联系功能包括两种类型和三个层次：两种类型分为有形联系和无形联系，有形联系如交通运输联系或客货流联系，无形联系如通信信息联系、人力资本联系、教育文化联系以及创新合作联系等③。从联系功能的三个层次上来看，在城市网络最初形成时期，交通运输联系是首要的，但运输成本的节约只会产生局部影响，而不具备普遍的城市网络化作用。之后，随着信息技术的快速传播和基础设施网络的日渐密集，交通运输对城市网络的影响相对减弱，取而代之的是信息产业及技术对城市相互联系作用的深度影响。最后，在开放、创新和竞争与合作等机制下，长江经济带各城市之间在人力资本、文化交流、教育合作和创新协作等方面的联系又进一步深刻影响着长江流域城市

---

①　朱铁臻．城市圈崛起是城市化与地区发展的新趋势［M］.《南方经济》，2004（6）：5－7.
②　冯云廷主编．区域经济学（第二版）［M］．大连：东北财经出版社，2013.
③　罗伯塔·卡佩罗著，赵文、陈飞，等译．区域经济学［M］．北京：经济管理出版社，2014.

网络的构建①。

　　尤其是地方或全球城市融入全球化的过程中，伴随出现了日益繁荣和一体化的区域化，区域城市网络不断发育和成长。长江经济带城市网络化发展之路并不是完全依赖于不同等级城市之间的带动引领和错位发展，而是在具有互补和职能分工的城市之间实现经济合作和组团发展，使城市或地方经济发展更具专业化，劳动地域分工更为明确以及文化、教育、创新等方面的合作更为协同。这主要是借助上述两种类型和三种层次的城际联系作用，通过横向的经济联系获取城市网络化发展的经济性和外部性来实现的。

　　此外，长江经济带新一轮的开发开放必然带来区域空间结构的再次重组，城市之间、地方之间一些新的经济合作机会将不断涌现出来，要素大规模流动，长江经济带各地区或城市的产业结构不断演进，专业化分工更加细分，交易密度增加，功能性相互作用加强，同时，经济专业化和劳动分工也需要高效通信和交通网络作为支撑。同时，市场规模不断拓展，城市之间的竞争加大，中心城市往往更具有竞争腹地或市场范围的能力，从而提高其在城市区域网络中的地位，甚至包括与全球化背景下与外界联系的能力。市场力量加剧了大城市集合体集聚，进而不断改变着长江经济带城市之间的关系结构。

## 四、城市网络化促进长江经济带区域一体化和协同发展

　　在长江经济带"产业—城市—区域"的协同发展框架中，由于产业创新和竞合而形成的企业网络与起支撑作用的信息网络、通信网络、创新网络和物流网络以及市场网络是区域城市网络形成的微观基础，其在依赖于空间集聚经济的同时也影响着城市增长模式②。企业网络是在一定地域范围内，企业与企业之间、企业与部门之间，通过要素市场和产品市场建立起广泛的生产联系和服务联系以及信息和技术联系，在分工协作基础上形成的相互依赖的联系网络。转化为地域上就形成了复杂的城际联系网络，这种网络和结构决定着城市之间经济联系的密切程度。市场网络是城市体系结构层次中的各级各类的产品和要素市场之间高度关联、相互协调、分异和整合并存构成的空间网络。城市网络是指存在潜在功能互补的城市借

　　①②　胡彬编著. 长三角城市集群——网络化组织的多重动因与治理模式［M］. 上海：上海财经大学出版社，2011.

助快速高效的交通走廊和通信设施连接起来，彼此分工合作形成的城市组合。它不突出核心城市的地位和城市的等级体系，而是强调城市之间的关联性，通过各种网络联系使城市之间紧密相关，使得那些即使不是中心城市的城市也可借助在研发或生产方面的分工优势占据地域分工网络中的重要位置。市场网络与城市网络是相互依存的，市场网络促进了城市之间商品、资金、技术、信息、人才等流场和流通，有助于打破部门分割和地区分割，促进区域资源的优化配置，加速区域一体化进程①。

城市网络化不只是企业网络和产业竞合，而是城市综合竞争力提高的产物，意味着城市之间在经济、文化、教育、创新等方面都建立起了紧密联系。这些多元的广泛联系，使得城市网络得以形成，但形成的城市网络不限于行政区域边界，而是由于城际各种联系作用而形成的开放的、有机的、便捷的城市网络组织和功能联系形式，长江经济带城市集群网络形成了城市相互作用和相互联系的城市集群功能区。和传统城市体系不同，城市网络不是只依靠大城市的带动和辐射作用，在城市网络中，城市之间彼此依赖、联系紧密，每个城市都是产业体系或专业化经济的城市节点，网络城市之间形成功能互补的地域分工格局，形成更加扁平化和更具灵活性的空间网络组织，更注重城市分工和联系的活力、竞争与合作。城市之间的经济联系不限于自上而下从中心城市向节点城市或边缘城市的垂直联系，由于分工和专业化发展，企业生产方式更为柔性化、依赖完备的基础设施网络，城市企业联系愈加便捷密切，要素流动更通畅，组织功能更完善，企业分工更合理，相互合作更紧密，在这个相互协作、沟通与合作过程中，每个网络中的城市发挥自身优势寻找符合自身优势的职能定位，由具有职能分工的城市之间形成的一种两两相连的网络化联系。城市网络是由多中心城市圈构成的，多中心城市圈进一步联系和融合发展，便形成城市集群网络，获得网络整体效应，实现整体最优发展②。

长江经济带城市集群是由上中下游分布的多个城市圈聚合而成的由大、中、小城市相互作用而构成的一个高密度的、关联紧密的城市网络联系空间。在这个全流域的城市空间里，各城市圈内的大中小各级城市在一个比较密集的空间范围内相互连动，构成一个布满经济联系的非均衡空间网络结构③。长江经济带"产业—城市—区域"协同发展的理论框架如图1-2所示。

①② 冯云廷主编．区域经济学（第二版）［M］．大连：东北财经出版社，2013.
③ 周牧之．托起中国的大城市群［M］．北京：世界知识出版社，2004.

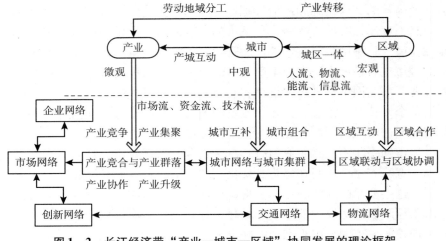

图 1 - 2　长江经济带"产业—城市—区域"协同发展的理论框架

　　长江经济带的城市网络及各城市圈集群式发展必将改变其原先的城市网络联系结构，随着长江经济带从区域经济向全流域经济系统转变，长江流域地区经济一体化进程的不断深化，人口和经济活动分布被重新分配，长江经济带的城市间联系网络日益显现，城市集群化和网络化使得长江经济带城市之间的物流、商流、信息流、资金流等不断涌现，城市间交通物流活动更加频繁，经济联系日益频繁，城市网络日趋密集，带来全流域"城市—区域"空间结构的重组和区域一体化发展。

# 第四节　本书内容安排

　　本书以"创新、协调、绿色、开放、共享"五大发展理念为指导，以"产业—城市—区域"为研究主线和框架，以产业竞合为研究起点，以城市网络为研究重点，以区域协同发展为研究落脚点，以长江经济带产业竞合、城市网络和区域协同发展为研究主题，重点对长江经济带的产业结构、产业竞争与产业协同发展导向进行探究，对长江经济带城市网络和城市集群进行分析，对长江经济带协同发展能力和决定因素进行研究。

　　全书共分为十一章：

　　第一章：阐释了长江经济带的空间范围、属性定位和主要特征，提出了长江经济带实现"产业—城市—区域"协同发展和治理的思路，指明了长江经济带实现协同发展的城市集群化和网络化发展路径。

第二章~第四章：分析了长江经济带产业发展整体情况、产业结构和竞争力格局，并指出了产业协同发展策略。

第五章：应用经济联系重力模型和社会网络分析法对长江经济带城市网络格局进行了研究。

第六章~第八章：分别对长江中游城市群交通辐射范围与区域物流网络构建进行了研究；对长江中游地区城际联系网络的动态演化格局、过程和特征进行分析；对长江中游城市群人口与经济的协调发展进行研究。

第九章：对长江经济带生态足迹进行了评价，并分析了长江经济带的生态承载力格局。

第十章：基于城市尺度，从福祉视角对长江经济带城市协同发展的决定因素进行了探究，并对长江经济带实现城市协同发展的主要因子进行分析和评价。

第十一章：基于五大发展理念，构建了区域协同发展能力测评的"五力模型"，从省区尺度对长江经济带协同发展能力进行综合测评和比较分析，并提出了促进长江经济带协同发展的区域合作模式。

# 第二章

# 长江经济带产业结构与
# 经济发展现状

　　本章主要应用经济统计方法，对长江经济带 11 省市三次产业发展现状以及产业结构进行分析，试图从区域比较的视野来揭示长江经济带产业结构和经济发展态势，指出长江上中下游地区以及各省市的产业优势和方向。

## 第一节　长江经济带区域经济发展总体态势

### 一、长江经济带整体发展形势

　　截至 2014 年末，长江经济带包括长江沿岸的 9 省 2 市共有常住人口 5.81 亿，占全国总人口的 42.7%。2014 年，长江经济带 11 个省市 GDP 合计为 284 689.21 亿元，占全国比重的 44.75%；外贸出口总额为 17 575.9 亿美元，占全国外贸出口总额的比重高达 75.04%（见表 2-1）。

表 2-1　　　　　2014 年长江经济带区域经济发展基本情况

| 地区 | 面积（平方公里） | 年末常住人口（万人） | GDP（亿元） | 人均 GDP（万元/人） | 产业结构 | 从业人员结构 | 外贸出口总额（亿美元） |
|---|---|---|---|---|---|---|---|
| 上海 | 6 300 | 2 426 | 23 567.70 | 9.74 | 0.5:34.7:64.8 | 3.3:34.9:61.8 | 4 664.1 |
| 江苏 | 102 600 | 7 960 | 65 088.32 | 8.19 | 5.6:47.4:47.0 | 19.3:43.0:37.7 | 5 637.6 |
| 浙江 | 102 000 | 5 508 | 40 173.03 | 7.30 | 4.4:47.7:47.9 | 13.5:49.7:36.8 | 3 551.5 |
| 安徽 | 139 700 | 6 083 | 20 848.75 | 3.44 | 11.5:53.1:35.4 | 32.8:28.1:39.1 | 492.7 |

续表

| 地区 | 面积（平方公里） | 年末常住人口（万人） | GDP（亿元） | 人均GDP（万元/人） | 产业结构 | 从业人员结构 | 外贸出口总额（亿美元） |
|---|---|---|---|---|---|---|---|
| 江西 | 167 000 | 4 542 | 15 714.63 | 3.48 | 10.7∶52.5∶36.8 | 30.8∶32.2∶37.0 | 427.8 |
| 湖北 | 185 900 | 5 816 | 27 379.22 | 4.71 | 11.6∶46.9∶41.5 | 40.3∶22.6∶37.1 | 430.6 |
| 湖南 | 211 800 | 6 737 | 27 037.32 | 4.03 | 11.6∶46.2∶42.2 | 40.8∶23.7∶35.5 | 310.3 |
| 重庆 | 82 300 | 2 991 | 14 262.60 | 4.79 | 7.4∶45.8∶46.8 | 32.7∶27.4∶39.9 | 954.5 |
| 四川 | 481 400 | 8 140 | 28 536.66 | 3.51 | 12.4∶48.9∶38.7 | 39.5∶26.4∶34.1 | 702.5 |
| 贵州 | 176 000 | 3 508 | 9 266.39 | 2.64 | 13.8∶41.6∶44.6 | 61.3∶15.3∶23.4 | 108.1 |
| 云南 | 383 300 | 4 714 | 12 814.59 | 2.73 | 15.5∶41.2∶43.3 | 53.7∶13.2∶33.1 | 296.2 |
| 下游 | 350 600 | 21 977 | 149 677.8 | 7.16 | 5.5∶45.7∶48.8 | 17.2∶38.9∶43.9 | 14 345.9 |
| 中游 | 564 700 | 17 095 | 70 131.17 | 4.07 | 11.3∶48.5∶40.2 | 37.2∶26.2∶36.5 | 1 168.7 |
| 上游 | 1 123 000 | 149 353 | 64 880.24 | 3.41 | 12.3∶44.4∶43.4 | 46.8∶20.6∶32.6 | 2 061.3 |
| 长江经济带 | 2 038 300 | 58 425 | 284 689.21 | 4.88 | 9.7∶46.2∶44.1 | 33.8∶28.6∶37.7 | 17 575.9 |
| 全国 | 9 600 000 | 136 782 | 636 138.7 | 4.65 | 9.2∶42.7∶48.1 | 29.5∶29.9∶40.6 | 23 422.93 |
| 占全国比重 | 21.23% | 42.71% | 44.75% | — | — | — | 75.04% |

资料来源：根据中国及长江经济带11个省市统计年鉴（2015）相关数据整理。

根据配第 - 克拉克定理，随着经济发展和人均国民收入水平的提高，劳动力首先由第一产业向第二产业转移；当人均收入水平进一步提高时，劳动力便开始向第三产业转移。劳动力在各产业间的变化趋势是，第一产业逐步减少，第二、第三产业逐步增加。根据库兹涅茨对于"配第 - 克拉克定理"的延伸理论，工业化达到一定阶段以后，农业劳动力将普遍下降，第二产业将不再能够吸纳更多的劳动力；第三产业将对于劳动力具有较强的吸附能力。同时，根据钱纳里—塞尔奎因的就业结构转换滞后理论，对于发展中国家而言，产值结构转换普遍先于就业结构转换。

在产业结构方面，2014 年长江经济带的平均产业结构比例为9.7∶46.2∶44.1（呈现"二三一"格局），与全国9.2∶42.7∶48.1（呈现"三二一"格局）的平均产业结构水平相比，长江经济带的第一产业产值比重与全国仅相差0.5 个百分点，第二产业产值比重高3.5 个百分点，第三产业产值比重低4 个百分点。下游地区平均产业结构为5.5∶45.7∶48.8（呈现"三二一"格局），与长江经济带的产业结构平均值9.7∶46.2∶44.1相比，第一产业产值比重低4.2 个百分点，第二产业产值比重相差不大

（仅低 0.5 个百分点），第三产业产值比重高 4.7 个百分点；中游地区平均
为 11.3∶48.5∶40.2（呈现"二三一"格局），与长江经济带的产业结构平
均值相比，第一产业比重高 1.6 个百分点，第二产业高 2.3 个百分点，第
三产业低近 4 个百分点；上游地区平均为 12.3∶44.4∶43.4（呈现"二三
一"格局），与长江经济带的产业结构平均值相比，第一产业产值比重高
2.6 个百分点，第二产业产值比重低 1.8 个百分点，第三产业产值比重低
近 1 个百分点（见图 2 – 1，下同）。

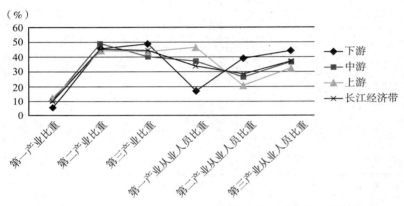

**图 2 – 1 2014 年长江经济带下、中、上游的从业人员及产业结构情况**

在从业人员结构方面，2014 年长江经济带的从业人员结构比例为
33.8∶28.6∶37.7（呈现"三一二"格局），可以看出，长江经济带的产
业结构与就业结构存在严重不协调，其中，33.8% 的人口从事第一产业，
但仅创造出 9.7% 的经济总产值。与全国 29.5∶29.9∶40.6（呈现"三二
一"格局）的平均结构水平相比，长江经济带的第一产业从业人员比重约
高 4 个百分点，第二产业从业人员比重大致相同（仅差约 1 个百分点），
第三产业从业人员比重低 3 个百分点。下游地区为 17.2∶38.9∶43.9（呈
现"三二一"格局），与长江经济带平均水平 33.8∶28.6∶37.7 相比，第
一产业从业人员比重约低 16.6 个百分点，第二产业从业人员比重约高
10.3 个百分点，第三产业高 6.2 个百分点。下游地区是长江经济带中较发
达区域，其第三产业从业人员占比高，创造的产值份额大，说明下游地区
已经处在较高的产业发展阶段。中游地区为 37.3∶26.2∶36.5（呈现"一
三二"格局），与长江经济带平均水平相比，第一产业从业人员比重高

3.5 个百分点,第二产业从业人员比重低 2.4 个百分点,第三产业低 1.2 个百分点;上游地区为 46.8:20.6:32.6(呈现"一三二"格局),与长江经济带平均水平相比,第一产业从业人员比重高 13 个百分点,第二产业从业人员比重低 8 个百分点,第三产业约低 5 个百分点。

## 二、下游地区经济发展形势

长江经济带下游地区包含上海、江苏、浙江、安徽 4 省市,国土面积约为 35.06 万平方公里,占长江经济带的 17.20%。2014 年,下游地区年末常住人口合计为 21 977 万人,约占长江经济带的 37.62%(见表 2 − 1)。下游地区 GDP 合计 149 677.8 亿元(其中江苏最高,为 6.51 万亿元),约为长江经济带经济总量的 52.58%;下游地区人均 GDP 为 7.16 万元/人,其中以上海最高为 9.74 万元/人;在对外贸易方面,下游地区外贸出口总额合计为 14 345.9 亿美元,占长江经济带外贸出口总额的 81.62%,说明下游地区对外开放程度高,对外贸易总量在长江经济带处于绝对主导地位。

在产业结构方面,2014 年上海的产业结构为 0.5:34.7:64.8(呈现"三二一"格局),第一产业产值比重仅占 0.5%,第三产业产值比重高达 64.8%;江苏和浙江的产业产值结构相近,两省的第一产业产值占比约为 4% ~ 6%,第二、第三产业产值差距较小,均占 47% ~ 48%;安徽的产业结构为 11.5:53.1:35.4(呈现"二三一"格局),与上游其他省市存在明显差异,其中,第一产业产值比例最高且超过 10%,第三产业产值比例最低且低于 40%(见图 2 − 2)。下游地区 4 省市之间的产业结构差异较大,

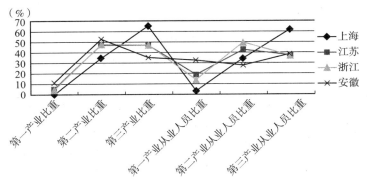

图 2 − 2 2014 年长江经济带下游 4 省市的产业及从业人员结构情况

但浙江和江苏的产业结构相似，大致属于同一产业发展阶段。上海产业发展最为发达，产业结构中第三产业优势十分明显，安徽则是长江下游后进省份。

在从业人员结构方面，上海为 3.3∶34.9∶61.8（呈现显著的"三二一"格局），与其产业结构十分匹配，符合就业结构与产业结构具有协同效应的规律；江苏为 19.3∶43.0∶37.7（呈现显著的"二三一"格局），大体上看与产业结构较为匹配，但第一、第三产业错配现象较为突出，呈现第一产业就业人口远高于产值，第三产业产值高于就业人口的现象；浙江为 13.5∶49.7∶36.8（呈现显著的"二三一"格局），滞后于其"三二一"的产业结构，同时其第一产业就业人数比重高于第一产业产值比重约 9 个百分点，其第三产业就业人数比重低于第三产业产值比重约 11 个百分点；安徽的从业人员结构为 32.8∶28.1∶39.1，第一产业从业人员比重为下游地区最高，同时第二产业从业人员比重不足 30%。

## 三、中游地区经济发展形势

长江经济带中游地区包含江西、湖北、湖南 3 省，面积约为 56.47 万平方公里，占长江经济带的 27.70%。2014 年，中游地区年末常住人口合计为 17 095 万人，约占长江经济带的 29.26%（见表 2 - 1）。中游地区生产总值合计为 7.01 万亿元（其中以湖北最高为 27 379.22 亿元），约为长江经济带的 24.63%；人均 GDP 方面，中游地区平均为 4.07 万元/人，约为长江经济带平均水平的 83.40%，且 3 个省份均未超过长江经济带 4.88 万元/人的均值；在对外贸易方面，中游地区的外贸出口总额合计为 1 168.7 亿美元，仅占整个长江经济带的 6.65%，说明中游地区外贸出口能力很弱，对外开放程度低。

在产业结构方面，湖北（11.6∶46.9∶41.5）与湖南（11.6∶46.2∶42.2）产业结构比重基本一致，均呈现"二三一"的格局；江西虽然也呈现"二三一"（10.7∶52.5∶36.8）格局，但与湖北、湖南相比其第二产业比重较高、第三产业比重较低。综合而言，中游 3 省之间的产业结构比例差距较小，具有较大的趋同性，均呈现"二三一"格局（见图 2 - 3）。

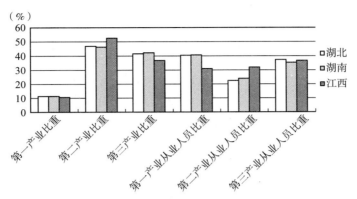

图 2 - 3　2014 年长江经济带中游 3 省的产业及从业人员结构情况

在从业人员结构方面，湖北（40.3∶22.6∶37.1）与湖南（40.8∶23.7∶
35.5）从业人员结构比重基本一致，均呈现"一三二"的格局，明显滞
后于两省"二三一"的产业结构；江西的从业人员结构为 30.8∶32.2∶
37.0，呈现"三二一"的格局，优于其"二三一"产业结构比例。可以
看出，中游地区第一产业从业人员比重总体偏高。湖南、湖北 2 个省份的
第一产业从业人员比重均超过 40%，约为其第一产业产值比重的近 3.5
倍，江西的第一产业从业人员比重也约为其第一产业产值比重的 3 倍。同
时，江西年末常住人口、GDP、人均 GDP 三项指标均在中游地区垫底，但
其从业人员结构比重优于湖南和湖北。

## 四、上游地区经济发展形势

长江经济带上游地区包含重庆、四川、云南、贵州 4 个省市，面积约
为 112.3 万平方公里，占长江经济带的比重过半（55.09%）。2014 年，
上游地区年末常住人口合计为 19 353 万人，约占长江经济带的 33.12%
（见表 2 - 1）。GDP 方面，上游地区合计为 64 880.24 亿元（其中以重庆
最高为 14 262.60 亿元），约为长江经济带的 22.79%；人均 GDP 方面，
上游地区平均为 3.41 万元/人，仅约为长江经济带平均水平的 69.88%，同
时 4 个省份均未超过长江经济带 4.88 万元/人的平均水平。其中，贵州、云
南的人均 GDP 分别仅有 2.64 万元/人、2.73 万元/人，仅为长江经济带平均
水平的约 55%；在对外贸易方面，上游地区合计为 2 061.3 亿美元，仅占长
江经济带外贸出口总额的 11.73%，说明上游地区的外贸出口能力较弱。

在产业结构方面，重庆（7.4∶45.8∶46.8）、贵州（13.8∶41.6∶44.6）与云南（15.5∶41.2∶43.3）均呈现"三二一"的格局，仅四川（12.4∶48.9∶38.7）为"二三一"格局。其中，重庆在上游地区的第一产业比重最低（且低于10%）、同时第三产业比重（46.8%）最高。贵州与云南的产业结构比重基本一致（见图2-4）。综合而言，上游4省市之间的产业结构差异较小，具有较大的趋同性。

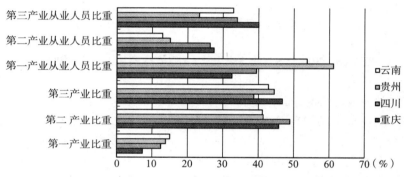

图2-4  2014年长江经济带上游4省市的产业及从业人员结构情况

在从业人员结构方面，重庆（32.7∶27.4∶39.9）呈现"三一二"产业结构，贵州（61.3∶15.3∶23.4）与云南（53.7∶13.2∶33.1）呈现"一三二"格局，更加显著滞后于其"三二一"的产业结构；四川（39.5∶26.4∶34.1）呈现"一三二"格局，同样滞后于其"二三一"的产业结构。其中，贵州、云南两个省份的第一产业从业人员比重均超过50%（在长江经济带中排名第1、第2位），四川的第一产业从业人员比重（39.5%）也接近40%。可以看出，上游地区的第一产业从业人员比重总体偏高。

## 第二节  长江经济带第一产业及其行业发展分析

### 一、长江经济带农、林、牧、渔业产值及其行业细分

由于长江经济带11省市统计年鉴中农、林、牧、渔业产值的相关指标之间存在较大差异，部分省市的相关指标缺失严重，使得深入全面的比较分析存在较大难度。基于现有数据（见表2-2），2014年长江经济带

表2-2　2014年长江经济带及全国农、林、牧、渔业及其细分行业产值情况（亿元）

| 行业＼地区 | 上海 | 江苏 | 浙江 | 安徽 | 江西 | 湖北 | 湖南 | 重庆 | 四川 | 贵州 | 云南 | 下游 | 中游 | 上游 |
|---|---|---|---|---|---|---|---|---|---|---|---|---|---|---|
| 农林牧渔业总产值 | 322.2 | 6 443.4 | 2 844.6 | 4 223.7 | 2 723.5 | 5 452.8 | 5 304.8 | 1 595.0 | 5 888.1 | 2 118.5 | 3 261.3 | 13 833.9 | 13 481.1 | 12 862.9 |
| 农业产值 | 169.5 | 3 362.8 | 1 386.0 | 2 119.2 | 1 144.1 | 2 761.7 | 2 884.7 | 967.9 | 3 078.6 | 1 321.9 | 1 806.3 | 7 037.5 | 6 790.5 | 7 174.7 |
| 谷物及其他作物 | 139.82 | 1 335.94 | 204.90 | — | 683.38 | — | 1 076.44 | 386.96 | — | 438.7 | 806.88 | 1 680.66 | 1 759.82 | 1 632.54 |
| 蔬菜园艺作物 | — | 1 696.70 | 436.27 | — | 334.60 | — | 1 283.13 | 419.30 | — | 728.9 | 423.89 | 2 132.97 | 1 617.73 | 1 572.09 |
| 水果、坚果、茶、饮料和香料作物 | — | 319.75 | 714.84 | — | 118.89 | — | 355.50 | 145.26 | — | 77.6 | 397.65 | 1 034.59 | 474.39 | 620.51 |
| 中药材 | — | 10.42 | — | — | 7.21 | — | 169.67 | 16.35 | — | 76.7 | 177.88 | 10.42 | 176.88 | 270.93 |
| 林业产值 | 8.8 | 118.2 | 147.0 | 283.1 | 274.2 | 157.0 | 304.8 | 53.6 | 196.0 | 99.6 | 303.1 | 557.1 | 736 | 652.3 |
| 林木的培育和种植 | — | 84.62 | 8.08 | — | 88.24 | — | 103.64 | 26.68 | — | 26.4 | 58.91 | 92.7 | 191.88 | 111.99 |
| 竹木采运 | — | 22.64 | 52.49 | — | 71.14 | — | 54.45 | 4.66 | — | 16.4 | 93.29 | 75.13 | 125.59 | 114.35 |
| 林产品 | — | 10.92 | 70.65 | — | 114.80 | — | 146.72 | 22.22 | — | 56.8 | 150.92 | 81.57 | 261.52 | 229.94 |
| 牧业产值 | 69.9 | 1 182.7 | 472.2 | 1 182.1 | 814.9 | 1 427.7 | 1 503.2 | 486.4 | 2 318.8 | 569.3 | 975.8 | 2 906.9 | 3 745.8 | 4 350.3 |
| 牲畜饲养 | — | 97.21 | 337.97 | — | 73.35 | — | 115.21 | 39.14 | — | 142.0 | 235.88 | 435.18 | 188.56 | 417.02 |
| 猪的饲养 | 34.91 | 434.91 | — | — | 491.31 | — | 996.50 | 247.74 | — | 331.7 | 589.09 | 469.82 | 1 487.81 | 1 168.53 |
| 家禽饲养 | 5.57 | 491.54 | 44.42 | — | 223.17 | — | 342.68 | 168.41 | — | 93.58 | 132.44 | 541.53 | 565.85 | 394.43 |

续表

| 地区<br>行业 | 上海 | 江苏 | 浙江 | 安徽 | 江西 | 湖北 | 湖南 | 重庆 | 四川 | 贵州 | 云南 | 下游 | 中游 | 上游 |
|---|---|---|---|---|---|---|---|---|---|---|---|---|---|---|
| 狩猎和捕捉动物 | — | 1.88 | — | — | 2.96 | — | 4.23 | — | — | 0.1 | 0.05 | — | — | — |
| 其他畜牧业 | — | 157.14 | — | — | 24.10 | — | 44.59 | 31.07 | — | 2.0 | 18.32 | — | — | — |
| 渔业产值 | 62.5 | 1 426.7 | 779.4 | 459.7 | 400.7 | 844.2 | 338.9 | 64.9 | 192.4 | 47.0 | 78.1 | 2 728.3 | 1 583.8 | 382.4 |
| 鱼类 | 37.84 | — | — | — | 292.44 | — | 302.55 | 63.69 | — | — | — | — | — | — |
| 甲壳类 | — | — | — | — | 50.00 | — | 21.04 | — | — | — | — | — | — | — |
| 贝类 | — | — | — | — | 8.13 | — | 4.00 | — | — | — | — | — | — | — |
| 其他渔业 | — | — | — | — | 50.10 | — | 11.26 | — | — | — | — | — | — | — |
| 农林牧渔服务业产值 | 11.5 | 352.95 | 60.04 | 179.67 | 92.74 | 262.3 | 273.22 | 22.24 | 102.30 | 80.7 | 99.66 | 544.12 | 628.26 | 304.9 |

资料来源：根据长江经济带 11 个省市统计年鉴（2015）相关数据整理。

下、中、上游的农林牧渔业总产值基本相当，产值比例为 34∶34∶32。其中，下游地区以江苏的农林牧渔业总产值最高为 6 443.4 亿元，占下游农林牧渔业总产值的 46.58%；中游地区以湖北的农林牧渔业总产值最高为5 452.8 亿元，占下游农林牧渔业总产值的 40.45%；上游地区以四川的农林牧渔业总产值最高为 5 888.1 亿元，占上游农林牧渔业总产值的45.78%。

**1. 农业**

2014 年长江经济带下、中、上游的农业产值基本一致，产值比例为34∶32∶34。

（1）下游地区。按照不完全统计（下同），2014 年下游地区的农业行业产值在长江经济带所占比重由高到低依次为：蔬菜园艺作物（49%；同时也是下游地区产值最高的农业行业）、水果、坚果、茶、饮料和香料作物（40%）、谷物及其他作物（33%）、中药材（2%）。说明下游地区的水果、坚果、茶、饮料和香料作物，以及蔬菜园艺作物在长江经济带具有较大的优势。

（2）中游地区。2014 年中游地区的农业行业产值在长江经济带所占比重由高到低依次为：中药材（39%）、谷物及其他作物（32%；同时也是中游地区产值最高的农业行业）、水果、坚果、茶、饮料和香料作物（30%）、蔬菜园艺作物（22%）。说明中游地区的中药材在长江经济带具有一定的优势，但优势并不明显。

（3）上游地区。2014 年上游地区的农业行业产值在长江经济带所占比重由高到低依次为：中药材（59%）、谷物及其他作物（34%；同时也是上游地区产值最高的农业行业）、水果、坚果、茶、饮料和香料作物（30%）、蔬菜园艺作物（29%）。说明上游地区的中药材在长江经济带具有主导性优势。

**2. 林业**

2014 年长江经济带下、中、上游的林业产值比例为 29∶38∶33，说明中、上游优势相对较大。

（1）下游地区。按照不完全统计（下同），2014 年下游地区的林业行业产值在长江经济带所占比重由高到低依次为：林木的培育和种植（24%；同时也是下游地区产值最高的林业行业）、竹木采运（24%）、林产品（14%）。说明下游地区的林业在长江经济带不具有优势。

（2）中游地区。2014年中游地区的林业行业产值在长江经济带所占比重由高到低依次为：林木的培育和种植（48%）、林产品（46%；同时也是中游地区产值最高的林业行业）、竹木采运（40%）。中游地区的林木的培育和种植、林产品、竹木采运在长江经济带的产值比重均为第一，说明中游地区的林业在长江经济带具有较大优势。尤其是林木的培育和种植的产值占比高于排名第二位的上游地区20个百分点，在长江经济带具有主导性优势。

（3）上游地区。2014年上游地区的林业行业产值在长江经济带所占比重由高到低依次为：林产品（40%；同时也是上游地区产值最高的林业行业）、竹木采运（36%）、林木的培育和种植（28%）。说明上游地区的林木的培育和种植、林产品在长江经济带具有一定的优势，虽然相对中游优势并不明显，仍可以与下游形成优势互补。

### 3. 牧业

2014年长江经济带下、中、上游的牧业产值比例为26∶34∶40，说明中、上游优势相对较大。狩猎和捕捉动物和其他畜牧业的各省市产值数据缺失较严重，基于现有资料，狩猎和捕捉动物和其他畜牧业主要集中在下游的江苏、中游的江西和湖南，此外上游的重庆和云南的其他畜牧业产值也较高。

（1）下游地区。按照不完全统计（下同），2014年下游地区的牧业行业产值在长江经济带所占比重由高到低依次为：牲畜饲养（42%）、家禽饲养（36%；同时也是下游地区产值最高的牧业行业）、猪的饲养（15%）。说明下游地区的牲畜饲养在长江经济带具有一定的优势。

（2）中游地区。2014年中游地区的牧业行业产值在长江经济带所占比重由高到低依次为：猪的饲养（48%；同时也是中游地区产值最高的牧业行业）、家禽饲养（38%）、牲畜饲养（18%）。说明中游地区的猪的饲养在长江经济带的优势明显，产值占比高于排名第二位的上游地区11个百分点，在长江经济带具有主导性优势。

（3）上游地区。2014年上游地区的牧业行业产值在长江经济带所占比重由高到低依次为：牲畜饲养（40%）、猪的饲养（37%；同时也是下游地区产值最高的牧业行业）、家禽饲养（26%）。说明就所收集数据而言，上游地区的牧业在长江经济带的优势并不突出，只有牲畜饲养具有一定竞争力。

**4. 渔业**

2014 年长江经济带下、中、上游的渔业产值比例为 58：34：08，说明下游依托沿海的地理优势占据主导性优势。鱼类、甲壳类、贝类、其他渔业四个细分行业的长江经济带各省市产值数据缺失严重，基于现有资料，仅收集到江西、湖南以及重庆的部分数据，较难进行详细分析。

**5. 农林牧渔服务业**

2014 年长江经济带下、中、上游的农林牧渔服务业产值比例为 37：43：21，说明中、下游优势相对较大。其中，以下游的江苏（352.95 亿元），中游的湖南（273.22 亿元）、湖北（262.3 亿元）优势最为明显。

# 二、长江经济带农、林、牧、渔业主要产品产量

**1. 主要农业产品产量**

共收集了 9 种主要农业产品的产量数据（见表 2 – 3），其中长江经济带的茶叶（69.56%）、烟叶（69.15%）、麻类（61.99%）、油料（46.33%）、粮食（35.44%）、蚕茧（34.85%）在全国均占据重要比重。

（1）下游地区。2014 年下游地区产量在长江经济带所占比重较高的农业产品依次为：蚕茧（43.25%）、棉花（41.35%）、粮食（36.15%，同时也是下游地区产量最高的农业产品），其余农产品比重均在 30% 以下。说明下游地区的蚕茧、棉花、粮食在长江经济带具有一定的优势。另一方面，下游地区的甘蔗（1.20%）、烟叶（2.13%）、麻类（17.88%）、茶叶（19.97%）产量比重低，可以与中、上游形成优势互补。

（2）中游地区。2014 年中游地区产量在长江经济带所占比重较高的农业产品依次为：棉花（57.27%）、油料（42.90%）、水果（37.00%）、粮食（35.93%，同时也是中游地区产量最高的农业产品）、麻类（34.57%）。说明中游地区的棉花、油料、水果、粮食在长江经济带具有一定的优势。另一方面，中游地区的蚕茧（4.52%）、甘蔗（6.34%）、烟叶（18.37%）产量比重低，可以与下、上游形成优势互补。

表2-3　　2014年长江经济带及全国农、林、牧、渔业主要产品产量情况

主要农业产品产量

| 行业＼地区 | 上海 | 江苏 | 浙江 | 安徽 | 江西 | 湖北 | 湖南 | 重庆 | 四川 | 贵州 | 云南 | 下游 | 中游 | 上游 | 长江经济带 | 全国 | 长江经济带占全国比重 |
|---|---|---|---|---|---|---|---|---|---|---|---|---|---|---|---|---|---|
| 粮食（万吨） | 112.89 | 3 490.6 | 757.40 | 3 415.83 | 2 143.5 | 2 584.16 | 3 001.26 | 144.54 | 2 784.2 | 1 138.5 | 1 940.82 | 7 776.72 | 7 728.92 | 6 008.06 | 21 513.7 | 60 702.6 | 35.44% |
| 棉花（万吨） | 0.12 | 16.0 | 2.48 | 26.33 | 13.37 | 35.95 | 12.90 | 0 | 1.37 | 0.1 | 0.03 | 44.93 | 62.22 | 1.5 | 108.65 | 617.8 | 17.59% |
| 油料（万吨） | 1.28 | 146.6 | 30.66 | 228.80 | 121.71 | 341.73 | 233.77 | 56.94 | 300.8 | 98.05 | 64.68 | 407.34 | 697.21 | 520.47 | 1 625.02 | 3 507.4 | 46.33% |
| 麻类（万吨） | — | 0.14 | 0.02 | 2.4 | 0.72 | 2.53 | 1.70 | 0.90 | 5.44 | 0.11 | 0.36 | 2.56 | 4.95 | 6.81 | 14.32 | 23.1 | 61.99% |
| 甘蔗（万吨） | 0.59 | 10.1 | — | 19.67 | 64.52 | 30.41 | 65.86 | 10.29 | 55.66 | 168.27 | 2 110.40 | 30.36 | 160.79 | 2 344.62 | 2 535.77 | 12 561.1 | 20.19% |
| 烟叶（万吨） | — | 0.0034 | 0.17 | 4.23 | 5.89 | 8.81 | 23.34 | 8.44 | 22.45 | 35.34 | 98.35 | 4.4034 | 38.04 | 164.58 | 207.0234 | 299.4 | 69.15% |
| 蚕茧（万吨） | — | 5.69 | 4.70 | 3.1 | 0.70 | 0.64 | 0.0704 | 1.77 | 11.30 | 0.04 | 3.18 | 13.49 | 1.4104 | 16.29 | 31.1904 | 89.5 | 34.85% |
| 茶叶（万吨） | — | 1.46 | 16.54 | 11.12 | 4.43 | 25.03 | 16.18 | 3.38 | 23.40 | 10.71 | 33.55 | 29.12 | 45.64 | 71.04 | 145.8 | 209.6 | 69.56% |
| 水果（万吨） | 86.16 | 306.17 | 271.18 | 680.73 | 413.75 | 614.25 | 920.05 | 347.61 | 759.66 | 196.38 | 669.02 | 1 344.24 | 1 948.05 | 1 972.67 | 5 264.96 | 26 142.2 | 20.14% |

| 地区 / 行业 | 上海 | 江苏 | 浙江 | 安徽 | 江西 | 湖北 | 湖南 | 重庆 | 四川 | 贵州 | 云南 | 下游 | 中游 | 上游 | 长江经济带 | 全国 | 长江经济带占全国比重 |
|---|---|---|---|---|---|---|---|---|---|---|---|---|---|---|---|---|---|
| 主要林业产品产量 | | | | | | | | | | | | | | | | | |
| 木材（万立方米） | — | — | 0.09 | 1.31 | 10.8 | 4.5 | 3.94 | 0.01 | 0.1 | 1.6 | 13.8 | 1.4 | 19.28 | 15.543 | 36.223 | 130.95 | 27.66% |
| 松脂（万吨） | — | — | 10 | 453 | 8 | 6 300 | 1 000 | 1 126 | 4 700 | 6 955 | 200 | 463 | 7 300 | 12 981 | 20 744 | 22 000 | 94.29% |
| 生漆（吨） | — | 2.99 | 5.84 | 7.14 | 43.5 | 12.7 | 82.4 | 0.48 | 1.37 | 6.94 | 1.65 | 15.97 | 138.55 | 10.44 | 164.96 | 202.34 | 81.53% |
| 油桐籽（万吨） | — | — | 0.01 | 0.27 | 0.86 | 2.49 | 3.29 | 1.28 | 1.63 | 7.31 | 1.98 | 0.27 | 6.64 | 12.2 | 19.11 | 41.6 | 45.94% |
| 油茶籽（万吨） | — | 141 | 137 | 579 | 260 | 333 | 578 | 35.1 | 208 | 191.4 | 393.6 | 857.13 | 1 170.87 | 242.8 | 2 270.8 | 8 233.3 | 27.58% |
| 主要牧业产品产量 | | | | | | | | | | | | | | | | | |
| 肉类（万吨） | 19.42 | 379.46 | 129.87 | 414.01 | 355.24 | 440.44 | 546.52 | 214.21 | 714.74 | 201.80 | 627.46 | 942.76 | 1 342.2 | 1 758.21 | 4 043.17 | 8 706.7 | 46.44% |
| 奶类（万吨） | 27.05 | 60.72 | 15.9 | 27.87 | 12.84 | 16.1 | 9.3 | 5.69 | 71.3 | 5.71 | 72.9400 | 131.54 | 38.24 | 155.64 | 325.42 | 3 841.2 | 8.47% |
| 绵羊毛（吨） | 10.56 | 359 | 2 042.1 | 271 | — | 4.00 | — | 3 | 6 232 | 405.2 | 1 400 | 2 682.66 | 4 | 8 040.2 | 10 726.86 | 419 518 | 2.56% |
| 山羊毛（吨） | 174.82 | 10 | 295 | 92 | — | 74.00 | 5 | 2 | 271 | 59.79 | 87 | 571.82 | 79 | 419.79 | 1 070.61 | 40 046 | 2.67% |

续表

| 地区<br>行业 | 上海 | 江苏 | 浙江 | 安徽 | 江西 | 湖北 | 湖南 | 重庆 | 四川 | 贵州 | 云南 | 下游 | 中游 | 上游 | 长江经济带 | 全国 | 长江经济带占全国比重 |
|---|---|---|---|---|---|---|---|---|---|---|---|---|---|---|---|---|---|
| 主要牧业产品产量 | | | | | | | | | | | | | | | | | |
| 蜂蜜<br>(吨) | 932.7 | 4 521 | 87 700 | 19 427 | 15 569 | 26 504 | 13 000 | 17 854 | 47 156 | 2 733 | 9 751 | 112 580.7 | 55 073 | 77 494 | 245 147.7 | 468 000 | 52.38% |
| 禽蛋<br>(万吨) | 5.23 | 196.97 | 39.03 | 122.53 | 57.81 | 155.06 | 97.9 | 43.21 | 145.3 | 16.2 | 60.59 | 363.76 | 310.77 | 265.3 | 939.83 | 2 893.9 | 32.48% |
| 主要渔业产品产量（海水和淡水加总） | | | | | | | | | | | | | | | | | |
| 鱼类<br>(万吨) | 15.7 | 310.33 | 295 | 178.58 | 224.26 | 359.68 | 238.32 | 43.9 | 130.7 | 20.6 | 85.69 | 783.72 | 822.26 | 236.99 | 1 842.97 | 3 972.8 | 46.39% |
| 贝类<br>(万吨) | 0.0021 | 86.07 | 76.93 | 8.8 | 7.65 | 4.08 | 2.75 | 0.0456 | 0.41 | 0.04 | 0.32 | 171.8021 | 14.48 | 0.8156 | 187.0977 | 1 371.7 | 13.64% |
| 藻类<br>(万吨) | — | 2.83 | 4.87 | — | — | — | — | — | — | — | — | — | — | — | — | 202.9 | — |

资料来源：根据中国及长江经济带 11 个省市统计年鉴（2015）相关数据整理。

（3）上游地区。2014 年上游地区产量在长江经济带所占比重较高的农业产品依次为：甘蔗（92.46%）、烟叶（79.50%）、蚕茧（52.23%）、茶叶（48.72%）、麻类（47.56%）、水果（37.47%）。说明上游地区的甘蔗、烟叶、蚕茧、茶叶、麻类、水果在长江经济带具有优势，其中尤其是甘蔗、烟叶在长江经济带占据垄断地位。另一方面，上游地区的棉花（1.38%）、粮食（27.93%）产量比重低，可以与下、中游形成优势互补。

**2. 主要林业产品产量**

共收集了 5 种主要林业产品的产量数据，其中长江经济带的生漆（94.29%）、油茶籽（81.53%）、油桐籽（45.94%）在全国均占据重要比重，其中生漆和油茶籽在全国占据垄断地位。

（1）下游地区。2014 年下游地区产量在长江经济带所占比重较高的林业产品只有木材（37.75%），其余农产品比重均在 10% 以下。说明下游地区的林业产品产量较低，这与前文中下游林业产值分析相吻合。下游地区的油桐籽（1.41%）、生漆（2.23%）、松脂（3.86%）、油茶籽（9.68%）产量比重均很低，可以与中、上游形成优势互补。

（2）中游地区。2014 年中游地区产量在长江经济带所占比重较高的林业产品依次为：油茶籽（83.99%）、松脂（53.23%）、木材（51.56%）。说明中游地区的油茶籽、松脂、木材在长江经济带具有优势，尤其是油茶籽具有主导性优势。

（3）上游地区。2014 年上游地区产量在长江经济带所占比重较高的林业产品依次为：油桐籽（63.84%）、生漆（62.58%）、松脂（42.91%）。说明上游地区的油桐籽、生漆、松脂在长江经济带具有优势，其中尤其是油桐籽、生漆的优势明显。另一方面，上游地区的油茶籽（6.33%）、木材（10.69%）产量比重低，可以与下、中游形成优势互补。

**3. 主要牧业产品产量**

共收集了 6 种主要牧业产品的产量数据，其中长江经济带的蜂蜜（52.38%）、肉类（46.44%）、禽蛋（32.48%）在全国均占据重要比重。

（1）下游地区。2014 年下游地区产量在长江经济带所占比重较高的牧业产品依次为：山羊毛（53.41%）、蜂蜜（45.92%）、奶类（40.42%）、禽蛋（38.70%）。说明下游地区的山羊毛、蜂蜜、奶类、禽蛋在长江经济带具有优势，尤其是山羊毛、蜂蜜的优势较明显。

（2）中游地区。就所收集的这 6 种牧业产品而言，中游地区不具有明显优势，其产量在长江经济带占比最高的牧业产品为肉类（33.20%），且落后上游超过 10 个百分点。同时，中游地区的绵羊毛（0.04%）、山羊毛（7.38%）、奶类（11.75%）产量占比均较低，可以与下、上游形成优势互补。

（3）上游地区。2014 年上游地区产量在长江经济带所占比重较高的牧业产品依次为：绵羊毛（74.95%）、奶类（47.83%）、肉类（43.49%）。说明上游地区的绵羊毛、奶类、肉类在长江经济带具有优势，尤其是绵羊毛具有主导性优势。

**4. 主要渔业产品产量（海水和淡水加总）**

共收集了 3 种主要鱼类产品的产量数据，其中长江经济带的鱼类（46.39%）在全国占据重要比重。受制于数据的可获取性，各省市的藻类产量资料缺失严重，基于现有数据，长江经济带 11 省市中仅浙江、江苏存在部分产量。

（1）下游地区。就所收集的这两种鱼类产品而言（忽略藻类），下游具有巨大优势，这与上文中的渔业产值分析相吻合。按照 2014 年产量在长江经济带所占比重排序依次为：贝类（91.82%）、鱼类（42.52%）。说明下游地区的贝类、鱼类在长江经济带具有明显优势，尤其是贝类具有主导性优势。

（2）中游地区。就所收集的这两种鱼类产品而言，中游地区的优势一般。2014 年，仅鱼类产量（44.62%）在长江经济带占比较高。同时，中游地区的贝类产量占比仅为 7.74%，可以与下游形成优势互补。

（3）上游地区。就所收集的这两种鱼类产品而言，上游地区不具有任何优势。2014 年，上游地区的鱼类、贝类产量在长江经济带所占比重仅为 12.86%、0.44%，可以与下、中游形成优势互补。

# 第三节　长江经济带第二产业及其行业发展分析

## 一、长江经济带工业行业产值分析

根据国家出台的《国民经济行业分类》（GBT4754－2011）新标准，

本节将所搜集的 39 个工业行业划分为采矿业（包含 5 个行业）、制造业（包含 31 个行业）、电力、热力、燃气及水生产和供应业（包含 3 个行业）。

**1. 采矿业**

因长江经济带 11 省市中有 7 个省的石油与天然气开采业相关数据资料缺失（未列入 7 省的统计年鉴），基于现有数据的不完整统计，长江经济带的石油与天然气开采业的主营业务收入在全国占比约为 6.18%。长江经济带的其他采矿业相关行业的主营业务收入在全国均占据一定比重，其中煤炭采选业为 17.31%、黑色金属矿采选业为 21.97%、有色金属矿采选业为 25.84%、非金属矿采选业占比则高达 46.26%（见表 2-4）。

（1）下游地区。按照不完全统计（石油和天然气开采业因下游数据缺失较严重，故忽略），2014 年下游地区采矿业中主营业务收入在整个长江经济带占比最高的行业为煤炭采选业（1 356.88 亿元，约占长江经济带的 25.86%），非金属矿采选业（632.15 亿元，约占长江经济带的 25.84%），主营业务收入占比最低的行业为有色金属矿采选业（132.05 亿元，约占长江经济带的 8.12%）。总体而言，下游地区除安徽外，其他 3 个省市发展规模均不足。

（2）中游地区。按照不完全统计，2014 年中游地区采矿业中主营业务收入在整个长江经济带占比最高的行业为有色金属矿采选业（945.62 亿元，约占长江经济带的 58.12%）；其次为非金属矿采选业（1 108.06 亿元，约占长江经济带的 45.30%）、黑色金属矿采选业（792.48 亿元，约占长江经济带的 38.61%）、煤炭采选业（995.22 亿元，约占长江经济带的 18.97%）。总体而言，中游地区的有色金属矿采选业、非金属矿采选业、黑色金属矿采选业在长江经济带内所占比重和规模较大，具有与其他区域（尤其是下游地区）互补发展的优势基础。

（3）上游地区。按照不完全统计，2014 年上游地区采矿业中主营业务收入在整个长江经济带占比最高的行业为石油和天然气开采业（620.36 亿元，约占长江经济带的 87.93%）；其次为煤炭采选业（2 895.23 亿元，约占长江经济带的 55.18%）；主营业务收入占比最低的行业为非金属矿采选业（705.82 亿元，约占长江经济带的 28.86%）。总体而言，上游地区的石油和天然气开采业和煤炭采选业在长江经济带内所占比重均超过 70%，在长江经济带内具有主导地位，具有与其他区域（尤其是下游地区）互补发展的优势基础。

表 2 - 4　2014 年长江经济带及全国 39 个工业行业的规模以上企业主营业务收入情况

单位：亿元

| 地区 行业 | 上海 | 江苏 | 浙江 | 安徽 | 江西 | 湖北 | 湖南 | 重庆 | 四川 | 贵州 | 云南 | 下游 | 中游 | 上游 | 长江经济带 | 全国 | 长江经济带占全国比重 |
|---|---|---|---|---|---|---|---|---|---|---|---|---|---|---|---|---|---|
| 采矿业 | | | | | | | | | | | | | | | | | |
| 煤炭采选业 | — | 243.11 | 0.83 | 1 112.94 | 181.14 | 116.49 | 697.59 | 366.13 | 909.38 | 1 314.7 | 305.02 | 1 356.88 | 995.22 | 2 895.23 | 5 247.33 | 30 321.97 | 17.31% |
| 石油和天然气开采业 | 9.18 | — | — | — | — | 75.97 | — | 21.55 | 598.81 | — | — | 9.18 | 75.97 | 620.36 | 705.51 | 11 425.21 | 6.18% |
| 黑色金属矿采选业 | — | 74.16 | 12.86 | 406.26 | 207.27 | 409.67 | 175.54 | 13.71 | 549.48 | 42.66 | 160.92 | 493.28 | 792.48 | 766.77 | 2 052.53 | 9 340.81 | 21.97% |
| 有色金属矿采选业 | — | 10.93 | 25.8 | 95.32 | 412.97 | 48.09 | 484.56 | 6.18 | 279.28 | 47.18 | 216.74 | 132.05 | 945.62 | 549.38 | 1 627.05 | 6 296.76 | 25.84% |
| 非金属矿采选业 | — | 257.75 | 148.58 | 225.82 | 226.26 | 521.14 | 360.66 | 105.3 | 352.57 | 158.22 | 89.73 | 632.15 | 1 108.06 | 705.82 | 2 446.03 | 5 287.58 | 46.26% |
| 制造业 | | | | | | | | | | | | | | | | | |
| 食品加工业 | 4 210.85 | 4 190.02 | 1 049.01 | 2 753.34 | 1 709.36 | 4 280.41 | 2 599.82 | 773.21 | 2 669.02 | 242.43 | 524.5 | 12 203.22 | 8 589.59 | 4 209.16 | 25 001.97 | 63 665.12 | 39.27% |
| 食品制造业 | 719.38 | 861.53 | 559.95 | 546.91 | 493.77 | 943.54 | 856.88 | 199.77 | 868.44 | 118.51 | 182.33 | 2 687.77 | 2 294.19 | 1 369.05 | 6 351.01 | 20 399.89 | 31.13% |
| 饮料制造业 | 131.63 | 970.43 | 463.05 | 577.26 | 310.37 | 1 411.95 | 553.23 | 171.23 | 2 463.45 | 628.88 | 224.32 | 2 142.37 | 2 275.55 | 3 487.88 | 7 905.8 | 16 369.97 | 48.29% |
| 烟草加工业 | 932.03 | — | 420.59 | 341.47 | 178.59 | 559.04 | 816.49 | 151.79 | 265.09 | 359.53 | 1 490.77 | 1 694.09 | 1 554.12 | 2 267.18 | 5 515.39 | 8 962.65 | 61.54% |
| 纺织业 | 240.83 | 6 704.74 | 5 832.14 | 903.99 | 993.65 | 2 109.7 | 588.76 | 182.85 | 858.89 | 8.66 | 23.6 | 13 681.7 | 3 692.11 | 1 074 | 18 447.81 | 38 294.75 | 48.17% |
| 服装及其他纤维制品制造 | 405.37 | 4 127.25 | 2 392.72 | 874.41 | 1 233.51 | 847.24 | 277.54 | 112.54 | 197.98 | 26.15 | 9.57 | 7 799.75 | 2 358.29 | 346.24 | 10 504.28 | 21 054.4 | 49.89% |
| 皮革毛皮羽绒及其制品业 | 789.75 | 893.85 | 1 516.99 | 387.23 | 506.98 | 172.22 | 378.35 | 167.3 | 256.99 | 47.78 | 8.28 | 3 587.82 | 1 057.55 | 480.35 | 5 125.72 | 13 896.08 | 36.89% |

续表

制造业

| 地区 / 行业 | 上海 | 江苏 | 浙江 | 安徽 | 江西 | 湖北 | 湖南 | 重庆 | 四川 | 贵州 | 云南 | 下游 | 中游 | 上游 | 长江经济带 | 全国 | 长江经济带占全国比重 |
|---|---|---|---|---|---|---|---|---|---|---|---|---|---|---|---|---|---|
| 木材加工及竹藤棕草制品业 | 77.71 | 2 094.96 | 473.9 | 615.59 | 390.84 | 394.32 | 629.20 | 58.55 | 342.08 | 129.72 | 69.37 | 3 262.16 | 1 414.36 | 599.72 | 5 276.24 | 13 246.85 | 39.83% |
| 家具制造业 | 280.26 | 302.57 | 785.84 | 282.23 | 177.3 | 143.82 | 246.48 | 88.25 | 456.22 | 21.09 | 3 | 1 650.9 | 567.6 | 568.56 | 2 787.06 | 7 273.41 | 38.32% |
| 造纸及纸制品业 | 302.83 | 1 436.63 | 1 099.69 | 306.25 | 307.68 | 488.22 | 620.17 | 241.15 | 478.77 | 57.52 | 56.97 | 3 145.4 | 1 416.07 | 834.41 | 5 395.88 | 13 535.18 | 39.87% |
| 印刷业记录媒介的复制 | 191.35 | 724.32 | 381.79 | 359.55 | 299.46 | 305.48 | 332.17 | 137.64 | 271.33 | 21.62 | 58.13 | 1 657.01 | 937.11 | 488.72 | 3 082.84 | 6 765.3 | 45.57% |
| 文教体育用品制造业 | 479.02 | 1 768.94 | 1 307.71 | 386.32 | 468.76 | 136.91 | 262.45 | 82.9 | 99.26 | 14.35 | 70.43 | 3 941.99 | 868.12 | 266.94 | 5 077.05 | 14 939.35 | 33.98% |
| 石油加工及炼焦业 | 1 432.18 | 2 371.47 | 1 535.75 | 508.39 | 545.26 | 896.76 | 695.72 | 65.56 | 811.8 | 124.85 | 224.4 | 5 847.79 | 2 137.74 | 1 226.61 | 9 212.14 | 41 094.41 | 22.42% |
| 化学原料及制品制造业 | 2 821.14 | 16 158.44 | 5 928.6 | 2 007.69 | 2 219.55 | 3 792.76 | 2 755.68 | 807.9 | 2 330.04 | 808.41 | 769.71 | 26 915.87 | 8 767.99 | 4 716.06 | 40 399.92 | 83 104.14 | 48.61% |
| 医药制造业 | 616.07 | 3 043.49 | 1 092.46 | 631.99 | 1 020.39 | 946.29 | 771.21 | 376.08 | 1 104.36 | 297.57 | 247.91 | 5 384.01 | 2 737.89 | 2 025.92 | 10 147.82 | 23 350.33 | 43.46% |
| 化学纤维制造业 | 41.63 | 2 517.74 | 2 487.21 | 94.84 | 77.52 | 80.14 | 26.40 | 5.79 | 199.56 | — | 15.22 | 5 141.42 | 184.06 | 220.57 | 5 546.05 | 7 158.81 | 77.47% |
| 橡胶和塑料制品业 | 936.56 | 2 679.19 | 2 764.39 | 1 230.44 | 575 | 1 065.49 | 529.57 | 452.82 | 860.09 | 160.56 | 145.92 | 7 610.58 | 2 170.06 | 1 619.39 | 11 400.03 | 29 919.12 | 38.10% |
| 非金属矿物制品业 | 604.34 | 4 561.11 | 2 041.58 | 2 161.34 | 2 469.62 | 2 809.28 | 2 540.52 | 991.25 | 2 485.83 | 800.76 | 454.3 | 9 368.37 | 7 819.42 | 4 732.14 | 21 919.93 | 57 436.7 | 38.16% |
| 黑色金属冶炼和压延加工业 | 1 811.22 | 10 547.97 | 2 556.25 | 2 337.04 | 1 418.8 | 2 627.63 | 1 594.19 | 745.24 | 2 638.59 | 600.91 | 1 021.61 | 17 252.48 | 5 640.62 | 5 006.35 | 27 899.45 | 74 332.77 | 37.53% |

续表

制造业

| 地区\行业 | 上海 | 江苏 | 浙江 | 安徽 | 江西 | 湖北 | 湖南 | 重庆 | 四川 | 贵州 | 云南 | 下游 | 中游 | 上游 | 长江经济带 | 全国 | 长江经济带占全国比重 |
|---|---|---|---|---|---|---|---|---|---|---|---|---|---|---|---|---|---|
| 有色金属冶炼和压延加工业 | 454.83 | 3 750.58 | 2 481.83 | 2 615.85 | 6 159.58 | 1 504.84 | 2 738.14 | 647.58 | 716.08 | 350.71 | 1 856.36 | 9 303.09 | 10 402.56 | 3 570.73 | 23 276.38 | 51 312.09 | 45.36% |
| 金属制品业 | 994.86 | 5 827.46 | 2 455.42 | 1 189.28 | 666.12 | 1 336.23 | 970.91 | 460.24 | 968.33 | 140.8 | 104.55 | 10 467.02 | 2 973.26 | 1 673.92 | 15 114.2 | 36 396.44 | 41.53% |
| 通用设备制造业 | 2 763.15 | 8 226.9 | 4 348.29 | 1 827.41 | 652.58 | 1 205.12 | 1 424.75 | 607.82 | 1 792.54 | 78.8 | 80.38 | 17 165.75 | 3 282.45 | 2 559.54 | 23 007.74 | 47 016.78 | 48.94% |
| 专用设备制造业 | 1 114.1 | 5 495.2 | 1 577.62 | 1 288.6 | 450.87 | 957.02 | 2 570.75 | 325.7 | 1 174.96 | 86.14 | 86.46 | 9 475.52 | 3 978.64 | 1 673.26 | 15 127.42 | 34 826.39 | 43.44% |
| 汽车制造业 | 6 645.7 | 6 104.48 | 2 833.98 | 1 999.27 | 1 085.88 | 5 148.98 | 1 100.38 | 3 919.3 | 2 207.82 | 169.5 | 150.27 | 17 583.43 | 7 335.24 | 6 446.89 | 31 365.56 | 67 818.48 | 46.25% |
| 铁路、船舶、航空航天和其他运输设备制造业 | 772 | 3 649.28 | 978.88 | 247.97 | 150.97 | 561.21 | 812.55 | 1 426.36 | 565.13 | 148.17 | 36.6 | 5 648.13 | 1 524.73 | 2 176.26 | 9 349.12 | 18 158.64 | 51.49% |
| 电气机械和器材制造业 | 2 311.95 | 15 450.87 | 5 822.93 | 4 159.95 | 2 377.66 | 1 623.97 | 1 427.52 | 981.35 | 1 100.67 | 145.03 | 114.58 | 27 745.7 | 5 429.15 | 2 341.63 | 35 516.48 | 66 977.77 | 53.03% |
| 计算机、通信和其他电子设备制造业 | 5 733.03 | 17 391.49 | 2 716.91 | 1 593.18 | 1 153.38 | 1 606.38 | 1 612.47 | 2 865.36 | 3 916.22 | 127.38 | 33.65 | 27 434.61 | 4 372.23 | 6 942.61 | 38 749.45 | 85 486.3 | 45.33% |
| 仪器仪表制造业 | 349.25 | 3 337.33 | 690.33 | 171.57 | 1 020.79 | 146 | 226.97 | 152.02 | 66.36 | 9.67 | 23.37 | 4 548.48 | 1 393.76 | 251.42 | 6 193.66 | 8 347.58 | 74.20% |
| 其他制造业 | 54.51 | 293.33 | 311.11 | 93.63 | 611.45 | 155.54 | 143 | 72.67 | 138.04 | 30.31 | 13.9 | 752.58 | 909.99 | 254.92 | 1 917.49 | 2 579.38 | 74.34% |
| 废弃资源综合利用业 | 32.52 | 260.11 | 357.87 | 419.41 | 1 213.83 | 128.34 | 141.73 | 22.08 | 146.45 | 8.68 | 11.72 | 1 069.91 | 1 483.9 | 188.93 | 2 742.74 | 3 668.55 | 74.76% |
| 金属制品、机械和设备修理业 | 85.8 | 31.39 | 56.83 | 34.06 | 7.21 | 32.86 | 10.27 | 15.08 | 37.98 | — | — | 208.08 | 50.34 | 53.06 | 311.48 | 842.33 | 36.98% |

续表

| 地区<br>行业 | 上海 | 江苏 | 浙江 | 安徽 | 江西 | 湖北 | 湖南 | 重庆 | 四川 | 贵州 | 云南 | 下游 | 中游 | 上游 | 长江<br>经济带 | 全国 | 长江经济<br>带占全<br>国比重 |
|---|---|---|---|---|---|---|---|---|---|---|---|---|---|---|---|---|---|
| | | | | | | | 电力、热力、燃气及水生产和供应业 | | | | | | | | | | |
| 电力、热力生产和供应业 | 1 094.77 | 4 361.44 | 4 262.82 | 1 805 | 10 709.45 | 1 550.55 | 1 335.11 | 721.84 | 2 157.58 | 1 269.87 | 1 397.85 | 11 524.03 | 13 595.11 | 5 547.14 | 30 666.28 | 57 065.54 | 53.74% |
| 燃气生产和供应业 | 344.88 | 420.8 | 443.01 | 126.74 | 716.62 | 130.34 | 112.27 | 116.88 | 275.87 | 43.66 | 47.94 | 1 335.43 | 959.23 | 484.35 | 2 779.01 | 5 227.09 | 53.17% |
| 水的生产和供应业 | 78.12 | 135.51 | 156.01 | 40.27 | 480.67 | 56.56 | 67.18 | 29.64 | 99.04 | 14.72 | 27.86 | 409.91 | 604.41 | 171.26 | 1 185.58 | 1 713.53 | 69.19% |

资料来源：根据中国及长江经济带11个省市统计年鉴（2015）相关数据整理。

### 2. 制造业

长江经济带的制造业在全国占据重要地位。2014 年在 31 个制造业行业中长江经济带有 22 个行业的主营业务收入在全国占比超过或接近 40%，其中化学纤维制造业（在全国占比 77.47%）、废弃资源综合利用业（全国占比 74.76%）、其他制造业（在全国占比 74.34%）、仪器仪表制造业（在全国占比 74.20%）的占比更是超过 70%。

（1）下游地区。2014 年下游地区在 31 个制造业行业中有 22 个主营业务收入在长江经济带的占比超过 50%，表明下游地区制造业的主导性地位和强大竞争力。其中，下游地区主营业务收入占比排名前十位的行业依次为：①化学纤维制造业（5 141.42 亿元，在长江经济带占比 92.70%），②电气机械和器材制造业（27 745.7 亿元，在长江经济带占比 78.12%），③文教体育用品制造业（3 941.99 亿元，在长江经济带占比 77.64%），④通用设备制造业（17 165.75 亿元，在长江经济带占比 74.61%），⑤服装及其他纤维制品制造（7 799.75 亿元，在长江经济带占比 74.25%），⑥纺织业（13 681.7 亿元，在长江经济带占比 74.16%），⑦仪器仪表制造业（4 548.48 亿元，在长江经济带占比 73.44%），⑧计算机、通信和其他电子设备制造业（27 434.61 亿元，在长江经济带占比 70.80%），⑨皮革毛皮羽绒及其制品业（3 587.82 亿元，在长江经济带占比 70.00%），⑩金属制品业（10 467.02 亿元，在长江经济带占比 69.25%）。另外，下游地区的金属制品、机械和设备修理业（主营业务收入在长江经济带占比 66.80%）、石油加工及炼焦业（主营业务收入在长江经济带占比 63.48%）、专用设备制造业（主营业务收入在长江经济带占比 62.64%）、黑色金属冶炼和压延加工业（主营业务收入在长江经济带占比 61.84%）、铁路、船舶、航空航天和其他运输设备备制造业（主营业务收入在长江经济带占比 60.41%）和汽车制造业（主营业务收入在长江经济带占比 56.06%）等行业也均在长江经济带显示出巨大的优势。综上分析可知，下游地区的制造业优势十分显著，且其优势行业主要集中在如电气机械和器材制造业、仪器仪表制造业、计算机、通信和其他电子设备制造业、电气机械和器材制造业、铁路、船舶、航空航天和其他运输设备制造业、汽车制造业等高附加值、集约型的高精尖行业。

（2）中游地区。2014 年，中游地区在 31 个制造业行业中只有 2 个主营业务收入在长江经济带的占比超过或接近 50%，表明中游地区制造业的总体实力一般。中游地区主营业务收入占比超过或接近50%的行业依次为：①废弃资源综合利用业（1 483.9亿元，在长江经济带占比54.10%），②其他制造业（909.99亿元，在长江经济带占比47.46%）。另外，中游地区的有色金属冶炼和压延加工业（主营业务收入在长江经济带占比44.69%）、食品制造业（主营业务收入在长江经济带占比36.12%）、非金属矿物制品业（主营业务收入在长江经济带占比35.67%）在长江经济带也具有一定的优势。综上可知，中游地区的制造业优势不突出，其制造业优势主要集中在环保、矿物加工和制品、食品制造三大领域。

（3）上游地区。2014年上游地区在31个制造业行业中没有1个主营业务收入在长江经济带的占比超过或接近50%，表明上游地区制造业的总体实力较弱。除了饮料制造业（3 487.88亿元，在长江经济带占比44.12%）和烟草加工业（2 267.18亿元，在长江经济带占比41.11%）以外，上游地区其他制造业行业的主营业务收入在长江经济带占比均接近或低于20%。综上分析可知，上游地区的制造业总体较弱，但其烟草加工业和饮料制造业仍具有一定的竞争优势。

### 3. 电力、热力、燃气及水生产和供应业

长江经济带能源（尤其水资源）储量丰富，对于全国的能源供应具有举足轻重的地位，其中水的生产和供应业（主营业务收入在全国占比为69.19%），电力、热力生产和供应业（主营业务收入在全国占比为53.74%），燃气生产和供应业（主营业务收入在全国占比为53.17%）的主营业务收入在全国占比均过半。

（1）下游地区。2014年下游地区的燃气生产和供应业的主营业务收入为1 335.43亿元，在长江经济带占比48.05%；电力、热力生产和供应业的主营业务收入为11 524.03亿元，在长江经济带占比37.58%；水的生产和供应业的主营业务收入为409.91亿元，在长江经济带占比34.57%。

（2）中游地区。2014年中游地区的水的生产和供应业的主营业务收入为604.41亿元，在长江经济带占比50.98%；电力、热力生产和供应业的主营业务收入为13 595.11亿元，在长江经济带占比44.33%；燃气生产和供应业的主营业务收入为959.23亿元，在长江经济带占比34.52%。

（3）上游地区。2014年上游地区的电力、热力生产和供应业的主营业务收入为5 547.14亿元，在长江经济带占比18.09%；燃气生产和供应业的主营业务收入为484.35亿元，在长江经济带占比17.43%；水的生产

和供应业的主营业务收入为 171.26 亿元，在长江经济带占比 14.45%。

综上分析可知，下游地区的燃气生产和供应业，以及中游地区的电力、热力生产和供应业、水的生产和供应业规模较大，具有与长江经济带其他区域互补发展的优势基础。上游地区的电力、热力、燃气及水生产和供应业规模均较小（主营业务收入占比均低于 20%），生产供应能力较差，可以与下、中游地区进行合作。

## 二、长江经济带工业行业产品分析

为了更加微观具体地研究长江经济带的工业发展情况，根据《国民经济行业分类》（GBT4754 - 2011）新标准的工业行业划分，本节相应地将所搜集的 48 种工业产品划分为采矿业（包含 3 个产品）、制造业（包含 45 个产品）。

### 1. 采矿业

长江经济带的十种有色金属产量在全国占比为 27.77%，这与上文中有色金属矿采选业主营收入的全国占比 24.26% 基本相符；原煤和天然气产量方面存在一定程度的数据缺失，按照不完全统计，长江经济带的原煤产量在全国占比为 15.26%，这与上文中长江经济带煤炭采选业主营业务收入全国占比 16.91% 基本相符；长江经济带的天然气产量在全国占比为 20.46%（见表 2 - 5）。

（1）下游地区。2014 年下游地区采矿业中产量在整个长江经济带占比最高的产品为十种有色金属（76.04 万吨，在长江经济带占比 5.83%），其次为原煤（2 000 万吨，在长江经济带占比 3.38%）和天然气（2.64 亿立方米，在长江经济带占比 0.99%）。与上文行业分析结论相同，下游地区的采矿业产品产量相对较小，占长江经济带比重较低。

（2）中游地区。2014 年中游地区采矿业中产量在长江经济带占比最高的产品为十种有色金属（701.98 万吨，在长江经济带占比 53.84%），低于其有色金属矿采选业主营业务收入长江经济带占比 61.63%；其次为原煤（22 300 万吨，在长江经济带占比 37.73%），与上文中游地区的煤炭采选业主营业务收入占比 38.78% 相符；中游地区的天然气（1.88 亿立方米，在长江经济带占比 0.71%）产量较低，这与上文分析中其石油和天然气开采业规模较小相符合。

表2-5　2014年长江经济带及全国48种工业产品产量情况

| 行业 | 上海 | 江苏 | 浙江 | 安徽 | 江西 | 湖北 | 湖南 | 重庆 | 四川 | 贵州 | 云南 | 下游 | 中游 | 上游 | 长江经济带 | 全国 | 长江经济带占全国比重 |
|---|---|---|---|---|---|---|---|---|---|---|---|---|---|---|---|---|---|
| **采矿业** | | | | | | | | | | | | | | | | | |
| 原煤（万吨） | — | 2 000 | — | 12 800 | 2 800 | 1 100 | 5 600 | 3 900 | 7 700 | 18 500 | 4 700 | 2 000 | 22 300 | 34 800 | 59 100 | 387 400 | 15.26% |
| 天然气（亿立方米） | 2.12 | 0.52 | — | — | 0.43 | 1.45 | — | 7.78 | 253.53 | 0.4 | 0.02 | 2.64 | 1.88 | 261.73 | 266.25 | 1 301.57 | 20.46% |
| 十种有色金属（万吨） | 9.7 | 30.26 | 36.08 | 137.5 | 165 | 106.5 | 292.98 | 62.81 | 66.48 | 73.69 | 322.91 | 76.04 | 701.98 | 525.89 | 1 303.91 | 4 695.57 | 27.77% |
| **制造业** | | | | | | | | | | | | | | | | | |
| 原盐（万吨） | — | 723.8 | 9.1 | 152.2 | 322.1 | 465.7 | 280.9 | 220 | 388.1 | — | 125.3 | 732.9 | 1 220.9 | 733.4 | 2 687.2 | 7 049.71 | 38.12% |
| 精制食用植物油（万吨） | 109.8 | 566 | 46.5 | 122.4 | 188.8 | 686.5 | 298.8 | 89.9 | 142.3 | 35.8 | 25.4 | 722.3 | 1 296.5 | 293.4 | 2 312.2 | 6 534.1 | 35.39% |
| 成品糖（万吨） | — | 0.85 | 0.26 | — | 4.11 | — | 8.38 | 1.28 | 2.16 | 5.76 | 250.08 | 1.11 | 12.49 | 259.28 | 272.88 | 1 642.67 | 16.61% |
| 罐头（万吨） | 4.03 | 26.58 | 75.1 | 59.76 | 15.35 | 129.64 | 103.17 | 10.19 | 37.05 | 2.5 | 1.7 | 105.71 | 307.92 | 51.44 | 465.07 | 1 256.32 | 37.02% |
| 啤酒（万千升） | 61.1 | 203.53 | 268.38 | 136.48 | 133.38 | 224.21 | 76.8 | 74.26 | 228.12 | 80.19 | 100.82 | 533.01 | 570.87 | 483.39 | 1 587.27 | 4 936.29 | 32.16% |
| 卷烟（亿支） | 971.5 | 1 039 | 931 | 1 329.8 | 676.5 | 1 407.7 | 1 743.8 | 576 | 1 003.69 | 1 291.8 | 3 848.1 | 2 941.5 | 5 157.8 | 6 719.59 | 14 818.89 | 26 098.49 | 56.78% |
| 纱（万吨） | — | — | 229.98 | — | 157.4 | 335.15 | 106.03 | — | 112.7 | 3.97 | — | 229.98 | 598.58 | 116.67 | 945.23 | 3 379.2 | 27.97% |
| 布（亿米） | 1.43 | 141.59 | 250.73 | 12.67 | 9.85 | 83.98 | 3.86 | 6.92 | 20.28 | — | — | 393.75 | 110.36 | 27.2 | 531.31 | 893.68 | 59.45% |
| 机制纸及纸板（万吨） | 92.1 | 1 336.8 | 1 693.7 | 262.2 | 154.5 | 236.4 | 406.6 | 311.2 | 224.2 | 28 | 46.6 | 3 122.6 | 1 059.7 | 610 | 4 792.3 | 11 785.8 | 40.66% |
| 汽油（万吨） | — | — | 308.46 | — | — | 278.88 | 199 | 194.8 | — | — | — | 308.46 | 477.88 | 194.8 | 981.14 | 11 029.85 | 8.90% |
| 柴油（万吨） | — | — | 218.77 | — | — | 84.84 | 243.3 | 313.63 | — | — | — | 218.77 | 328.14 | 313.63 | 860.54 | 17 635.34 | 4.88% |
| 焦炭（万吨） | 488.56 | 2 395.69 | 297.21 | 929.99 | 867.54 | 931.73 | 659.89 | 267.47 | 1 355.88 | 761.71 | 1 507.68 | 3 181.46 | 3 389.15 | 3 892.74 | 10 463.35 | 47 980.86 | 21.81% |
| 硫酸（折100%）（万吨） | 18.1 | 357.11 | 177.99 | 641.04 | 333.98 | 693.45 | 398.69 | 202.8 | 704.28 | 689.4 | 1 371.4 | 553.2 | 2 067.16 | 2 967.88 | 5 588.24 | 8 901.55 | 62.78% |

续表

制造业

| 地区 / 行业 | 上海 | 江苏 | 浙江 | 安徽 | 江西 | 湖北 | 湖南 | 重庆 | 四川 | 贵州 | 云南 | 下游 | 中游 | 上游 | 长江经济带 | 全国 | 长江经济带占全国比重 |
|---|---|---|---|---|---|---|---|---|---|---|---|---|---|---|---|---|---|
| 烧碱（折100%）（万吨） | 73 | 417 | 151.4 | 63.5 | 41.7 | 102.74 | 64.61 | 32.7 | 113.14 | 6.3 | 24 | 641.4 | 272.55 | 176.14 | 1 090.09 | 3 063.51 | 35.58% |
| 纯碱（碳酸钠）（万吨） | — | 318.7 | 27.9 | 66.5 | — | 140.9 | 62.98 | 118.4 | 129.67 | — | 13.1 | 346.6 | 270.38 | 261.17 | 878.15 | 2 525.84 | 34.77% |
| 合成氨（万吨） | — | 351.4 | 64.5 | 354.6 | 15.4 | 471.3 | 123.9 | 214.2 | 373.2 | 229.8 | 230.1 | 415.9 | 965.2 | 1 047.3 | 2 428.4 | 5 699.5 | 42.61% |
| 农用氮、磷、钾化肥（万吨） | 1.5 | 230.47 | 35.72 | 299.7 | 135.78 | 1 201.66 | 113.59 | 215.16 | 453.58 | 529.19 | 318.39 | 267.69 | 1 750.73 | 1 516.32 | 3 534.74 | 6 876.85 | 51.40% |
| 化学农药原药（万吨） | 1.3 | 99.8 | 28.3 | 17.4 | 4.6 | 24.4 | 24.3 | 0.6 | 16.9 | 0.2 | — | 129.4 | 70.7 | 17.7 | 217.8 | 374.4 | 58.17% |
| 初级形态的塑料（万吨） | 363.28 | 1 114.25 | 736.25 | 105.35 | 15.1 | 210.04 | 71.43 | 7.13 | 191.33 | 6.53 | 25 | 2 213.78 | 401.92 | 229.99 | 2 845.69 | 7 088.84 | 40.14% |
| 合成橡胶（万吨） | 22.4 | 145.1 | 34.99 | 1.66 | 1.6 | 16.61 | 29.74 | 3.42 | 19.58 | — | 11.7 | 202.49 | 49.61 | 34.7 | 286.8 | 549.55 | 52.19% |
| 合成洗涤剂（万吨） | 38.7 | 15.99 | 68.87 | 84.43 | 1.67 | 22.92 | 50.97 | 5.2 | 141.72 | 9.8 | 1.08 | 123.56 | 159.99 | 157.8 | 441.35 | 1 209.73 | 36.48% |
| 化学药品原药（万吨） | 3.39 | 22.92 | 33.2 | 3.5 | 5.14 | 25.12 | 4.54 | 1.6 | 20.25 | 0.02 | 0.19 | 59.51 | 38.3 | 22.06 | 119.87 | 303.4 | 39.51% |
| 中成药（万吨） | 0.7 | 2.59 | 2.95 | 4.55 | 13.64 | 32.5 | 18.73 | 9.51 | 53.32 | 8.08 | 5.12 | 6.24 | 69.42 | 76.03 | 151.69 | 328.77 | 46.14% |
| 化学纤维（万吨） | 45.22 | 1 312.17 | 1 987.09 | 23.1 | 45.9 | 26.2 | 6.5 | 5 | 110.29 | — | 5.6 | 3 344.48 | 101.7 | 120.89 | 3 567.07 | 4 389.75 | 81.26% |
| 橡胶轮胎外胎（万条） | 1 045.5 | 11 079.04 | 9 078.75 | 3 311.57 | 295.71 | 967.37 | 431.48 | 2 916.7 | 3 412.2 | 546.5 | 4.2 | 21 203.29 | 5 006.13 | 6 879.6 | 33 089.02 | 111 913.11 | 29.57% |

续表

制造业

| 行业\地区 | 上海 | 江苏 | 浙江 | 安徽 | 江西 | 湖北 | 湖南 | 重庆 | 四川 | 贵州 | 云南 | 下游 | 中游 | 上游 | 长江经济带 | 全国 | 长江经济带占全国比重 |
|---|---|---|---|---|---|---|---|---|---|---|---|---|---|---|---|---|---|
| 水泥（万吨） | 686.03 | 19 496.49 | 12 413.35 | 12 982.13 | 9 848.6 | 11 423.74 | 12 186.83 | 6 702.82 | 14 660.53 | 9 598.34 | 9 662.5 | 32 595.87 | 46 441.3 | 40 624.19 | 119 661.36 | 249 207.08 | 48.02% |
| 平板玻璃（万重量箱） | — | 5 834.71 | 3 977.96 | 2 544.54 | 514.01 | 9 184.82 | 1 208.37 | 1 460.82 | 3 424.33 | 603.95 | 1 108.52 | 9 812.67 | 13 451.74 | 6 597.62 | 29 862.03 | 83 128.16 | 35.92% |
| 生铁（万吨） | 1 643.3 | 7 082.34 | 1 140.3 | 1 998.71 | 2 075.92 | 2 436.01 | 1 812.52 | 455.92 | 1 935.79 | 498.75 | 1 705.74 | 9 865.94 | 8 323.16 | 4 596.2 | 22 785.3 | 71 374.78 | 31.92% |
| 粗钢（万吨） | 1 774.5 | 10 195.5 | 1 748.3 | 2 451.4 | 2 235.3 | 3 020.87 | 1 917.6 | 785.6 | 2 243 | 551.6 | 1 689.1 | 13 718.3 | 9 625.17 | 5 269.3 | 28 612.77 | 82 230.63 | 34.80% |
| 钢材（万吨） | 2 309.1 | 13 255.2 | 4 171 | 3 262.63 | 2 611.1 | 3 452.66 | 1 989.3 | 1 321.84 | 2 935.2 | 552.4 | 1 935.1 | 19 735.3 | 11 315.69 | 6 744.54 | 37 795.53 | 112 513.12 | 33.59% |
| 发动机（万千瓦） | 24 701.3 | 9 388.9 | 4 712.3 | 8 365.6 | 19.3 | 10 681.1 | 72.5 | 22 878.5 | 5 197.9 | — | 1 466.6 | 38 802.5 | 19 138.5 | 29 543 | 87 484 | 214 105.4 | 40.86% |
| 金属切削机床（万台） | 4.7 | 10.2 | 15.2 | 8.2 | 0.6 | 0.4 | 0.6 | 0.5 | 1.9 | 0.2 | 5.2 | 30.1 | 9.8 | 7.8 | 47.7 | 85.8 | 55.59% |
| 大中型拖拉机（万台） | 0.16 | 8.03 | 3.43 | 0.27 | 0.04 | — | 1.65 | 11.24 | — | — | 8.41 | 11.62 | 1.96 | 19.65 | 33.23 | 64.37 | 51.62% |
| 汽车（万辆） | 247.4 | 121.6 | 30.9 | 93.4 | 46.2 | 174.5 | 29.5 | 231.35 | 32.4 | — | 11 | 399.9 | 343.6 | 274.75 | 1 018.25 | 2 372.52 | 42.92% |
| 摩托车整车（万辆） | 80.2 | 174.2 | 192.1 | — | — | — | 24.1 | 844.6 | 50.7 | 5.2 | 900.5 | 446.5 | 24.1 | 900.5 | 1 371.1 | 2 691.7 | 50.94% |
| 两轮脚踏自行车（万辆） | 403.1 | 984.11 | 1 947.17 | — | 0.65 | — | 0.9 | 31.3 | 26.6 | — | — | 3 334.38 | 1.55 | 57.9 | 3 393.83 | 7 910.14 | 42.90% |
| 发电机组（发电设备）（万千瓦） | 3 582.09 | 646.73 | 475.11 | 4.5 | 24.58 | 87.9 | 136.58 | 189.7 | 3 610.3 | — | 94 | 4 703.93 | 253.56 | 3 894 | 8 851.49 | 15 053.02 | 58.80% |
| 家用电冰箱（万台） | 154 | 969.7 | 757.8 | 2 765.8 | 109.5 | 243.5 | 12.18 | 262 | 80.2 | 168.2 | — | 1 881.5 | 3 130.98 | 510.4 | 5 522.88 | 8 796.09 | 62.79% |
| 房间空气调节器（万台） | 371.7 | 512.5 | 658.66 | 2 702.98 | — | 1 441.5 | — | 1 363 | 172.7 | — | — | 1 542.86 | 4 144.48 | 1 535.7 | 7 223.04 | 14 463.27 | 49.94% |
| 家用洗衣机（万台） | 181.9 | 1 584.4 | 1 592.4 | 1 528.7 | 79.6 | 24.8 | 40.8 | 250.1 | 216.7 | — | 466.8 | 3 358.7 | 1 673.9 | 466.8 | 5 499.4 | 7 114.4 | 77.30% |

续表

| 地区<br>行业 | 上海 | 江苏 | 浙江 | 安徽 | 江西 | 湖北 | 湖南 | 重庆 | 四川 | 贵州 | 云南 | 下游 | 中游 | 上游 | 长江经济带 | 全国 | 长江经济带占全国比重 |
|---|---|---|---|---|---|---|---|---|---|---|---|---|---|---|---|---|---|
| 制造业 | | | | | | | | | | | | | | | | | |
| 移动通信手持机（万台） | 5 484.8 | 2 884.1 | 3 611.31 | — | 5 540.5 | 2 888.4 | 60.9 | 9 418.2 | 411 | 6.5 | — | 11 980.21 | 8 489.8 | 9 835.7 | 30 305.71 | 162 719.82 | 18.62% |
| 微型计算机设备（万台） | 6 295.4 | 6 708 | 191 | 1 715.9 | — | 120.7 | 34.2 | 6 446.8 | 7 619 | — | — | 13 194.4 | 1 870.8 | 14 065.8 | 29 131 | 35 079.63 | 83.04% |
| 显示器（万台） | 102.7 | 5 299.8 | 5.4 | 0.4 | — | 1 637.5 | 2.5 | 1 467.3 | — | — | — | 5 407.9 | 1 640.4 | 1 467.3 | 8 515.6 | 16 396.1 | 51.94% |
| 集成电路（亿块） | 219.22 | 328.9 | 60.9 | 0.6 | — | — | 0.1 | — | 41.2 | 0.1 | — | 609.02 | 0.7 | 41.3 | 651.02 | 1 015.53 | 64.11% |
| 彩色电视机（万台） | 155.3 | 1 076.8 | 456.8 | 483.69 | 19.6 | 36.2 | 24 | — | 1 195.59 | 115.7 | — | 1 688.9 | 563.49 | 1 311.29 | 3 563.68 | 14 128.9 | 25.22% |

资料来源：根据中国及长江经济带 11 个省市统计年鉴（2015）相关数据整理。

（3）上游地区。2014 年上游地区采矿业中产量在整个长江经济带占比最高的产品为天然气（261.73 亿立方米，在长江经济带占比 98.30%）；其次为原煤（34 800 万吨，在长江经济带占比 58.88%）；产量占比最低的产品为十种有色金属（525.89 万吨，在长江经济带占比 40.33%），但占比仍超过 40%。

**2. 制造业**

2014 年在 45 个制造业产品中长江经济带有 17 个行业的主营业务收入在全国占比超过或接近 50%，其中微型计算机设备（产量在全国占比为 83.04%）、化学纤维（产量在全国占比为 81.26%）、家用洗衣机（产量在全国占比为 77.3%）的占比更是超过 70%。

（1）下游地区。2014 年下游地区在 45 个制造业产品中有 16 个在长江经济带占比超过或接近 50%。其中，下游地区产量占比排名前十位的产品依次为：①两轮脚踏自行车（3 334.38 万辆，在长江经济带占比 98.25%），②化学纤维（3 344.48 万吨，在长江经济带占比 93.76%），③集成电路（609.02 亿块，在长江经济带占比 93.55%），④初级形态的塑料（2 213.78 万吨，在长江经济带占比 77.79%），⑤布（393.75 亿米，在长江经济带占比 74.11%），⑥合成橡胶（202.49 万吨，在长江经济带占比 70.60%），⑦机制纸及纸板（3 122.6 万吨，在长江经济带占比 65.16%），⑧橡胶轮胎外胎（21 203.29 万条，在长江经济带占比 64.08%），⑨显示器（5 407.9 万台，在长江经济带占比 63.51%），⑩金属切削机床（30.1 万台，在长江经济带占比 63.10%）。

（2）中游地区。2014 年中游地区在 45 个制造业产品中有 6 个在长江经济带占比超过或接近 50%，依次为：①罐头（307.92 万吨，在长江经济带占比 66.21%），②纱（598.58 万吨，在长江经济带占比 63.33%），③房间空气调节器（4 144.48 万台，在长江经济带占比 57.38%），④家用电冰箱（3 130.98 万台，在长江经济带占比 56.69%），⑤精制食用植物油（1 296.5 万吨，在长江经济带占比 56.07%），⑥农用氮、磷、钾化肥（1 750.73 万吨，在长江经济带占比 49.53%）。其中，考虑到上游地区的农用氮、磷、钾化肥产量在长江经济带占比也高达 42.90%，故中游地区的农用氮、磷、钾化肥重点销往下游地区，仍可以形成优势互补。

（3）上游地区。2014 年上游地区在 45 个制造业产品中有 5 个在长江经济带占比超过 50%，依次为：①成品糖（259.28 万吨，在长江经济带占比 95.02%），②摩托车整车（900.5 万辆，在长江经济带占比 65.68%），③大中型拖拉机（19.65 万台，在长江经济带占比 59.13%），④硫酸（76.03 万吨，在长江经济带占比 53.11%），⑤中成药（76.03 万吨，在长江经济带占比 50.12%）。虽然上游地区制造业的总体实力较弱，但在成品糖、摩托车整车、大中型拖拉机等单类产品仍具有较大生产规模比重，可以与中下游地区形成互补。

# 第四节　长江经济带第三产业及其行业发展分析

## 一、长江经济带第三产业分行业增加值

长江经济带的第三产业在全国占据重要地位。根据《中国统计年鉴（2015）》统计数据，2014 年长江经济带的第三产业的行业增加值为 128 401.01 亿元，占全国行业增加值的 42.03%（见表 2 - 6）。

表 2 - 6　　　　2014 年长江经济带第三产业分行业增加值　　　单位：亿元

| 地区 | 第三产业 | 交通运输、仓储和邮政业 | 批发和零售业 | 住宿和餐饮业 | 金融业 | 房地产业 | 其他 |
|---|---|---|---|---|---|---|---|
| 上海 | 15 275.72 | 1 044.46 | 3 647.33 | 359.28 | 3 400.41 | 1 530.96 | 5 261.94 |
| 江苏 | 30 599.49 | 2 591.15 | 6 559.03 | 1 094.45 | 4 723.69 | 3 564.44 | 11 857.96 |
| 浙江 | 19 220.79 | 1 525.93 | 4 911.71 | 884.91 | 2 767.44 | 2 166.86 | 6 870.58 |
| 安徽 | 7 378.68 | 784.44 | 1 500.28 | 347.66 | 1 046.67 | 807.33 | 2 786.67 |
| 江西 | 5 782.98 | 710.08 | 1 113.95 | 353.48 | 739.7 | 522.81 | 2 291.1 |
| 湖北 | 11 349.93 | 1 181.58 | 2 143.21 | 635.32 | 1 372.61 | 1 062.71 | 4 809.96 |
| 湖南 | 11 406.51 | 1 257.64 | 2 211.82 | 545.69 | 950.04 | 673.38 | 5 637.13 |
| 重庆 | 6 672.51 | 705.83 | 1 229.88 | 321.64 | 1 225.27 | 817.04 | 2 357.16 |
| 四川 | 11 043.2 | 1 067.98 | 1 586.78 | 751.28 | 1 828.09 | 1 064.74 | 4 566.19 |
| 贵州 | 4 128.5 | 828.69 | 624.17 | 322.71 | 491.65 | 220.48 | 1 604.04 |
| 云南 | 5 542.7 | 288.47 | 1 246.53 | 413.41 | 860.98 | 275.97 | 2 412.66 |
| 下游 | 72 474.68 | 5 945.98 | 16 618.35 | 2 686.3 | 11 938.21 | 8 069.59 | 26 777.15 |
| 中游 | 28 539.42 | 3 149.3 | 5 468.98 | 1 534.49 | 3 062.35 | 2 258.9 | 12 738.19 |
| 上游 | 27 386.91 | 2 890.97 | 4 687.36 | 1 809.04 | 4 405.99 | 2 378.23 | 10 940.05 |

续表

| 地区 | 第三产业 | 交通运输、仓储和邮政业 | 批发和零售业 | 住宿和餐饮业 | 金融业 | 房地产业 | 其他 |
|---|---|---|---|---|---|---|---|
| 长江经济带 | 128 401.01 | 11 986.25 | 26 774.69 | 6 029.83 | 19 406.55 | 12 706.72 | 50 455.39 |
| 全国 | 305 500.61 | 31 583.23 | 65 622.2 | 14 322.2 | 43 325 | 30 728.22 | 116 922.02 |
| 长江经济带占全国比重 | 42.03% | 37.95% | 40.80% | 42.10% | 44.79% | 41.35% | 43.15% |

资料来源:《中国统计年鉴(2015)》。

2014 年,下游地区第三产业行业增加值总量为 72 474.68 亿元,比较下游地区各地,排名依次为江苏、浙江、上海、安徽,四省市的第三产业增加值分别为 30 599.49 亿元、19 220.79 亿元、15 275.72 亿元和 7 378.68 亿元。总体而言,下游地区江苏、浙江、上海三地的第三产业增加值远高于安徽省。数据显示,安徽省的增加值仅有江苏一省的 24.11%,上海的 48.30%,由此可以看出第三产业的发展不均衡,其增长较快的地区都在沿海地区。

2014 年,中游地区第三产业行业增加值总量为 28 539.42 亿元,比较中游地区各地,排名依次为湖南、湖北、江西,其各自的第三产业增加值分别为 11 406.51、11 349.93 和 5 782.98 亿元。总体而言,中游地区湖南、湖北、江西三地的第三产业增加值中,湖南、湖北都远高于江西。从数据中可以发现江西省的增加值为湖南的 50.7%,而相比于湖北而言也是 50.95%,并由此可以看出第三产业在中游地区发展比较缓慢,虽然湖南、湖北两省第三产业的行业增加值远高于江西省,但是相比下游地区城市而言都还有一定的差距。

2014 年,上游地区第三产业行业增加值总量为 27 386.91 亿元,比较上游地区各地,排名依次为四川、重庆、云南、贵州,其各自的第三产业增加值分别为 11 043.2 亿元、6 672.51 亿元、5 542.7 亿元和 4 128.5 亿元。总体而言,上游地区的重庆、云南、贵州三省的第三产业增加值相对接近,只有四川大幅领先。可以发现第三产业在上游地区的发展比较缓慢,虽然上游和中游地区的第三产业行业增加值相差不大,但是相比于下游地区而言还有较大差距,说明上游和中游地区的第三产业尚有潜力可挖。

### 1. 批发和零售业

长江经济带的批发和零售业在全国占据重要地位。据统计,2014 年长江经济带第三产业中批发和零售业产业增加值（26 774.69 亿元，占全国比重 40.80%）。通过统计数据可以发现，长江经济带第三产业中批发和零售业的发展较不均衡且与地理区位存在较大关联性。

（1）下游地区。2014 年，下游地区批发和零售业增加值在整个长江经济带占比最高（16 618.35 亿元，在长江经济带占比 62.07%），下游地区的 4 个省份除安徽省外，该行业的增加值都达到了 3 000 亿元以上，其中江苏省最高（6 559.03 亿元），其次是浙江（4 911.71 亿元），然后是上海（3 647.33 亿元），最低的为安徽省（1 500.28 亿元）。产业增加值最高与最低的省份之间差距较大，发展不平衡。总体而言，下游地区的 4 个省市除安徽省外发展规模较长江经济带的其他地区发展规模较大。在长江经济带具有较大的竞争优势，具有与其他区域互补发展的优势基础。

（2）中游地区。2014 年，中游地区批发和零售业增加值在整个长江经济带占比较低（5 468.98 亿元，在长江经济带占比 20.43%）。中游 3 个省份中江西省该行业的增加值接近 1 000 亿元，其他两省均超过 2 000 亿元，其中湖南省最高（2 211.82 亿元），江西省最低（1 113.95 亿元）。总体而言，中游地区批发和零售业在整个长江经济带中发展规模不是很大，具有与其他区域（尤其是下游地区）互补发展的优势基础。

（3）上游地区。2014 年，上游地区批发和零售业增加值在整个长江经济带占比最低（4 687.36 亿元，在长江经济带占比 17.51%）。上游该行业增加值最高的省份为四川省（1 586.78 亿元），最低的省份为贵州省（624.17 亿元），二者差距相比中下游地区较小。总体而言，上游地区该产业增加值发展规模较小，但具有较大的发展空间，具有与其他区域（尤其是下游地区）互补发展的优势基础。

### 2. 交通运输、仓储和邮政业

2014 年，长江经济带的交通运输、仓储和邮政业的行业增加值为 11 986.25 亿元，占全国行业增加值的 37.95%，长江经济带的交通运输、仓储和邮政业在全国占据重要地位。

（1）下游地区。2014 年，下游地区交通运输、仓储和邮政业行业增加值总量为 5 945.98 亿元，比较下游地区各地，排名依次为江苏、浙江、上海、安徽，其各自的交通运输、仓储和邮政业增加值分别为 2 591.15 亿元、1 525.93 亿元、1 044.46 亿元和 784.44 亿元。总体而言，下游地区的江苏、浙江、上海三地的交通运输、仓储和邮政业增加值均高于安徽省。江苏、浙江和上海的增加值都突破了 1 000 亿元，这可能是与其区位优势有很大关系，安徽的经济增长则相对较慢。由此可以看出，交通运输、仓储和邮政业的发展与区位有关，其增长较快的省市均在沿海地区。

（2）中游地区。2014 年，中游地区交通运输、仓储和邮政业行业增加值总量为 3 149.3 亿元，比较中游地区各地，排名依次为湖南、湖北、江西，其交通运输、仓储和邮政业增加值分别为 1 257.64 亿元、1 181.58 亿元和 710.08 亿元。总体而言，从中游地区湖南、湖北、江西的交通运输、仓储和邮政业增加值来看，湖南、湖北都高于江西，但差距较小。由此可以看出，交通运输、仓储和邮政业的在中游地区发展比较缓慢，相比下游地区城市尤其是江苏而言，还存在一定差距。

（3）上游地区。2014 年，上游地区交通运输、仓储和邮政业行业增加值总量为 2 890.97 亿元，比较上游地区各地，排名依次为四川、贵州、重庆、云南，其各自的交通运输、仓储和邮政业增加值分别为 1 067.98 亿元、828.69 亿元、705.83 亿元和 288.47 亿元。总体而言，上游地区的四川、重庆、贵州三地的交通运输、仓储和邮政业增加值相对较于平均，云南则相对落后。数据显示，交通运输、仓储和邮政业在上游地区发展比较缓慢，这一定程度上受制于上游地区的复杂地理环境。虽然上游和中游地区的交通运输、仓储和邮政业行业增加值相差不大，但是与下游地区相比，还有较大的差距，也说明上游和中游地区尚有较大发展潜力。

### 3. 住宿和餐饮业

长江经济带的住宿和餐饮业增加值在全国占比约为 42.10%。在长江经济带的 11 个省市中该产业增加值只有江苏省超过了 1 000 亿元，其他省份该产业增加值（除浙江省外）都处于 800 亿元以下。因此，从数据来看，住宿和餐饮业在长江经济带的发展不均衡。

（1）下游地区。2014 年，下游地区住宿和餐饮业在整个长江经济带占比最高（2 686.3 亿元，在长江经济带占比 44.55%），下游的 4 个省份中该产业增加值只有江苏省超过 1 000 亿元（1 094.45 亿元），经济较发达的上海该行业的产业增加值只有 359.28 亿元，安徽省最低（347.66 亿元）。下游产业增加值差距相比于中上游地区更大且差异明显。总体而言，下游地区的省份中除江苏省外其他 3 个省份该行业发展规模均不大，具有较大发展空间。

（2）中游地区。2014 年中游地区住宿和餐饮业在长江经济带占比最低（1 534.49 亿元，在长江经济带占比 25.45%）。中游地区的 3 个省份该产增加值规模均较小（300 亿元～650 亿元），发展差距相比下游省份较小。其中，湖北省产业增加值最高（635.32 亿元），江西省最低（353.48 亿元）。总体而言，中游地区住宿和餐饮业发展规模不大，具有与其他区域（尤其是下游地区）互补发展的优势基础。

（3）上游地区。2014 年中游地区住宿和餐饮业在整个长江经济带占比较低（1 809.04 亿元，在长江经济带占比 30.00%）。上游 4 个省份中只有四川省的产业增加值较高（751.28 亿元），其他 3 个省份规模都较小，最低的省份是重庆（321.64 亿元）。上游地区该行业发展规模也不是很均衡。总体而言，下游地区的住宿和餐饮业整体发展规模较小，具有较大发展空间，具有与其他区域（尤其是下游地区）互补发展的优势基础。

### 4. 金融业

长江经济带的金融业在全国占重要地位，2014 年长江经济带金融业增加值为 19 406.55 亿元，占全国比重为 44.79%。

（1）下游地区。2014 年，长江经济带下游地区金融业增加值为 11 938.21 亿元，约占整个经济带的 61.62%，不仅在整个长江经济带中起绝对主导地位，同时在全国金融业也有举足轻重的地位，占全国的 27.55%。江苏省的增加值为 4 723.69 亿元，排名下游第一位。下游最为突出的典型城市为上海市，作为全国的金融中心，上海市的金融业增加值为 3 400.41 亿元，几乎等同浙江（2 767.44 亿元）、安徽（1 046.67 亿元）两省的增加值之和。总体而言，下游地区金融行业发展差距较大，安徽省应该加速向东融合，以江苏、上海和浙江的优质资源拉动本省金融行业发展。

（2）中游地区。2014 年，长江经济带中游地区金融业增加值为 3 062.35 亿元，约占整个经济带的 15.78%，全国的 7.07%。其中江西省的增加值为 739.7 亿元，湖北省的金融增加值为 1 372.61 亿元，湖南为 950.04 亿元。从数据上来看，中游 3 省的金融业增加值总量均较低，甚至低于上游，相比于下游地区更是存在明显差距。

（3）上游地区。2014 年，长江经济带上游地区金融业增加值总额为 4 405.99 亿元，约占整个长江经济带的 22.7%，全国的 10.17%。其中重庆的增加值为 1 225.27 亿元，四川的增加值为 1 828.09 亿元，贵州的增加值为 491.65 亿元，云南的增加值为 860.98 亿元。从数据上来看，受限于经济发展水平，上游地区除了四川，其他省市的金融业也是处于待发展阶段。

综上可知，长江经济带的金融业发展不均衡，下游的金融业显著发展得益于区位优势和经济先行发展优势，中游和上游地区需要加快发展。

### 5. 房地产业

2014 年长江经济带房地产行业的行业增加值总数达到了 12 706.72 亿元，在全国行业增加值中的占比达到了 41.35%，可以看出长江经济带的房地产行业在全国占据重要地位。

（1）下游地区。2014 年，下游地区的房地产业的行业增加值总量为 8 069.59 亿元，在整个长江经济带中所占的比重超过了一半，达到了 63.51%。下游地区各个城市的房地产业发展不均衡，其中江苏的房地产行业增加值最高，达到了 3 564.44 亿元，而安徽的最低，只有 807.33 亿元。

（2）中游地区。2014 年，中游地区的房地产业的行业增加值总量为 2 258.9 亿元，在整个长江经济带中所占的比重约为 17.78%，与下游地区相比其所占的比重明显下降了很多。中游地区发展相对均衡，总量最高的为湖北（1 062.71 亿元），其次是湖南（673.38 亿元），最后是江西（522.81 亿元）。虽然三地房地产业发展水平仍然存在差距，但是并没有像下游地区那样明显，中游地区的房地产业发展比较缓慢却更加均衡。

（3）上游地区。2014 年，上游地区房地产业的行业增加值总量为 2 378.23 亿元，在整个长江经济带中所占比重约为 18.72%，与下游地区的差距比较明显，但是和中游地区相近。比较上游地区行业增加值总量最大的是四川省，达到了 1 064.74 亿元（约占整个上游地区的 44.77%），总量最低的则是贵州省，只有 220.48 亿元（约占整个上游地区的 9.27%）。可以看出，上游地区房地产业整体发展比较缓慢，并且和下游地区一样，发展水平也存在着非常大的差距。在整个长江经济带中，下游地区房地产业的发展水平远高于中游地区和上游地区，将来随着经济的发展和交通基础设施的完善，中上游地区的房地产业还有很大的发展潜力。

### 6. 其他

2012 年长江经济带第三产业的其他行业增加值占全国的 43.15%，长江经济带第三产业的其他行业增加值占长江经济带第三产业的 39.30%。由此可分析，长江经济带第三产业的其他行业是长江经济带第三产业重要组成部分，同时也是全国经济增加值的重要部分。

（1）下游地区。长江经济带下游第三产业其他行业增加值为 26 777.15 亿元（占长江经济带的 53.07%），大约占长江经济带其他行业增加值的一半，其中最为突出的是江苏省，第三产业其他行业增加值为 11 857. 96 亿元，占长江经济带下游地区第三产业其他行业增加值的 44. 28%，占江苏省第三产业增加值的 38. 75%，带动了长江经济带下游地区第三产业其他行业的发展。长江经济带下游地区第三产业其他行业增加值占长江经济带下游地区第三产业增加值的 36. 95%。

（2）中游地区。长江经济带中游地区第三产业其他行业增加值为 12 738. 19 亿元（占长江经济带的 25. 25%），江西省第三产业其他行业增加值为 2 291. 1 亿元，是长江经济带中游地区增加值最低的省份。长江经济带中游地区第三产业其他产业增加值占比最大的是湖南省为 44. 25%，其第三产业其他产业增加值占湖南省第三产业增加值的 49. 42%，在长江经济带中游地区第三产业其他行业中起到了带头作用。长江经济带中游地区第三产业其他行业增加值占长江经济带中游地区第三产业增加值的 44. 63%。

（3）上游地区。长江经济带上游地区第三产业其他行业增加值为 10 940. 05 亿元（占长江经济带的 21. 68%），上游地区第三产业其他行业增加值四川省较为突出，其他省份比较平均，第三产业其他行业的发展不如四川省。四川省第三产业其他行业增加值为 4 566. 19 亿元，其第三产业其他产业增加值占四川省第三产业增加值的 41. 35%。长江经济带上游地区第三产业其他行业的增加值占长江经济带上游地区第三产业增加值的 39. 95%。

综上可知，长江经济带第三产业其他行业的增加值最为突出的是长江经济带的下游地区，占长江经济带的 53. 07%。同时，长江经济带第三产业的其他行业增加值占长江经济带第三产业的比重已超过 1/3，说明长江经济带第三行业的其他行业是长江经济带第三产业重要组成部分。

## 二、长江经济带第三产业分行业主要指标

根据国务院办公厅转发的国家统计局《关于建立第三产业统计的报告》上对中国三次产业划分的意见，中国第三产业包括流通和服务两大部门。第三产业在《国民经济行业分类》（GB/T 4754 - 2002）中，分为 15 个门类即自 F ~ T 类共计 48 个大类，为分类最多的产业。本节从《中国第三产业统计年鉴（2014）》中选取了批发和零售业、交通运输业、住宿与餐饮业、信息传输和信息技术服务业、科学研究和技术服务业、教育、医疗卫生、文化等 8 个行业进行研究。

**1. 批发和零售业**

根据计算的反映批发和零售业规模的三大指标显示，长江经济带的批发和零售业在全国占据重要地位，其中商品购进额在全国占比约41.44%，商品销售额占比约41.99%，期末的商品库存额在全国所占的比重也达到了40.97%（见表2−7）。

（1）下游地区。2013年下游地区批发和零售业当中的商品购进额在长江经济带所占的比重最高（13.46亿元，在长江经济带占比72.03%），其次为商品销售额（15.03亿元，在长江经济带占比72%），在批发和零售业的三大指标中，下游地区占比最低的为期末商品库存额（8 962万元，在长江经济带占比67.47%）。上游地区的批发和零售业在整个长江经济带中占有较大比重，无论是商品销售额、商品购进额还是比重相对较小的期末商品库存额，其所占的比重都超过了一半。

（2）中游地区。2013年中游地区批发和零售业当中的期末商品库存额在长江经济带中所占的比重最高（1 857万元，在长江经济带占比13.98%），其次为商品购进额（24.06亿元，在长江经济带占比12.87%），在批发和零售业的三大指标中，中游地区占比最低的为商品销售额（26.49亿元，在长江经济带占比12.7%）。总体而言，与下游地区相比，中游地区的批发和零售业在整个长江经济带中所占的比重都大幅下降，在三个指标中，中游地区的期末库存商品所占的比重高于其他两个指标，可以与下游地区形成互补发展。

（3）上游地区。2013年上游地区批发和零售业当中的期末商品库存额在长江经济带中所占比重最高（1 463万，在长江经济带占比18.55%），其次为商品购进额（28.3亿元，在长江经济带占比15.3%），在批发和零售业的三大指标中，上游地区占比最低的是商品销售额（31.7亿元，在长江经济带占比15.1%）。上游地区的批发和零售业在整个长江经济带所占的比重与中游地区类似，发展规模有限，其中又以贵州最为突出。在三大指标中占比最低的是商品销售额，说明上游地区由于地处内陆，交通相对不便，商品的销路不是很畅通。随着内陆地区经济的发展，交通基础设施的不断改进，上游地区可以与其他地区形成良好的优势互补。

**2. 交通运输业**

长江经济带铁路客运量在全国占比为40.48%，公路客运量在全国占比为 52.52%，水路客运量在全国占比为 58.99%，铁路货运量在全国占比为 15.97%，公路货运量在全国占比为 42.42%，水运货运量在全国占比为 65.28%。由于长江经济带黄金水道天然优势，长江经济带水运客运量和水运货运量均占全国交通运输较大比重。

（1）下游地区。2013 年下游地区交通运输业客运业务在整个长江经济带中占比最高的为铁路客运业务（39 669 万人，在长江经济带占比 46.53%），其次是公路客运业务（379 649 万人，在长江经济带占比 39%）和水运客运业务（5 875 万人，在长江经济带占比 42.31%）。2013 年下游地区交通运输业货运业务在整个长江经济带中占比最高的为水运货运业务（287 588 万吨，在长江经济带占比 78.70%），其次是铁路货运业务（24 256 万吨，在长江经济带占比 38.29%）和公路货运业务（539 306 万吨，在长江经济带占比 41.32%）。下游地区最为突出的是水运货运业务，占长江经济带水运货运业务比重较大。

（2）中游地区。2013 年中游地区交通运输业客运业务在整个长江经济带中占比最高的为铁路客运业务（26 586 万人，在长江经济带占比 31.83%），其次是公路客运业务（287 600 万人，在长江经济带占比 29.55%）和水运客运业务（2 129 万人，在长江经济带占比 15.34%）。2013 年中游地区交通运输业货运业务在整个长江经济带中占比最高的为公路货运业务（378 493 万吨，在长江经济带占比 29%），其次是铁路货运业务（16 032 万吨，在长江经济带占比 25.31%）和水运货运业务（56 182 万吨，在长江经济带占比 15.37%）。中游地区水运客运业务和水运货运业务相比上游和下游不甚发达。

（3）上游地区。2013 年上游地区交通运输业客运业务在整个长江经济带中占比最高的为水运客运业务（5 879 万人，在长江经济带占比 42.35%），其次是铁路客运业务（19 002 万人，在长江经济带占比 22.29%）和公路客运业务（306 139 万人，在长江经济带占比 31.45%）。2013 年上游地区交通运输业货运业务在整个长江经济带中占比最高的为铁路货运业务（23 052 万吨，在长江经济带占比 36.39%），其次是公路货运业务（387 306 万吨，在长江经济带占比 29.68%）和水运货运业务（21 674 万吨，在长江经济带占比 5.93%）。上游水运客运业务尤为发达，占长江经济带较大比重。

### 3. 住宿与餐饮业

长江经济带的住宿与餐饮业的营业额分别约为 1 463.90 亿元和

2 061.92 亿元，占全国住宿与餐饮业营业额的 41.49% 和 45.48%，可以看出整个长江经济带的住宿与餐饮业在全国占有重要地位。

（1）下游地区。2013 年下游地区住宿与餐饮业的营业额在整个长江经济带占比最高的行业为餐饮业（1 230.09 亿元，在长江经济带占比 59.66%），其次为住宿业（807.14 亿元，在长江经济带占比 55.14%）。下游地区住宿与餐饮业的营业额在长江经济带内所占比重和规模较大，占据长江经济带整体的一半以上，其中又以上海与浙江尤为突出。

（2）中游地区。2013 年中游地区住宿与餐饮业的营业额在整个长江经济带占比最高的行业为餐饮业（366.87 亿元，在长江经济带占比 17.79%），其次为住宿业（322.23 亿元，在长江经济带占比 22.01%）。中游地区的住宿与餐饮业的营业额在长江经济带内所占比重与下游地区相比有不小差距，江西省相比其余两省的差距更为明显，中游地区整体具有较大的提升空间。

（3）上游地区。2013 年上游地区住宿与餐饮业的营业额在整个长江经济带占比最高的行业依旧为餐饮业（464.96 亿元，在长江经济带占比 22.55%），其次为住宿业（334.53 亿元，在长江经济带占比 22.85%）。上游地区的住宿与餐饮业的营业额在长江经济带内所占比重与下游地区相比有不小的差距与中部接近，贵州和云南省相较于其他两地差距明显，整体来看上游地区尚且具有较大的发展空间。

### 4. 信息传输和信息技术服务业

长江经济带的信息传输和信息技术服务业在全国占有显著的比重，其中电信业务总量 7 581.8 亿元，占全国的 41.13%，固定电话用户 11 180.2 万人，占全国的 41.88%，移动电话用户 48 683 万人，占全国的 39.61%。

（1）下游地区。2013 年下游地区的电信业务总量为 4 012.1 亿元，在长江经济带占比 52.92%；固定电话用户 5 917 万人，在长江经济带占比 52.92%；移动电话用户 22 171 万人，在长江经济带占比 45.59%。在固定电话和移动电话普及率方面，除了安徽的普及率为每百人 16.2 部固定电话、65.7 部移动电话，上海（每百人 36 部固话、132.5 部移动电话）、江苏（每百人 28.8 部固话、100 部移动电话）、浙江（每百人 32.4 部固话、128.6 部移动电话）均远高于全国平均水平（每百人 19.6 部固话、90.3 部移动电话）。在互联网普及率方面，上海为 70.7%，江苏为 51.7%，浙江为 60.8%，远高于全国的 45.8%，安徽的互联网普及率则为 35.9%。下游地区除了安徽省以外，上海、浙江、江苏的信息传输和信息技术服务业不仅在长江经济带处于领先地位，在全国也是处于靠前的位置。

（2）中游地区。2013 年中游地区的电信业务总量为 1 584.7 亿元，在长江经济带占比 20.90%；固定电话用户 2 520.8 万人，在长江经济带占比 22.54%，移动电话用户 11 792 万人，在长江经济带占比 24.22%。同时，在固定电话和移动电话普及率方面，江西的普及率为每百人 13.8 部固定电话、62.1 部移动电话，湖北的普及率为每百人 17.0 部固定电话、76.2 部移动电话，湖南的普及率为每百人 13.7 部固定电话、68.3 部移动电话，均低于全国平均水平（每百人 19.6 部固定电话、90.3 部移动电话）。在互联网普及率方面，江西为 32.6%，湖北为 43.1%，湖南为 36.3%，仍然低于全国平均水平 45.8%。

（3）上游地区。2013 年上游地区的电信业务总量为 1 985 亿元，在长江经济带占比 26.18%；固定电话用户 2 742.4 万人，在长江经济带占比 24.52%，移动电话用户 14 720 万人，在长江经济带占比 30.23%。同时，在固定电话和移动电话普及率方面，重庆的普及率为每百人 19.5 部固定电话、80.2 部移动电话，四川的普及率为每百人 16.2 部固定电话、77.5 部移动电话，贵州的普及率为每百人 10.4 部固定电话、76 部移动电话，云南的普及率为每百人 10.4 部固定电话、72.5 部移动电话，均低于全国平均水平（每百人 19.6 部固定电话、90.3 部移动电话）。在互联网普及率方面，重庆为 43.9%，四川为 35.1%，贵州为 32.9%，云南为 32.9%，仍然低于全国平均水平 45.8%。上游地区的信息传输和信息技术服务业现状与中部类似，都需要一个追赶的过程，要协调下游的资源优势，积极寻求产业发展。

### 5. 科学研究与技术服务业

据统计，2013 年长江经济带的科学研究与技术服务业的 R&D 经费内部支出在全国占比约为 42.59%。长江经济带的科学研究与技术服务业的技术市场成交额（万元）在全国占比约为 27.95%。

（1）下游地区。按照不完全统计，2013 年下游地区的科学研究与技术服务业的 R&D 经费内部支出在整个长江经济带中最高（3 433.58 亿元，在长江经济带占比 6.80%）；下游地区的该产业的技术市场成交额同样在整个长江经济带中也是最高（1 270.50 亿元，在长江经济带占比 60.86%）。在 R&D 经费内部支出（万元）、R&D 经费内部支出占 GDP 比重、R&D 人员全时当量以及技术市场成交额几个指标中下游各省份均大于中上游省份。下游地区的几个省市发展规模相比中上游地区规模较大，具有与其他区域互补发展的优势基础。

（2）中游地区。按照不完全统计，2013 年中游地区中湖北省的科学研究与技术服务业的 R&D 经费内部支出最高（446.20 亿元，在长江经济带占比 18.01%）；技术市场成交额在长江经济带中则不是最高的（517.88 亿元，在长江经济带占比 24.81%）。R&D 经费内部支出除湖北较高外，中部地区其他两个省份比重较低，并且远低于全国平均水平。中游地区的几个省市发展规模相比下游地区还存在差距。但中游地区进步空间较大具有与其他区域（尤其是下游地区）互补发展的优势基础。

（3）上游地区。按照不完全统计，2013 年上游地区科学研究与技术服务业中 R&D 经费内部支出在整个长江经济带占比最低（703.48 亿元，在长江经济带占比 13.94%），其中四川省在中部省份中最高（399.97 亿元，在长江经济带占比 7.93%）；技术市场成交额四川省在上游省份中同样也是最高（148.58 亿元，在长江经济带占比 7.12%）上游地区的科学研究与技术服务业各指标除四川省外其他几个省份规模都较小，具有与其他区域（尤其是下游地区）互补发展的优势基础。

### 6. 教育

在长江经济带中的普通高等学校及机构的数量共 1 065 所，占全国普通高等学校及机构数量的 42.75%。这其中下游地区共 443 所，中游地区共 337 所，上游地区共 285 所；分别占长江经济带总数的 41.60%、31.64% 和 26.76%。总体而言，长江经济带普通高等学校及机构的数量上，下中上游地区呈现依次递减的现象。其中下游江苏省的高校数量（156 所）是上游贵州省（52 所）的近 3 倍，可以明显看出教育资源的分布不均，下游地区资源较丰富，上游地区资源则较稀缺。

从普通高校师生比例上来看，全国平均的普通高校师生比例为 1∶17.53，而根据现已收集的数据显示除上海、江苏、浙江三地以外，其余 8 个省市的全国平均的普通高校师生比例都明显高于全国普遍水平，这其中安徽、湖南、四川、贵州、云南 5 省的比重都高于 18，其中以安徽 18.78 高居首位。总体而言，从全国平均的普通高校师生比例可以看出全国普遍存在教师人数不足的问题，而在长江经济带这个问题则更为突出，尤其中上游地区问题较严重，下游地区则相对较轻，同时体现出教师资源分布不均的问题。

从每十万人口高等教育平均在校学生数量来看，全国普遍每十万人口高等教育平均在校学生数量为 2 418 人。而根据现已收集的数据显示，除上海、江苏、湖北、重庆四地以外，其余 7 个省市的每十万人口高等教育平均在校学生数量都低于全国普遍水平，这其中贵州、云南两省的每十万人口高等教育平均在校学生数量相较于全国水平差距较大，分别仅有 1 535 人和 1 662 人。从每十万人口高等教育平均在校学生数量可以看出国内每十万人受过高等教育的人数还不多，不到 1/10。上游地区除个别省市外受高等教育的人数偏低。中下游地区整体和全国标准持平，但个别省份如上海和湖南的差距同样不小。

### 7. 医疗卫生

医疗卫生是保障居民生活与安全的服务业，将长江经济带 11 省市的每千人口卫生技术人员数量、每千人口执业及助理医师人员数量、每千人口注册护士人员数量与全国平均水平做对比，可以分析得到下游的医疗卫生产业显著领先全国平均水平，而中游和上游总体低于全国水平，具体分析如下。

（1）下游地区。上海市每千人口的卫生技术人员数量为 10.97 人，是全国平均水平（每千人口卫生技术人员 5.27 人）的 2.08 倍，同时每千人口执业及助理医师人员 4.05 人，每千人口注册护士人员 2.29 人，均是全国平均水平（每千人口执业及助理医师人员 2.04 人、每千人口注册护士人员 1.22 人）的近两倍。上海领先全国的医疗卫生条件不仅得益于经济发展的优势，也体现了当地政府良好的医疗服务意识。同时，江苏的每千人口的卫生技术人员数量为 5.43 人、执业及助理医师人员 2.23 人，注册护士 1.42 人；浙江的每千人口的卫生技术人员数量为 7.30 人、执业及助理医师人员 2.86 人，注册护士 1.95 人。两省均高于全国平均水平。值得注意的是，安徽的每千人口的卫生技术人员数量为 3.66 人、执业及助理医师人员 1.42 人，注册护士 0.91 人，低于全国平均水平。可见，长江经济带上游的医疗卫生产业现状中，浙江和江苏比较优秀，上海的医疗条件则居全国前列，安徽则还需要大力发展医疗卫生。

（2）中游地区。江西的每千人口的卫生技术人员数量为 3.94 人、执业及助理医师人员 1.46 人，注册护士 1.09 人；湖南的每千人口的卫生技术人员数量为 4.52 人、执业及助理医师人员 1.78 人，注册护士 1.12 人。两省的医疗卫生服务都低于全国平均水平。同时，湖北的每千人口的卫生技术人员数量为 5.01 人、执业及助理医师人员 1.90 人，略低于全国平均水平，注册护士1.40人，略高于全国平均水平。总体而言，中游地区除了湖北的医疗卫生情况能基本与全国平均水平相一致，江西和湖南还需弥补和全国平均水平的差距。

（3）上游地区。重庆的每千人口的卫生技术人员数量为4.23人、执业及助理医师人员1.64人，注册护士1.14人；四川的每千人口的卫生技术人员数量为4.68人、执业及助理医师人员1.90人，注册护士1.13人；贵州的每千人口的卫生技术人员数量为3.64人、执业及助理医师人员1.31人，注册护士0.98人；云南的每千人口的卫生技术人员数量为4.20人、执业及助理医师人员1.63人，注册护士1.18人。受限于经济发展水平，上游4省的医疗卫生产业数据均低于全国平均水平，由于医疗卫生有关国民健康安全，可以寻求国家财政上资金的倾斜以寻求加速发展医疗产业。

### 8. 文化

长江经济带出版发行机构数量在全国占比49.74%，其中处于长江下游的江苏出版发行机构最多（14 428处，占长江经济带的16.82%），出版发行机构数量最少的省份是处于长江中游的江西省（3 455处，占长江经济带的4.02%）。

长江经济带广播节目综合人口覆盖率水平在长江上中下游比较平均，接近全国广播节目综合人口覆盖率（97.79%），其中处于长江下游上海市广播节目综合人口覆盖率为100%完全覆盖，而贵州广播节目综合人口覆盖率仅90%，在长江经济带中广播节目综合人口覆盖率最低。

长江经济带电视节目综合人口覆盖率和广播节目综合人口覆盖率比较类似，电视节目综合人口覆盖率水平在长江经济带各省市比较平均，接近全国电视节目综合人口覆盖率（98.42%），其中上海市电视节目综合人口覆盖率为100%完全覆盖，贵州电视节目综合人口覆盖率最低为94.10%。

长江经济带各省市人均拥有公共图书馆藏量除个别省市外其他差别不大，接近全国人均拥有公共图书馆藏量（0.55万册），其中上海市人均拥有公共图书馆藏量远高于其他省市（3万册），安徽省人均拥有公共图书馆藏量最少为0.29万册。

2013年长江经济带及全国第三产业分行业主要业务指标如表2－7所示。

表 2 - 7　2013 年长江经济带及全国第三产业分行业主要业务指标

| 地区<br>行业 | 上海 | 江苏 | 浙江 | 安徽 | 江西 | 湖北 | 湖南 | 重庆 | 四川 | 贵州 | 云南 | 下游 | 中游 | 上游 | 长江经济带 | 全国 | 长江经济带占全国比重 |
|---|---|---|---|---|---|---|---|---|---|---|---|---|---|---|---|---|---|
| 批发和零售业 | | | | | | | | | | | | | | | | | |
| 商品购进额（万元） | 497 841 743 | 417 374 250 | 351 648 182 | 79 615 464 | 26 235 354 | 144 132 346 | 70 248 707 | 87 348 521 | 100 365 813 | 28 498 485 | 66 762 345 | 1 346 479 639 | 240 616 407 | 282 975 164 | 1 870 071 210 | 4 512 650 707 | 41.44% |
| 商品销售额（万元） | 574 713 320 | 456 008 926 | 383 880 286 | 89 017 834 | 33 996 210 | 154 468 407 | 76 407 769 | 95 214 370 | 110 384 901 | 35 358 470 | 76 015 075 | 1 503 620 366 | 264 872 386 | 316 972 816 | 2 085 465 568 | 4 966 037 964 | 41.99% |
| 期末商品库存额（万元） | 36 779 085 | 24 623 054 | 21 885 778 | 6 328 989 | 2 524 148 | 10 415 401 | 5 634 825 | 5 593 927 | 8 268 060 | 3 123 377 | 7 643 977 | 89 616 906 | 18 574 374 | 24 629 341 | 132 820 621 | 324 220 478 | 40.97% |
| 交通运输业 | | | | | | | | | | | | | | | | | |
| 铁路客运量（万人） | 7 972 | 13 435 | 11 052 | 7 210 | 6 945 | 10 410 | 9 231 | 3 251 | 8 240 | 4 322 | 3 189 | 39 669 | 26 586 | 19 002 | 85 257 | 210 597 | 40.48% |
| 公路客运量（万人） | 3 476 | 135 555 | 121 185 | 119 433 | 57 915 | 80 670 | 149 015 | 61 243 | 124 145 | 77 359 | 43 392 | 379 649 | 287 600 | 306 139 | 973 388 | 1 853 463 | 52.52% |
| 水运客运量（万人） | 243 | 2 454 | 3 111 | 67 | 207 | 442 | 1 480 | 689 | 2 390 | 1 755 | 1 045 | 5 875 | 2 129 | 5 879 | 13 883 | 23 535 | 58.99% |
| 铁路货运量（万吨） | 702 | 7 157 | 4 831 | 11 566 | 5 217 | 5 646 | 5 169 | 2 475 | 8 970 | 6 461 | 5 146 | 24 256 | 16 032 | 23 052 | 63 340 | 396 697 | 15.97% |
| 公路货运量（万吨） | 43 877 | 103 709 | 107 186 | 284 534 | 121 279 | 100 945 | 156 269 | 71 842 | 151 689 | 65 100 | 98 675 | 539 306 | 378 493 | 387 306 | 1 305 105 | 3 076 648 | 42.42% |
| 水运货运量（万吨） | 39 726 | 70 909 | 76 662 | 100 291 | 8 676 | 24 409 | 23 097 | 12 924 | 7 100 | 1 142 | 508 | 287 588 | 56 182 | 21 674 | 365 444 | 559 785 | 65.28% |
| 住宿与餐饮业 | | | | | | | | | | | | | | | | | |
| 住宿业营业额（万元） | 2 513 618 | 2 115 897 | 2 759 392 | 682 471 | 493 642 | 1 236 346 | 1 492 313 | 696 981 | 1 387 783 | 419 918 | 840 650 | 8 071 378 | 3 222 301 | 3 345 332 | 14 639 011 | 35 279 900 | 41.49% |
| 餐饮业营业额（万元） | 4 694 840 | 3 995 380 | 2 609 944 | 1 000 772 | 317 909 | 2 257 860 | 1 092 942 | 1 628 839 | 2 313 436 | 211 200 | 496 126 | 12 300 936 | 3 668 711 | 4 649 601 | 20 619 248 | 45 333 312 | 45.48% |

续表

| 地区/行业 | 上海 | 江苏 | 浙江 | 安徽 | 江西 | 湖北 | 湖南 | 重庆 | 四川 | 贵州 | 云南 | 下游 | 中游 | 上游 | 长江经济带 | 全国 | 长江经济带占全国比重 |
|---|---|---|---|---|---|---|---|---|---|---|---|---|---|---|---|---|---|
| 信息传输和信息技术服务业 | | | | | | | | | | | | | | | | | |
| 电信业务总量（亿元） | 791.8 | 1 402.8 | 1 283.5 | 534.0 | 379.2 | 610.2 | 595.3 | 357.6 | 842.8 | 331.8 | 452.8 | 4 012.1 | 1 584.7 | 1 985 | 7 581.8 | 18 432.2 | 41.13% |
| 固定电话用户（万户） | 869.2 | 2 289.8 | 1 781.3 | 976.7 | 622.4 | 984.0 | 914.4 | 580.3 | 1 313.7 | 363.0 | 485.4 | 5 917 | 2 520.8 | 2 742.4 | 11 180.2 | 26 698.5 | 41.88% |
| 移动电话用户（万户） | 3 200 | 7 942 | 7 071 | 3 958 | 2 806 | 4 416 | 4 570 | 2 380 | 6 283 | 2 662 | 3 395 | 22 171 | 11 792 | 14 720 | 48 683 | 122 911 | 39.61% |
| 固定电话普及率（部/百人） | 36.0 | 28.8 | 32.4 | 16.2 | 13.8 | 17.0 | 13.7 | 19.5 | 16.2 | 10.4 | 10.4 | 28.35 | 14.83 | 14.13 | 19.10 | 19.6 | — |
| 移动电话普及率（部/百人） | 132.5 | 100.0 | 128.6 | 65.7 | 62.1 | 76.2 | 68.3 | 80.2 | 77.5 | 76.0 | 72.5 | 106.70 | 68.87 | 76.55 | 84.04 | 90.3 | — |
| 互联网普及率（%） | 70.7 | 51.7 | 60.8 | 35.9 | 32.6 | 43.1 | 36.3 | 43.9 | 35.1 | 32.9 | 32.9 | 54.78 | 37.33 | 36.2 | 42.77 | 45.8 | — |
| 科学研究和技术服务业 | | | | | | | | | | | | | | | | | |
| R&D经费内部支出（万元） | 7 767 847 | 14 874 466 | 8 172 675 | 3 520 833 | 1 354 972 | 4 462 043 | 3 270 253 | 1 764 911 | 3 999 702 | 471 850 | 798 371 | 34 335 821 | 9 087 268 | 7 034 834 | 50 457 923 | 118 465 980 | 42.59% |
| R&D经费内部支出占GDP比重（%） | 3.60 | 2.51 | 2.18 | 1.85 | 0.94 | 1.81 | 1.33 | 1.39 | 1.52 | 0.59 | 0.68 | 2.54 | 1.36 | 1.05 | 1.65 | 2.08 | — |
| R&D人员全时当量（人年） | 165 755 | 466 159 | 311 042 | 119 342 | 43 512 | 133 061 | 103 414 | 52 612 | 109 708 | 23 888 | 28 483 | 265 575 | 93 329 | 53 673 | 412 577 | 3 532 817 | — |
| 技术市场成交额（万元） | 5 306 804 | 5 275 020 | 814 958 | 1 308 253 | 430 552 | 3 976 158 | 772 098 | 902 760 | 1 485 752 | 183 972 | 420 003 | 12 705 035 | 5 178 808 | 2 992 487 | 20 876 330 | 74 691 254 | 27.95% |

续表

| 地区\行业 | 上海 | 江苏 | 浙江 | 安徽 | 江西 | 湖北 | 湖南 | 重庆 | 四川 | 贵州 | 云南 | 下游 | 中游 | 上游 | 长江经济带 | 全国 | 长江经济带占全国比重 |
|---|---|---|---|---|---|---|---|---|---|---|---|---|---|---|---|---|---|
| **教育** | | | | | | | | | | | | | | | | | |
| 普通高等学校数量（所） | 68 | 156 | 102 | 117 | 92 | 123 | 122 | 63 | 103 | 52 | 67 | 443 | 337 | 285 | 1 065 | 2 491 | 42.75% |
| 普通高校师生比例（教师人数=1） | 17.14 | 15.48 | 17.02 | 18.78 | 17.74 | 17.96 | 18.57 | 17.60 | 18.33 | 18.15 | 18.19 | 17.105 | 18.09 | 18.07 | 17.75 | 17.53 | — |
| 每十万人口高等教育平均在校学生数量（人） | 3 421 | 2 814 | 2 363 | 2 203 | 2 381 | 3 144 | 2 106 | 2 894 | 2 140 | 1 535 | 1 662 | 2 700 | 2 544 | 2 058 | 2 434 | 2 418 | — |
| **医疗卫生** | | | | | | | | | | | | | | | | | |
| 每千人口卫生技术人员数量（人） | 10.97 | 5.63 | 7.30 | 3.66 | 3.94 | 5.01 | 4.52 | 4.23 | 4.68 | 3.64 | 4.20 | 6.89 | 4.49 | 4.19 | 5.19 | 5.27 | — |
| 每千人口执业及助理医师数量（人） | 4.05 | 2.23 | 2.86 | 1.42 | 1.46 | 1.90 | 1.78 | 1.64 | 1.90 | 1.31 | 1.63 | 2.64 | 1.71 | 1.62 | 1.99 | 2.04 | — |
| 每千人口注册护士人员数量（人） | 2.29 | 1.42 | 1.95 | 0.91 | 1.09 | 1.40 | 1.12 | 1.14 | 1.13 | 0.98 | 1.18 | 1.64 | 1.20 | 1.11 | 1.32 | 1.22 | — |
| **文化** | | | | | | | | | | | | | | | | | |
| 出版物发行机构数量（处） | 8 594 | 14 428 | 11 004 | 8 568 | 3 455 | 4 876 | 6 450 | 5 230 | 10 496 | 3 739 | 8 929 | 42 594 | 14 781 | 28 394 | 85 769 | 172 447 | 49.74% |
| 广播节目综合人口覆盖率（%） | 100.00 | 99.99 | 99.56 | 98.34 | 97.42 | 98.80 | 93.25 | 98.30 | 96.98 | 90.00 | 96.27 | 99.47 | 96.49 | 95.39 | 97.12 | 97.79 | — |
| 电视节目综合人口覆盖率（%） | 100.00 | 99.88 | 99.64 | 98.57 | 98.50 | 98.81 | 97.40 | 98.88 | 97.89 | 94.10 | 97.28 | 99.52 | 98.24 | 97.04 | 98.27 | 98.42 | — |
| 人均拥有公共图书馆藏量（万册件） | 3.00 | 0.73 | 0.94 | 0.29 | 0.44 | 0.46 | 0.34 | 0.38 | 0.38 | 0.33 | 0.38 | 1.24 | 0.42 | 0.37 | 0.67 | 0.55 | — |

资料来源：《中国第三产业统计年鉴（2014）》。

# 第五节 本章小结

## 一、第一产业

长江经济带上、中、下游地区之间具备取长补短，进行协同合作的较好基础，可以进行优势行业及产品之间的互补。

### 1. 农业

长江经济带上、中、下游地区的农业都具有各自优势，其中下、上游的优势最为明显。下游地区优势集中在水果、坚果、茶、饮料和香料作物，以及蔬菜园艺作物等行业，以及蚕茧、棉花、粮食等产品；中游地区在中药材行业以及棉花、油料、水果、粮食产品上具有一定的优势，但优势并不明显；上游地区在中药材行业在长江经济带具有主导性的优势，同时其甘蔗、烟叶、蚕茧、茶叶、麻类、水果产品在长江经济带具有优势，其中尤其是甘蔗、烟叶在长江经济带占据垄断地位。另一方面，下游地区的甘蔗、烟叶、麻类、茶叶，中游地区的蚕茧、甘蔗、烟叶，上游地区的棉花、粮食产量比重都较低。

### 2. 林业

长江经济带中游地区的林业最为发达。下游地区的林业在长江经济带不具有优势；中游地区的林木的培育和种植、林产品、竹木采运行业，以及油茶籽、松脂、木材产品在长江经济带具有明显优势，尤其是油茶籽具有主导性优势；上游地区林木的培育和种植、林产品行业，油桐籽、生漆、松脂产品具有一定的优势，其中油桐籽、生漆的优势较明显。另一方面，下游地区的油桐籽、生漆、松脂、油茶籽，上游地区的油茶籽、木材产量比重均很低。

### 3. 牧业

长江下游地区的牲畜饲养行业，奶类、禽蛋产品在长江经济带具有一定的优势，其中山羊毛、蜂蜜产品的优势则较明显；中游地区猪的饲养行业在长江经济带具有主导性优势；上游地区的牧业在长江经济带的优势并不突出，只有牲畜饲养行业具有一定竞争力，此外在绵羊毛、奶类、肉类产品上具有优势。另一方面，中游地区的绵羊毛、山羊毛、奶类产量占比均较低。

### 4. 渔业

长江下游地区的贝类、鱼类在长江经济带具有明显优势，尤其是贝类具有主导性优势；中游仅鱼类产量在长江经济带占比较高；上游的渔业则基本无优势。另一方面，中游地区的贝类产量，上游地区的鱼类、贝类产量均较低。

### 5. 农林牧渔服务业

长江中、下游地区的农林牧渔服务业优势相对较大，上游则较弱。下游的第一产业优势集中在牧业、渔业和农林牧渔服务业，劣势则体现在林业上；中游的第一产业优势集中在林业和农林牧渔服务业，劣势则体现在牧业上；上游的第一产业优势集中在林业，劣势则体现在渔业和农林牧渔服务业。

## 二、第二产业

长江下游地区的产业优势集中在产业链的高端以及重工业产品，中、上游地区的产业优势集中在产业链的中低端以及一些轻工业产品。综上可以看出，长江经济带上、中、下游地区之间具备取长补短，进行协同合作的较好基础。上中游地区可以承接下游的中低端产业转移，在产业链上进行协同，同时进行优势行业及产品的互补。

### 1. 采矿业

长江下游地区采矿业规模较小，不具备优势；中游地区在有色金属矿采选业、非金属矿采选业、黑色金属矿采选业3个行业，以及十种有色金属产品具备较明显优势；上游地区在石油和天然气开采业和煤炭采选业2个行业，以及天然气，原煤二类产品具备较明显优势。

### 2. 制造业

长江下游地区就长江经济带的3个区域而言，其产业比较优势最为明显，且集中在高附加值、集约型的高精尖行业。下游地区的制造业优势突出表现在化学纤维制造业、电气机械和器材制造业、文教体育用品制造业、通用设备制造业、服装及其他纤维制品制造、纺织业、仪器仪表制造业、计算机、通信和其他电子设备制造业、皮革毛皮羽绒及其制品业、金属制品业、金属制品、机械和设备修理业、石油加工及炼焦业、专用设备制造业、黑色金属冶炼和压延加工业、铁路、船舶、航空航天和其他运输设备备制造业、汽车制造业等行业，以及集成电路和显示器等产品上；中游地区的优势主要集中在环保、矿物加工和制品、食品制造 3 大领域，突出表现在废弃资源综合利用业、有色金属冶炼和压延加工业、食品制造业、非金属矿物制品业 4 个行业，以及罐头、纱、房间空气调节器、家用电冰箱、精制食用植物油以及农用氮、磷、钾化肥等产品上；上游地区就长江经济带的 3 个区域而言，其产业比较优势最弱，仅在烟草加工业、饮料制造业 2 个行业，以及成品糖、摩托车整车、大中型拖拉机、硫酸、中成药等产品上具备一定优势。

### 3. 电力、热力、燃气及水生产和供应业

长江下游地区的燃气生产和供应业，以及中游地区的水的生产和供应业、电力、热力生产和供应业规模较大，具有与长江经济带其他区域互补发展的优势基础。上游地区自然禀赋较好，但电力、热力、燃气及水生产和供应业较落后，规模均较小，生产供应能力较差，可以与下、中游地区进行合作。

## 三、第三产业

### 1. 批发与零售业

下游地区的上海、江苏、浙江地处沿海地区，对外开放程度较高，批发与零售业的发展有着得天独厚的优势。下游的批发和零售业增加值超过中上游之和。从商品购进额、商品销售额、期末商品库存额来看，下游地区在长江经济带也具备绝对优势。除了产品自身质量、服务等影响因素外，批发与零售业的发展还与交通运输和仓储业息息相关。

### 2. 住宿与餐饮业

基于长江经济带下、中、上游地区住宿与餐饮业的数据可以看出，下

游地区发展相比中游、上游更发达，下游地区住宿业营业额、餐饮业营业额均超过中上游。虽然中上游地区住宿和餐饮业整体发展规模较小，但具有较大发展空间。

下游地区总体经济实力强劲，其2014年GDP约为长江经济带的52.58%，人均GDP超过长江经济带平均水平的46.72%。虽然下游地区2014年年末常住人口仅约占长江经济带区域的37.62%，但其外来人口较多，人员流动性较大。同时旅游餐饮业发达，中国八大菜系中，下游地区独占三席（苏菜、浙菜、徽菜），促进了其住宿与餐饮业的蓬勃发展。

在中游地区的经济（GDP方面约为长江经济带的24.63%；人均GDP约为长江经济带平均水平的83.40%）与人口（2014年年末常住人口约占长江经济带的29.26%）方面相对处于劣势，应充分利用其交通枢纽作用，联动东西部，连接上、下游，同时利用中游地区独特的自然人文风光及美食文化，在物流业、旅游业上下功夫，增加域内人流量和吸引外来（尤其是下游）观光游客数量，从而促进本地区住宿与餐饮业的发展走上快车道。

与中游地区类似，在上游地区的经济（GDP约为长江经济带的22.79%；人均GDP约为长江经济带平均水平的69.88%）与人口（2014年年末常住人口约占长江经济带的33.12%）方面相对处于劣势，但上游地区具有长江经济带乃至全国极具特色的自然及人文风光，同时上游的川菜也是广受好评，所以上游地区应当多从旅游业着手，加强旅游景点的相关宣传和基础设施投入力度，加强与域内域外其他省份的协同互动，促进住宿与餐饮业的进一步发展。

### 3. 信息传输和信息技术服务业

信息传输和信息技术服务业中各项指标中，电信业务总量、固定电话用户数量、移动电话用户数量等三项指标长江经济带在全国占比约40%，且下游地区优于中上游地区；固定电话普及率、移动电话普及率、互联网普及率等方面，中、上游地区的信息传输和信息技术服务业处于后发状态。

### 4. 科学研究和技术服务业

在R&D经费内部支出、R&D经费内部支出占GDP比重、R&D人员全时当量、技术市场成交额四项科学研究和技术服务业的指标中，由长江下游、中游、上游组成梯度分布，即长江下游强于中游，中游强于上游的格局。其中 R&D 经费内部支出长江经济带占全国的 42.59%。技术市场成交额在全国占比仅为 27.95%，发展相对滞后。

### 5. 教育

经济发展有助于教育产业的发展，同时教育的发展也有助于促进经济发展。长江经济带普通高等学校及机构数量 1 065 所，占全国总数量的 42.75%。但区域内教育资源分布不均，下游地区资源丰富，上游地区资源欠缺。同时，师生比例、平均在校学生数量方面，下游地区对中上游而言具有绝对优势，上游地区教育资源匮乏的问题较突出。

### 6. 医疗卫生

医疗卫生各项指标中，每千人口卫生技术人员数量、每千人口执业及助理医师人员数量、每千人口注册护士人员数量上长江经济带下游地区均强于中游与上游地区。从与全国平均水平的对比来看，长江下游地区均高于全国水平，长江中游、上游地区三项指标都弱于全国水平，表明中、上游地区在医疗卫生方面发展比较滞后。中游、上游地区应加强与下游地区的协同发展，长江下游地区应在保持自身优势发展的基础上，实现与中游、上游地区的均衡发展。

### 7. 文化

长江经济带出版物发行机构 85 769 处，占全国总量的 49.74%。其中长江上游 28 394 所，中游 14 781 所，下游 42 594 所。长江中游地区出版物发行机构数量较少。在广播节目综合人口覆盖率、电视节目综合人口覆盖率、人均拥有公共图书馆藏量上基本呈现下游高、上游低的现象。

综上所述，任何一个产业的发展不是独立的发展，从长江经济带三大产业之间来看，三大产业的发展应相互协同配合，从第三产业内部来看，产业内部的发展也要树立协同发展的理念。批发零售业的发展需要交通运输业发展的支持，交通运输业的发展能够很大程度上促进批发零售业的发展；住宿餐饮业的发展与当地经济发展水平密切相关，经济发展水平的高低又与医疗卫生、教育、金融等诸多产业的发展相互促进；地区文化产业或是文化内涵有利于旅游业的发展，能够带来优质的经济增长。

# 第三章

# 长江经济带产业竞争与协同优势

推动沿江产业结构优化升级，打造世界级产业群落，培育具有国际竞争力的城市群，使长江经济带成为充分体现国家综合经济实力、积极参与国际竞争与合作的内河经济带，这是长江经济带国家战略的题中之意，长江经济带产业转型升级与协同发展对长江经济带区域协同发展至关重要。由于长江经济带各省市的社会经济发展环境、要素禀赋、产业基础、产业发展历史等各不相同，从而使得长江经济带各省市之间在产业的部门结构、分工协作、竞争优势及空间布局等方面有所差异。为此，本章主要应用 SSM 方法，对长江经济带 11 省市的产业结构和竞争优势进行分析，以此为基础提出长江经济带产业协同发展的导向性建议。

## 第一节　偏移份额模型与产业部门优势图

### 一、产业偏移份额分析模型

偏离—份额分析法（Shift-share Method，SSM）是把区域产业经济的变化看作一个动态的过程，以其所在或整个国家的产业发展为参照系，将区域自身产业经济总量在某一时刻的变动分解为三个分量，即份额分量、结构偏离分量和竞争力偏离分量。以此说明区域产业经济发展和衰退的原因，评价区域产业经济结构优劣和自身竞争力的强弱，找出区域具有相对竞争优势的产业部门，进而可以确定区域未来产业发展的合理方向和产业结构调整的原则。

假设区域 $i$ 在经历了时间 $[0, t]$ 之后，产业经济总量和结构均已发生变化。设初始期区域 $i$ 的产业经济总规模（用主营业务收入表示）为 $b_{i,0}$，末期（截止年 $t$）的为 $b_{i,t}$。同时，依照一定的原则，把区域产业划分为 $n$ 个产业部门，分别以 $b_{ij,0}$，$b_{ij,t}(t=1,2,\cdots,n)$ 表示区域 $i$ 第 $j$ 个产业部门在初始期和末期的规模。并以 $B_0$，$B_t$ 表示区域所在大区或全国在相应时期初期与末期的规模，以 $B_{j,0}$ 与 $B_{j,t}$ 表示在大区或全国初期与末期第 $j$ 个产业部门的规模。则有：

区域 $i$ 第 $j$ 个产业部门在 $[0,t]$ 时间段的变化率为：

$$r_{ij} = \frac{b_{ij,t} - b_{ij,0}}{b_{ij,0}} \quad (j=1,2,\cdots,n)$$

所在大区或全国 $j$ 产业部门在 $[0,t]$ 时间段内的变化率为：

$$R_j = \frac{B_{j,t} - B_{j,0}}{B_{j,0}} \quad (j=1,2,\cdots,n)$$

以所在大区或全国各产业部门所占的份额按下式将区域各产业部门规模标准化得到：

$$b'_{ij} = \frac{b_{ij,0} \cdot B_{j,0}}{B_0} \quad (j=1,2,\cdots,n)$$

这样在 $[0,t]$ 时间段内区域 $i$ 第 $j$ 个产业部门的增长量 $G_{ij}$ 可以分解为 $N_{ij}$、$P_{ij}$、$D_{ij}$ 三个分量，表达为：

$$G_{ij} = N_{ij} + P_{ij} + D_{ij}$$

$$N_{ij} = b'_{ij} \cdot R_j$$

$$P_{ij} = (b_{ij,0} - b'_{ij}) \cdot R_j$$

$$D_{ij} = b_{ij,0} \cdot (r_{ij} - R_j)$$

$$G_{ij} = b_{ij,t} - b_{ij,0}$$

区域 $i$ 总的经济增量 $G_i$ 则可以写为以下形式：

$$G_i = N_i + P_i + D_i$$

$$N_i = \sum_{j=1}^{n} b'_{ij} \cdot R_j$$

$$P_i = \sum_{j=1}^{n} (b_{ij,0} - b'_{ij}) \cdot R_j$$

$$D_i = \sum_{j=1}^{n} b_{ij,0} \cdot (r_{ij} - R_j)$$

$$G_i = b_{i,t} - b_{i,0}$$

引入 $K_{j,0} = \dfrac{b_{ij,0}}{B_{j,0}}$，$K_{j,t} = \dfrac{b_{ij,t}}{B_{j,t}}$ 分别为 $i$ 区域 $j$ 部门在初期与末期占同期全国

或所在大区相应部门的比重：

$$L = \frac{\dfrac{b_t}{b_0}}{\dfrac{B_t}{B_0}}$$

可分解如下：

$$L = \frac{\dfrac{\displaystyle\sum_{j=1}^{n} K_{j,t} \cdot B_{j,t}}{\displaystyle\sum_{j=1}^{n} K_{j,0} \cdot B_{j,0}}}{\dfrac{\displaystyle\sum_{j=1}^{n} B_{j,t}}{\displaystyle\sum_{j=1}^{n} B_{j,0}}}$$

$$= \frac{\dfrac{\displaystyle\sum_{j=1}^{n} K_{j,0} \cdot B_{j,t}}{\displaystyle\sum_{j=1}^{n} K_{j,0} \cdot B_{j,0}}}{\dfrac{\displaystyle\sum_{j=1}^{n} B_{j,t}}{\displaystyle\sum_{j=1}^{n} B_{j,0}}} * \frac{\displaystyle\sum_{j=1}^{n} K_{j,t} B_{j,t}}{\displaystyle\sum_{j=1}^{n} K_{j,0} B_{j,t}}$$

则可将 $L$ 分解得到结构效果指数 $W$ 和区域竞争效果指数 $u$，且 $0 \leqslant L \leqslant 1$：

$$W = \frac{\dfrac{\displaystyle\sum_{j=1}^{n} K_{j,0} \cdot B_{j,t}}{\displaystyle\sum_{j=1}^{n} K_{j,0} \cdot B_{j,0}}}{\dfrac{\displaystyle\sum_{j=1}^{n} B_{j,t}}{\displaystyle\sum_{j=1}^{n} B_{j,0}}},$$

$$u = \frac{\displaystyle\sum_{j=1}^{n} K_{j,t} B_{j,t}}{\displaystyle\sum_{j=1}^{n} K_{j,0} B_{j,t}},$$

$$L = W \cdot u$$

由以上各式可知，如若 $G_i$ 越大，$L$ 大于1，则区域产业增长快于所在大区或全国；若 $P_i$ 越大，$W$ 大于1，则区域经济中增长快的朝阳产业部门比重大，区域总体产业结构比较好，产业结构对于经济增长的贡献大；若 $D_i$ 较大，$u$ 大于1，则表示区域各产业部门总的增长势头较好，具有很强的竞争能力。

## 二、Shift-share 产业部门优势图

对产业部门进行比较分类，绘制 Shift-share 分析图（见图 3-1），可以更加清晰直观的判断各产业部门类型。分析图由两条倾斜度为45°的等分线，把坐标系分为八个扇面，标出区域各部门以及总体在坐标系中所处的位置，根据所在扇面可将其划分为不同类型，判断区域总体产业结构及竞争力的优劣强弱，确定哪些是具有竞争力的优势产业部门。对各区域的产业结构进行比较，识别各区域产业结构的优劣与竞争力的高低。

### 1. 部门优势分析图

以区域产业部门优势 $PD_{ij}$（即 $P_{ij}$ 与 $D_{ij}$ 之和，反映 $j$ 部门总的增长优势）为横坐标，以份额分量 $N_{ij}$ 为纵坐标，建立坐标系，分析长江经济带整体及11省市的9个产业部门优势。如图 3-1（a）中的8个扇面（S1，S2，S3…S8）反映了产业总增量、部门增长优势方面的几种不同类型：

较好产业部门：指处在第1、第2扇面中的部门。其具有产业部门优势，且为增长产业部门。

一般产业部门：指处在第3、第4扇面中的部门。其中，处于第3扇面者虽具有产业部门优势，但却为衰退产业部门，处于扇面4者为增长产业部门，但不具有产业部门优势。

较差产业部门：指处于第5、第6扇面中的部门。这些部门在总量上都为负增长。处于扇面5者为增长部门，扇面6者具有产业部门优势，但都不足以消除因部门优势或全国性衰退造成的负贡献。

最差产业部门：指处于第7、第8扇面中的部门。其为既无产业部门优势，又为衰退产业部门。

### 2. 部门偏离分量分析图

以产业竞争偏离分量 $D_{ij}$ 为横轴，以产业结构偏离分量 $P_{ij}$ 为纵轴，建

立坐标系，分析长江经济带整体及 11 省市的 9 个产业部门偏离分量。图 3-1（b）中各扇面代表的含义如下：

扇面 1：原有基础很好，竞争力较强好产业部门。

扇面 2：竞争力很强，原有基础较好的产业部门。

扇面 3：基础差但发展快的较好或一般的产业部门。

扇面 4：基础较好但地位处于下降的较好或一般产业部门。

扇面 5：基础较好但竞争力很差的较差产业部门。

扇面 6：基础很差但发展很快的较差产业部门。

扇面 7、扇面 8：基础差，且缺乏竞争力的最差产业部门。

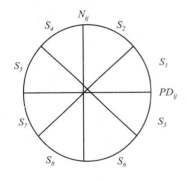
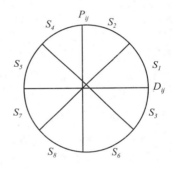

（a）产业部门优势分析图          （b）产业部门偏离分量分析图

**图 3-1  产业部门优势分析图和部门偏离分量分析图**

# 第二节  长江经济带产业结构与产业竞争力

依据 2012 年和 2015 年《中国统计年鉴》数据，按照其产业分类体系将长江经济带的第一二三产业划分如下 6 个部分：1 农林牧渔业、5 批发和零售业 6 住宿和餐饮业、7 金融业、8 房地产业、9 其他第三产业[①]，用部门生产总值代表经济规模，以全国作为背景区域，通过基期与末期数据比较，研究 2011～2014 年长江经济带产业发展态势、结构状况和竞争能力。

---

① 需要说明的是，本书在产业部分为了让文本和图件更好比较，保留了产业部门的数字代码。

# 一、长江经济带产业地位与结构演进

长江经济带的产业经济在全国具有重要的地位和作用。有 8 个产业部门生产总值在全国所占比重在 40% 以上。其中，7 金融业在全国所占比重最高（2011 年为 46.22%、2014 年为 44.79%，下同），4 交通运输、仓储和邮政业所占比重最低（36.35%、37.95%）。从各产业部门在全国所占比重变化情况看，1 农林牧渔业、5 批发和零售业以及 7 金融业在全国所占比重有小幅下降，其他产业部门在全国所占比重均有不同程度提升（见表 3－1）。

表 3－1　　　　　　　　长江经济带产业结构数据　　　　　　　　单位：亿元

| 编号 | 部门 | 全国 | | 长江经济带 | | | |
|---|---|---|---|---|---|---|---|
| | | 2011 年 | 2014 年 | 2011 年 | 比重（%） | 2014 年 | 比重（%） |
| 1 | 农林牧渔业 | 47 448.03 | 60 158.2 | 19 481.72 | 41.06 | 24 525.31 | 40.77 |
| 2 | 工业 | 231 875.8 | 277 340.4 | 92 311.89 | 39.81 | 113 212.1 | 40.82 |
| 3 | 建筑业 | 31 940.44 | 44 348 | 13 799.54 | 43.20 | 19 592.34 | 44.18 |
| 4 | 交通运输、仓储与和邮政业 | 24 820.64 | 31 583.23 | 9 021.89 | 36.35 | 11 986.25 | 37.95 |
| 5 | 批发和零售业 | 48 610.5 | 65 622.2 | 20 043.58 | 41.23 | 26 774.69 | 40.80 |
| 6 | 住宿和餐饮业 | 10 981.06 | 14 322.2 | 4 426.56 | 40.31 | 6 029.83 | 42.10 |
| 7 | 金融业 | 25 901.93 | 43 325 | 11 971.06 | 46.22 | 19 406.55 | 44.79 |
| 8 | 房地产业 | 22 194.77 | 30 728.22 | 9 034.35 | 40.70 | 12 706.72 | 41.35 |
| 9 | 其他第三产业 | 77 667.99 | 116 922 | 32 472.53 | 41.81 | 50 455.39 | 43.15 |

资料来源：据 2012 年和 2015 年《中国统计年鉴》数据计算。

从长江经济带上、中、下游看，中、上游省市在全国所占份额最高的产业部门是 1. 农林牧渔业，且除中游省份 1 农林牧渔业在全国所占比重有所下降之外，其他产业部门在全国所占份额均呈现不同程度增长；下游省市在全国所占份额最高的产业部门是 7 金融业（31.32%、27.56%），1 农林牧渔业（14.31%、13.72%）所占份额最低，除 9 其他第三产业外，下游省市各产业部门在全国所占份额均呈现不同幅度下降趋势（见表 3－2）。

表 3 - 2　　　　　　长江经济带上游和中游产业结构数据　　　　单位：亿元

| 编号 | 长江经济带下游 | | | | 上海 | | | |
|---|---|---|---|---|---|---|---|---|
| | 2011 年 | 比重（%） | 2014 年 | 比重（%） | 2011 年 | 比重（%） | 2014 年 | 比重（%） |
| 1 | 6 788.06 | 14.31 | 8 252.27 | 13.72 | 124.94 | 0.26 | 128.62 | 0.21 |
| 2 | 51 234.23 | 22.10 | 60 553.19 | 21.83 | 7 208.59 | 3.11 | 7 362.84 | 2.65 |
| 3 | 6 761.9 | 21.17 | 8 836.75 | 19.93 | 719.3 | 2.25 | 831.86 | 1.88 |
| 4 | 4 793.01 | 19.31 | 5 945.98 | 18.83 | 868.31 | 3.50 | 1 044.46 | 3.31 |
| 5 | 12 721.52 | 26.17 | 16 618.35 | 25.32 | 3 040.99 | 6.26 | 3 647.33 | 5.56 |
| 6 | 2 071.34 | 18.86 | 2 686.3 | 18.76 | 279.34 | 2.54 | 359.28 | 2.51 |
| 7 | 8 111.65 | 31.32 | 11 938.21 | 27.56 | 2 277.4 | 8.79 | 3 400.41 | 7.85 |
| 8 | 6 079.62 | 27.39 | 8 069.59 | 26.26 | 1 019.68 | 4.59 | 1 530.96 | 4.98 |
| 9 | 17 364.14 | 22.36 | 26 777.15 | 22.90 | 3 657.14 | 4.71 | 5 261.94 | 4.50 |

资料来源：据 2012 年和 2015 年《中国统计年鉴》数据计算。

　　江苏省各产业部门在全国均占有较大份额（见表 3 - 3）。其中，5 批发与零售业（10.99%、10%）、7 金融业（10.04%、10.90%）、8 房地产业（12.38%、11.60%）和 9 其他第三产业（9.15%、10.14%）在全国所占份额较大。从各产业部门在全国所占比重的变化情况看，2 工业、7 金融业和 9 其他三产所占份额有所上升，其他产业部门所占份额有小幅下降。浙江省各产业部门在全国也占有较大份额（见表 3 - 3）。其中，5 批发与零售业（6.77%、7.48%）和 8 房地产业（7.56%、7.05%）所占份额较大。从各产业部门在全国所占比重的变化情况看，5 批发与零售业和 6 住宿和餐饮业有小幅上升，其他产业部门有不同幅度下降。其中，7 金融业下降幅度最大，由 2011 年的 10.54% 下降至 2014 年的 6.39%。

表 3 - 3　　　　　　江苏和浙江产业结构数据　　　　单位：亿元

| 编号 | 江苏 | | | | 浙江 | | | |
|---|---|---|---|---|---|---|---|---|
| | 2011 年 | 比重（%） | 2014 年 | 比重（%） | 2011 年 | 比重（%） | 2014 年 | 比重（%） |
| 1 | 3 064.77 | 6.46 | 3 835.16 | 6.38 | 1 583.04 | 3.34 | 1 806.6 | 3.00 |
| 2 | 22 280.61 | 9.61 | 26 962.97 | 9.72 | 14 683.03 | 6.33 | 16 771.9 | 6.05 |
| 3 | 2 922.67 | 9.15 | 3 899.47 | 8.79 | 1 872.55 | 5.86 | 2 467.1 | 5.56 |
| 4 | 2 127.93 | 8.57 | 2 591.15 | 8.20 | 1 206.95 | 4.86 | 1 525.93 | 4.83 |
| 5 | 5 341.39 | 10.99 | 6 559.03 | 10.00 | 3 288.53 | 6.77 | 4 911.71 | 7.48 |
| 6 | 919.13 | 8.37 | 1 094.45 | 7.64 | 620.25 | 5.65 | 884.91 | 6.18 |

| 编号 | 江苏 | | | | 浙江 | | | |
|---|---|---|---|---|---|---|---|---|
| | 2011 年 | 比重（%） | 2014 年 | 比重（%） | 2011 年 | 比重（%） | 2014 年 | 比重（%） |
| 7 | 2 600.11 | 10.04 | 4 723.69 | 10.90 | 2 730.29 | 10.54 | 2 767.44 | 6.39 |
| 8 | 2 747.89 | 12.38 | 3 564.44 | 11.60 | 1 677.13 | 7.56 | 2 166.86 | 7.05 |
| 9 | 7 105.77 | 9.15 | 11 857.96 | 10.14 | 4 657.08 | 6.00 | 6 870.58 | 5.88 |

资料来源：据 2012 年和 2015 年《中国统计年鉴》数据计算。

安徽省各产业部门在全国所占份额较小，除 1 农林牧渔业（4.25%、4.13%）之外，其他产业部门在全国所占份额均在 4% 以下（见表 3 - 4）。从各产业部门在全国所占比重变化看，1 农林牧渔业、2 建筑业、8 房地产业和 9 其他第三产业在全国所占份额都有小幅下降，其他部门有所上升。江西省各产业部门在全国所占份额也不大，除 3 建筑业（3.06%、3.16%）之外，其他各产业部门在全国所占份额均低于 3%（表 3 - 4）。从各产业部门在全国所占比重变化看，1 农林牧渔业、5 批发与零售业、8 房地产业和 9 其他第三产业都有小幅下降，其他部门则有小幅上升。

表 3 - 4　　　　　　　　　安徽和江西产业结构数据　　　　　单位：亿元

| 编号 | 安徽 | | | | 江西 | | | |
|---|---|---|---|---|---|---|---|---|
| | 2011 年 | 比重（%） | 2014 年 | 比重（%） | 2011 年 | 比重（%） | 2014 年 | 比重（%） |
| 1 | 2 015.31 | 4.25 | 2 481.89 | 4.13 | 1 391.07 | 2.93 | 1 735.29 | 2.88 |
| 2 | 7 062 | 3.05 | 9 455.48 | 3.41 | 5 411.86 | 2.33 | 6 848.63 | 2.47 |
| 3 | 1 247.38 | 3.91 | 1 638.32 | 3.69 | 978.69 | 3.06 | 1 399.59 | 3.16 |
| 4 | 589.82 | 2.38 | 784.44 | 2.48 | 507.44 | 2.04 | 710.08 | 2.25 |
| 5 | 1 050.61 | 2.16 | 1 500.28 | 2.29 | 831.97 | 1.71 | 1 113.95 | 1.70 |
| 6 | 252.62 | 2.30 | 347.66 | 2.43 | 270.29 | 2.46 | 353.48 | 2.47 |
| 7 | 503.85 | 1.95 | 1 046.67 | 2.42 | 357.44 | 1.38 | 739.7 | 1.71 |
| 8 | 634.92 | 2.86 | 807.33 | 2.63 | 402.51 | 1.81 | 522.81 | 1.70 |
| 9 | 1 944.15 | 2.50 | 2 786.67 | 2.38 | 1 551.55 | 2.00 | 2 291.1 | 1.96 |

资料来源：据 2012 年和 2015 年《中国统计年鉴》数据计算。

湖北省除 1 农林牧渔业在全国所占比重为 5.41% 之外，其他各产业部门在全国所占比重均低于 5%（见表 3 - 5）。从各产业部门在全国所占比重的变化情况看，各产业部门在全国所占比重均出现不同幅度上升。其中，8 房地产业上升幅度最大，由 2011 年 2.86% 上升至 2014 年 3.46%。湖南省除 1 农林牧渔业在全国所占比重大于 5% 之外，其他各产业部门比重均低于 5%（见表 3 - 5）。从各产业部门在全国所占比重变化情况看，1 农林牧渔业、5 批发和零售业和 8 房地产业在全国所占比重有所下降，其他产业部门有一定程度提升。

表 3 - 5　　　　　　　　　　湖北和湖南产业结构数据　　　　　　　　单位：亿元

| 编号 | 湖北 | | | | 湖南 | | | |
|---|---|---|---|---|---|---|---|---|
| | 2011 年 | 比重（%） | 2014 年 | 比重（%） | 2011 年 | 比重（%） | 2014 年 | 比重（%） |
| 1 | 2 569.3 | 5.41 | 3 255.95 | 5.41 | 2 768.03 | 5.83 | 3 266.89 | 5.43 |
| 2 | 8 538.04 | 3.68 | 10 992.79 | 3.96 | 8 122.75 | 3.50 | 10 749.88 | 3.88 |
| 3 | 1 277.9 | 4.00 | 1 925.09 | 4.34 | 1 239.24 | 3.88 | 1 744.86 | 3.93 |
| 4 | 869.48 | 3.50 | 1 181.58 | 3.74 | 948.82 | 3.82 | 1 257.64 | 3.98 |
| 5 | 1 512.89 | 3.11 | 2 143.21 | 3.27 | 1 662.34 | 3.42 | 2 211.82 | 3.37 |
| 6 | 446.52 | 4.07 | 635.32 | 4.44 | 406.87 | 3.71 | 545.69 | 3.81 |
| 7 | 674.57 | 2.60 | 1 372.61 | 3.17 | 501.09 | 1.93 | 950.04 | 2.19 |
| 8 | 634.67 | 2.86 | 1 062.71 | 3.46 | 518.04 | 2.33 | 673.38 | 2.19 |
| 9 | 3 108.89 | 4.00 | 4 809.96 | 4.11 | 3 502.38 | 4.51 | 5 637.13 | 4.82 |

资料来源：据 2012 年和 2015 年《中国统计年鉴》数据计算。

重庆市绝大多数产业部门在全国所占份额均在 3% 以下（除 2014 年 3 建筑业在全国所占比重为 3.05% 之外）（见表 3 - 6）。从各产业部门在全国所占比重的变化情况看，除 2 工业在全国所占比重有所下降之外，其他产业部门在全国所占比重均有不同幅度提升。四川省 1 农林牧渔业、3 建筑业和 6 住宿和餐饮业在全国所占份额在 5% 以上，其他产业部门在全国所占比重均低于 5%（见表 3 - 6）。从各产业部门比重的变化情况看，1 农林牧渔业、5 批发和零售业、9 其他第三产业有小幅下降，其他产业部门呈现不同幅度上升。

表 3 - 6　　　　　　　　　　重庆和四川产业结构数据　　　　　　　　单位：亿元

| 编号 | 重庆 | | | | 四川 | | | |
|---|---|---|---|---|---|---|---|---|
| | 2011 年 | 比重（%） | 2014 年 | 比重（%） | 2011 年 | 比重（%） | 2014 年 | 比重（%） |
| 1 | 844.52 | 1.78 | 1 076.72 | 1.79 | 2 983.51 | 6.29 | 3 594.17 | 5.97 |
| 2 | 4 690.46 | 2.02 | 5 175.8 | 1.87 | 9 491.05 | 4.09 | 11 851.99 | 4.27 |

| 编号 | 重庆 | | | | 四川 | | | |
|---|---|---|---|---|---|---|---|---|
| | 2011 年 | 比重（%） | 2014 年 | 比重（%） | 2011 年 | 比重（%） | 2014 年 | 比重（%） |
| 3 | 852.58 | 2.67 | 1 353.26 | 3.05 | 1 538.08 | 4.82 | 2 225.44 | 5.02 |
| 4 | 456.25 | 1.84 | 705.83 | 2.23 | 638.76 | 2.57 | 1 067.98 | 3.38 |
| 5 | 747.3 | 1.54 | 1 229.88 | 1.87 | 1 186.58 | 2.44 | 1 586.78 | 2.42 |
| 6 | 166.31 | 1.51 | 321.64 | 2.25 | 562.63 | 5.12 | 751.28 | 5.25 |
| 7 | 704.66 | 2.72 | 1 225.27 | 2.83 | 868.15 | 3.35 | 1 828.09 | 4.22 |
| 8 | 396.28 | 1.79 | 817.04 | 2.66 | 620.62 | 2.80 | 1 064.74 | 3.47 |
| 9 | 1 153.01 | 1.48 | 2 357.16 | 2.02 | 3 137.3 | 4.04 | 4 566.19 | 3.91 |

资料来源：据 2012 年和 2015 年《中国统计年鉴》数据计算。

　　贵州省、云南省各产业部门在全国所占份额多数在 3% 以下（见表 3-7）。其中，贵州省 9 个产业部门中在全国所占比重最高的产业部门是 4 交通运输、仓储和邮政业，云南省在全国所占比重最高的产业部门是 1 农林牧渔业，而其他产业部门在全国所占份额较低，且两省绝大多数产业部门在全国所占比重均有不同幅度上升。

表 3-7　　　　　　　　　　贵州和云南产业结构数据　　　　　　单位：亿元

| 编号 | 贵州 | | | | 云南 | | | |
|---|---|---|---|---|---|---|---|---|
| | 2011 年 | 比重（%） | 2014 年 | 比重（%） | 2011 年 | 比重（%） | 2014 年 | 比重（%） |
| 1 | 726.22 | 1.53 | 1 316.08 | 2.19 | 1 411.01 | 2.97 | 2 027.94 | 3.37 |
| 2 | 1 829.2 | 0.79 | 3 140.88 | 1.13 | 2 994.3 | 1.29 | 3 898.97 | 1.41 |
| 3 | 365.13 | 1.14 | 717.69 | 1.62 | 786.02 | 2.46 | 1 389.66 | 3.13 |
| 4 | 590.91 | 2.38 | 828.69 | 2.62 | 217.22 | 0.88 | 288.47 | 0.91 |
| 5 | 448.77 | 0.92 | 624.17 | 0.95 | 932.21 | 1.92 | 1 246.53 | 1.90 |
| 6 | 224.4 | 2.04 | 322.71 | 2.25 | 278.2 | 2.53 | 413.41 | 2.89 |
| 7 | 297.27 | 1.15 | 491.65 | 1.13 | 456.23 | 1.76 | 860.98 | 1.99 |
| 8 | 160.3 | 0.72 | 220.48 | 0.72 | 222.31 | 1.00 | 275.97 | 0.90 |
| 9 | 1 059.64 | 1.36 | 1 604.04 | 1.37 | 1 595.62 | 2.05 | 2 412.66 | 2.06 |

资料来源：据 2012 年和 2015 年《中国统计年鉴》数据计算。

# 二、长江经济带产业结构和产业竞争力分析

## 1. 长江经济带产业结构和竞争力整体分析

按照我国产业统计分类体系，把长江经济带的第一、第二、第三次产业划分为 9 个完备的部门，收集相关数据，建造 Shift-share 分析表，主要由三个部分组成：

原始数据：$b_{ij,t}$，$b_{ij,0}$，$B_{j,t}$，$B_{j,0}$

中间结果：$r_{ij}$，$R_j$，$b'_{ij}$，$b_{ij,0} - b'_{ij}$，$r_{ij} - R_j$

最终分析结果：$G_{ij}$，$N_{ij}$，$P_{ij}$，$D_{ij}$，$PD_{ij}$

其中：$PD_{ij} = P_{ij} + D_{ij}$

根据 Shift-share 分析表的相关计算结果，对各产业部门进行分析判断：

由表 3 - 8 可知：从增长速度来看，长江经济带的 1 农林牧渔业、5 批发和零售业和 7 金融业增长速度略低于全国增长速度。对经济总量增长贡献较大的部门是 9 其他第三产业（结构偏移份额 13 967.35）、2 工业（结构偏移份额 10 051.17）、7 金融业（结构偏移份额 7 652.40）、5 批发和零售业（结构偏移份额 6 360.53）。2 工业（竞争力份额 2 800.38）和 9 其他第三产业（竞争力份额 1 570.98）竞争力对经济增长作用较大。

表 3 - 8　　　　　　长江经济带产业结构 Shift-share 分析表

| 编号 | $b'_{ij}$ | $b_{ij,0} - b'_{ij}$ | $r_{ij} - R_j$ | $G_{ij}$ | $N_{ij}$ | $P_{ij}$ | $D_{ij}$ | $PD_{ij}$ |
|---|---|---|---|---|---|---|---|---|
| 1 | 1 772.72 | 17 709.00 | − 0.01 | 5 043.59 | 474.87 | 4 743.81 | − 175.09 | 4 568.72 |
| 2 | 41 049.49 | 51 262.40 | 0.03 | 20 900.24 | 8 048.69 | 10 051.17 | 2 800.38 | 12 851.55 |
| 3 | 845.28 | 12 954.26 | 0.03 | 5 792.80 | 328.36 | 5 032.20 | 432.24 | 5 464.44 |
| 4 | 429.44 | 8 592.45 | 0.06 | 2 964.36 | 117.01 | 2 341.08 | 506.27 | 2 847.35 |
| 5 | 1 868.53 | 18 175.05 | − 0.01 | 6 731.11 | 653.91 | 6 360.53 | − 283.33 | 6 077.20 |
| 6 | 93.22 | 4 333.34 | | 1 603.27 | 28.36 | 1 318.48 | 256.43 | 1 574.91 |
| 7 | 594.65 | 11 376.41 | − 0.05 | 7 435.49 | 399.99 | 7 652.40 | − 616.91 | 7 035.50 |
| 8 | 384.54 | 8 649.81 | 0.02 | 3 672.37 | 147.85 | 3 325.68 | 198.84 | 3 524.52 |
| 9 | 4 836.74 | 27 635.79 | 0.05 | 17 982.86 | 2 444.53 | 13 967.35 | 1 570.98 | 15 538.33 |

计算总体效果发现（见表 3 - 23），长江经济带 $P_i$（54 792.71）较大，$W$（1.00）等于 1，说明长江经济带朝阳产业增长部门比重较大，经

济结构较好，大规模的产业结构调整不需要进行；$D_i$（4 689.81）较大，$u$（1.02）大于1，表明长江经济带有较多部门发展迅速，竞争力不断加强，在全国的地位不断提升。

### 2. 长江经济带上中下游产业结构和竞争力分析

对长江经济带的产业部门按上、中、下游地区进行分析可以发现（见表3-9、表3-10、表3-11）：

长江经济带中上游地区的各产业部门增长速度几乎都高于全国增长速度（除中游1农林牧渔业之外），而长江经济带下游地区除9其他第三产业之外均低于全国增长速度。相对而言，长江经济带中、上游地区2工业（上游结构偏移份额2 069.32、中游结构偏移份额2 403.33）和9其他第三产业（上游结构偏移份额2 987.49、中游结构偏移份额3 511.06）结构对经济总量增长的贡献较大，2工业竞争力（上游竞争力份额为1 336.26、中游竞争力份额为2 190.80）对经济增长的作用较大；下游地区9其他第三产业（结构偏移份额7 468.81）、2工业（结构偏移份额5 578.52）、5批发和零售业（结构偏移份额4 036.98）和金融业（结构偏移份额5 185.31）等结构对经济总量增长贡献较大，9其他第三产业（竞争力份额637.03）竞争力对经济增长作用较大，2工业（竞争力份额-726.69）和7金融业（竞争力份额-1 629.78）竞争力下降较大。

表3-9　　　　长江经济带上游地区产业结构 Shift-share 分析表

| 编号 | $b'_{ij}$ | $b_{ij,0} - b'_{ij}$ | $r_{ij} - R_j$ | $G_{ij}$ | $N_{ij}$ | $P_{ij}$ | $D_{ij}$ | $PD_{ij}$ |
|---|---|---|---|---|---|---|---|---|
| 1 | 542.80 | 5 422.46 | 0.08 | 2 049.65 | 145.40 | 1 452.54 | 451.70 | 1 904.25 |
| 2 | 8 451.20 | 10 553.81 | 0.07 | 5 062.63 | 1 657.05 | 2 069.32 | 1 336.26 | 3 405.58 |
| 3 | 216.95 | 3 324.86 | 0.22 | 2 144.24 | 84.28 | 1 291.57 | 768.39 | 2 059.96 |
| 4 | 90.59 | 1 812.55 | 0.25 | 987.83 | 24.68 | 493.84 | 469.30 | 963.15 |
| 5 | 309.02 | 3 005.84 | 0.06 | 1 372.50 | 108.15 | 1 051.92 | 212.43 | 1 264.35 |
| 6 | 25.94 | 1 205.60 | 0.16 | 577.50 | 7.89 | 366.82 | 202.79 | 569.61 |
| 7 | 115.56 | 2 210.75 | 0.22 | 2 079.68 | 77.73 | 1 487.08 | 514.88 | 2 001.95 |
| 8 | 59.57 | 1 339.94 | 0.31 | 978.72 | 22.90 | 515.18 | 440.64 | 955.82 |
| 9 | 1 034.53 | 5 911.04 | 0.07 | 3 994.48 | 522.86 | 2 987.49 | 484.13 | 3 471.62 |

表 3 – 10　　长江经济带中游地区产业结构 Shift-share 分析表

| 编号 | $b'_{ij}$ | $b_{ij,0} - b'_{ij}$ | $r_{ij} - R_j$ | $G_{ij}$ | $N_{ij}$ | $P_{ij}$ | $D_{ij}$ | $PD_{ij}$ |
|---|---|---|---|---|---|---|---|---|
| 1 | 612.24 | 6 116.16 | – 0.04 | 1 529.73 | 164.01 | 1 638.37 | – 272.64 | 1 365.72 |
| 2 | 9 815.32 | 12 257.33 | 0.10 | 6 518.65 | 1 924.52 | 2 403.33 | 2 190.80 | 4 594.13 |
| 3 | 214.13 | 3 281.70 | 0.06 | 1 573.71 | 83.18 | 1 274.81 | 215.72 | 1 490.53 |
| 4 | 110.71 | 2 215.03 | 0.08 | 823.56 | 30.16 | 603.50 | 189.89 | 793.40 |
| 5 | 373.56 | 3 633.64 | 0.01 | 1 461.78 | 130.73 | 1 271.62 | 59.42 | 1 331.05 |
| 6 | 23.66 | 1 100.02 | 0.06 | 410.81 | 7.20 | 334.70 | 68.91 | 403.61 |
| 7 | 76.15 | 1 456.95 | 0.32 | 1 529.25 | 51.23 | 980.02 | 498.00 | 1 478.02 |
| 8 | 66.20 | 1 489.02 | 0.07 | 703.68 | 25.45 | 572.50 | 105.73 | 678.23 |
| 9 | 1 215.84 | 6 946.98 | 0.06 | 4 575.37 | 614.50 | 3 511.06 | 449.81 | 3 960.87 |

表 3 – 11　　长江经济带下游地区产业结构 Shift-share 分析表

| 编号 | $b'_{ij}$ | $b_{ij,0} - b'_{ij}$ | $r_{ij} - R_j$ | $G_{ij}$ | $N_{ij}$ | $P_{ij}$ | $D_{ij}$ | $PD_{ij}$ |
|---|---|---|---|---|---|---|---|---|
| 1 | 617.67 | 6 170.39 | – 0.05 | 1 464.21 | 165.46 | 1 652.90 | – 354.15 | 1 298.75 |
| 2 | 22 782.97 | 28 451.26 | – 0.01 | 9 318.96 | 4 467.12 | 5 578.52 | – 726.69 | 4 851.84 |
| 3 | 414.19 | 6 347.71 | – 0.08 | 2 074.85 | 160.90 | 2 465.83 | – 551.87 | 1 913.95 |
| 4 | 228.15 | 4 564.86 | – 0.03 | 1 152.97 | 62.16 | 1 243.73 | – 152.93 | 1 090.81 |
| 5 | 1 185.94 | 11 535.58 | – 0.04 | 3 896.83 | 415.03 | 4 036.98 | – 555.19 | 3 481.80 |
| 6 | 43.62 | 2 027.72 | – 0.01 | 614.96 | 13.27 | 616.96 | – 15.27 | 601.69 |
| 7 | 402.94 | 7 708.71 | – 0.20 | 3 826.56 | 271.04 | 5 185.31 | – 1 629.78 | 3 555.52 |
| 8 | 258.77 | 5 820.85 | – 0.06 | 1 989.97 | 99.49 | 2 238.00 | – 347.52 | 1 890.48 |
| 9 | 2 586.37 | 14 777.77 | 0.04 | 9 413.01 | 1 307.17 | 7 468.81 | 637.03 | 8 105.84 |

对长江经济带上、中、下游地区产业部门结构效果和竞争能力比较分析可知（见表 3 – 23），长江经济带上、中、下游地区的 $P_i$（分别为 11 715.76、12 589.91 和 30 487.04）较大，$W$（分别为 1.00、1.00 和 1.01）都大于或者等于 1，表明长江经济带的上、中、下游地区朝阳的、增长快的产业部门比重较大，经济结构较好，不需要进行大规模调整。上游和中游地区的 $D_i$（分别为 4 880.52 和 3 505.65）较大，$u$（分别为 1.08 和 1.05）大于 1，表明上游地区有较多部门发展迅速，竞争力不断加强，在全国地位不断提升；而下游地区 $D_i$（– 3 696.36）较小，$u$（0.98）小于 1，说明下游地区的部分产业部门发展滞缓，竞争力能力减弱，在全国的地位有下降趋势。

### 3. 长江经济带各省市产业结构和竞争力分析

对长江经济带各省市分析发现：

（1）上海市产业结构和竞争力分析。从增长速度来看，上海市各产业部门增长速度均低于全国增长速度（8 房地产业除外）（见表 3 – 12）。相对而言，对经济总量增长的贡献较大的部门是 7 金融业（结构偏移份额 1 455.81）和 9 其他第三产（结构偏移份额 1 573.04）。8 房地产业（竞争力份额 119.23）竞争力对经济增长作用较大，而 2 工业（竞争力份额 −1 259.16）竞争力下降比较大。

表 3 – 12　　　　　　　上海市产业结构 Shift-share 分析表

| 编号 | $b'_{ij}$ | $b_{ij,0} - b'_{ij}$ | $r_{ij} - R_j$ | $G_{ij}$ | $N_{ij}$ | $P_{ij}$ | $D_{ij}$ | $PD_{ij}$ |
|---|---|---|---|---|---|---|---|---|
| 1 | 11.37 | 113.57 | − 0.24 | 3.68 | 3.05 | 30.42 | − 29.79 | 0.63 |
| 2 | 3 205.53 | 4 003.06 | − 0.17 | 154.25 | 628.52 | 784.89 | − 1 259.16 | − 474.27 |
| 3 | 44.06 | 675.24 | − 0.23 | 112.56 | 17.12 | 262.30 | − 166.86 | 95.44 |
| 4 | 41.33 | 826.98 | − 0.07 | 176.15 | 11.26 | 225.32 | − 60.43 | 164.89 |
| 5 | 283.49 | 2 757.50 | − 0.15 | 606.34 | 99.21 | 965.01 | − 457.88 | 507.13 |
| 6 | 5.88 | 273.46 | − 0.02 | 79.94 | 1.79 | 83.20 | − 5.05 | 78.15 |
| 7 | 113.13 | 2 164.27 | − 0.18 | 1 123.01 | 76.10 | 1 455.81 | − 408.90 | 1 046.91 |
| 8 | 43.40 | 976.28 | 0.12 | 511.28 | 16.69 | 375.36 | 119.23 | 494.59 |
| 9 | 544.73 | 3 112.41 | − 0.07 | 1 604.80 | 275.31 | 1 573.04 | − 243.55 | 1 329.49 |

（2）江苏省产业结构和竞争力分析。江苏省 2 工业、7 金融业和 9 其他第三产业增长速度高于全国水平，其他产业部门低于全国增长速度（见表 3 – 13）。相对而言，2 工业（结构偏移份额 2 425.97）和 9 其他第三产业（结构偏移份额 3 056.39）部门结构对经济总量增长贡献较大；9 其他第三产业（竞争力份额 1 160.88）竞争力对经济增长作用较大。

表 3 – 13　　　　　　　江苏省产业结构 Shift-share 分析表

| 编号 | $b'_{ij}$ | $b_{ij,0} - b'_{ij}$ | $r_{ij} - R_j$ | $G_{ij}$ | $N_{ij}$ | $P_{ij}$ | $D_{ij}$ | $PD_{ij}$ |
|---|---|---|---|---|---|---|---|---|
| 1 | 278.88 | 2 785.89 | − 0.02 | 770.39 | 74.70 | 746.27 | − 50.59 | 695.69 |
| 2 | 9 907.80 | 12 372.81 | 0.01 | 4 682.36 | 1 942.65 | 2 425.97 | 313.74 | 2 739.71 |
| 3 | 179.03 | 2 743.64 | − 0.05 | 976.80 | 69.54 | 1 065.79 | − 158.54 | 907.26 |
| 4 | 101.29 | 2 026.64 | − 0.05 | 463.22 | 27.60 | 552.18 | − 116.55 | 435.62 |

续表

| 编号 | $b'_{ij}$ | $b_{ij,0}-b'_{ij}$ | $r_{ij}-R_j$ | $G_{ij}$ | $N_{ij}$ | $P_{ij}$ | $D_{ij}$ | $PD_{ij}$ |
|---|---|---|---|---|---|---|---|---|
| 5 | 497.94 | 4 843.45 | −0.12 | 1 217.64 | 174.26 | 1 695.01 | −651.63 | 1 043.38 |
| 6 | 19.36 | 899.77 | −0.11 | 175.32 | 5.89 | 273.77 | −104.34 | 169.43 |
| 7 | 129.16 | 2 470.95 | 0.14 | 2 123.58 | 86.88 | 1 662.10 | 374.60 | 2 036.70 |
| 8 | 116.96 | 2 630.93 | −0.09 | 816.55 | 44.97 | 1 011.54 | −239.96 | 771.58 |
| 9 | 1 058.40 | 6 047.37 | 0.16 | 4 752.19 | 534.92 | 3 056.39 | 1 160.88 | 4 217.27 |

（3）浙江省产业结构和竞争力分析。浙江省 5 批发和零售业、6 住宿和餐饮业增长速度高于全国增长速度，其他产业部门低于全国增长速度（见表 3 - 14）。相对而言，9 其他第三产业（结构偏移份额 2 003.13）、7 金融业（结构偏移份额 1 745.32）和 2 工业（结构偏移份额 1 598.73）结构对经济总量增长贡献较大；5 批发和零售业（竞争力份额 472.33）竞争力对经济增长的作用较大，而 7 金融业（竞争力份额 −1 799.39）竞争力下降较大。

表 3 - 14　　　　　　浙江省产业结构 Shift-share 分析表

| 编号 | $b'_{ij}$ | $b_{ij,0}-b'_{ij}$ | $r_{ij}-R_j$ | $G_{ij}$ | $N_{ij}$ | $P_{ij}$ | $D_{ij}$ | $PD_{ij}$ |
|---|---|---|---|---|---|---|---|---|
| 1 | 144.05 | 1 438.99 | −0.13 | 223.56 | 38.59 | 385.47 | −200.50 | 184.97 |
| 2 | 6 529.29 | 8 153.74 | −0.05 | 2 088.87 | 1 280.22 | 1 598.73 | −790.07 | 808.65 |
| 3 | 114.70 | 1 757.85 | −0.07 | 594.55 | 44.56 | 682.85 | −132.86 | 549.99 |
| 4 | 57.45 | 1 149.50 | −0.01 | 318.98 | 15.65 | 313.19 | −9.86 | 303.33 |
| 5 | 306.57 | 2 981.96 | 0.14 | 1 623.18 | 107.29 | 1 043.57 | 472.33 | 1 515.89 |
| 6 | 13.06 | 607.19 | 0.12 | 264.66 | 3.97 | 184.75 | 75.94 | 260.69 |
| 7 | 135.62 | 2 594.67 | −0.66 | 37.15 | 91.23 | 1 745.32 | −1 799.39 | −54.08 |
| 8 | 71.39 | 1 605.74 | −0.09 | 489.73 | 27.45 | 617.38 | −155.09 | 462.28 |
| 9 | 693.67 | 3 963.41 | −0.03 | 2 213.50 | 350.58 | 2 003.14 | −140.23 | 1 862.92 |

（4）安徽省产业结构和竞争力分析。安徽省 1 农林牧渔业、3 建筑业、8 房地产业和 9 其他第三产业增长速度低于全国增长速度，其他产业部门高于全国增长速度（见表 3 - 15）。相对而言，9 其他第三产业（结构偏移份额 836.23）和 2 工业（结构偏移份额 768.93）结构对经济总量增长贡献较大；2 工业（竞争力份额 1 008.81）竞争力对经济增长的作用较大。

表 3 – 15　　　　　　安徽省产业结构 Shift-share 分析表

| 编号 | $b'_{ij}$ | $b_{ij,0} - b'_{ij}$ | $r_{ij} - R_j$ | $G_{ij}$ | $N_{ij}$ | $P_{ij}$ | $D_{ij}$ | $PD_{ij}$ |
|---|---|---|---|---|---|---|---|---|
| 1 | 183. 38 | 1 831. 93 | - 0. 04 | 466. 58 | 49. 12 | 490. 73 | - 73. 27 | 417. 46 |
| 2 | 3 140. 35 | 3 921. 65 | 0. 14 | 2 393. 48 | 615. 74 | 768. 93 | 1 008. 81 | 1 777. 74 |
| 3 | 76. 41 | 1 170. 97 | - 0. 08 | 390. 94 | 29. 68 | 454. 88 | - 93. 62 | 361. 26 |
| 4 | 28. 08 | 561. 74 | 0. 06 | 194. 62 | 7. 65 | 153. 05 | 33. 92 | 186. 97 |
| 5 | 97. 94 | 952. 67 | 0. 08 | 449. 67 | 34. 28 | 333. 40 | 82. 00 | 415. 39 |
| 6 | 5. 32 | 247. 30 | 0. 07 | 95. 04 | 1. 62 | 75. 24 | 18. 18 | 93. 42 |
| 7 | 25. 03 | 478. 82 | 0. 40 | 542. 82 | 16. 84 | 322. 08 | 203. 90 | 525. 98 |
| 8 | 27. 02 | 607. 90 | - 0. 11 | 172. 41 | 10. 39 | 233. 72 | - 71. 70 | 162. 02 |
| 9 | 289. 58 | 1 654. 57 | - 0. 07 | 842. 52 | 146. 36 | 836. 23 | - 140. 07 | 696. 16 |

（5）江西省产业结构和竞争力分析。江西省 1 农林牧渔业、5 批发和零售业、8 房地产业和 9 其他第三产业增长速度低于全国增长速度，其他产业部门高于全国增长速度（见表 3 – 16）。相对来说，2 工业（结构偏移份额 589. 26；竞争力份额 375. 65）结构和竞争力对经济总量增长贡献较大。

表 3 – 16　　　　　　江西省产业结构 Shift-share 分析表

| 编号 | $b'_{ij}$ | $b_{ij,0} - b'_{ij}$ | $r_{ij} - R_j$ | $G_{ij}$ | $N_{ij}$ | $P_{ij}$ | $D_{ij}$ | $PD_{ij}$ |
|---|---|---|---|---|---|---|---|---|
| 1 | 126. 58 | 1 264. 49 | - 0. 02 | 344. 22 | 33. 91 | 338. 73 | - 28. 41 | 310. 31 |
| 2 | 2 406. 56 | 3 005. 30 | 0. 07 | 1 436. 77 | 471. 86 | 589. 26 | 375. 65 | 964. 91 |
| 3 | 59. 95 | 918. 74 | 0. 04 | 420. 90 | 23. 29 | 356. 89 | 40. 72 | 397. 61 |
| 4 | 24. 15 | 483. 29 | 0. 13 | 202. 64 | 6. 58 | 131. 68 | 64. 38 | 196. 06 |
| 5 | 77. 56 | 754. 41 | - 0. 01 | 281. 98 | 27. 14 | 264. 01 | - 9. 18 | 254. 84 |
| 6 | 5. 69 | 264. 60 | 0. 00 | 83. 19 | 1. 73 | 80. 51 | 0. 95 | 81. 46 |
| 7 | 17. 76 | 339. 68 | 0. 40 | 382. 26 | 11. 94 | 228. 49 | 141. 83 | 370. 32 |
| 8 | 17. 13 | 385. 38 | - 0. 09 | 120. 30 | 6. 59 | 148. 17 | - 34. 46 | 113. 71 |
| 9 | 231. 10 | 1 320. 45 | - 0. 03 | 739. 55 | 116. 80 | 667. 37 | - 44. 62 | 622. 75 |

（6）湖北省产业结构和竞争力分析。湖北省除 1 农林牧渔业增长速度与全国持平之外，其他产业部门增长速度均高于全国增长速度（见表 3 – 17）。9 其他第三产业（结构偏移份额 1 337. 22）和 2 工业（结构偏移份额 929. 65）结构对经济总量增长贡献较大；2 工业（竞争力份额 1 719. 32）竞争力对经济增长的作用较大。

表 3 - 17 湖北省产业结构 Shift-share 分析表

| 编号 | $b'_{ij}$ | $b_{ij,0} - b'_{ij}$ | $r_{ij} - R_j$ | $G_{ij}$ | $N_{ij}$ | $P_{ij}$ | $D_{ij}$ | $PD_{ij}$ |
|---|---|---|---|---|---|---|---|---|
| 1 | 233.79 | 2 335.51 | 0.00 | 686.65 | 62.63 | 625.63 | - 1.60 | 624.02 |
| 2 | 3 796.72 | 4 741.32 | 0.09 | 2 454.75 | 744.43 | 929.65 | 780.67 | 1 710.32 |
| 3 | 78.28 | 1 199.62 | 0.12 | 647.19 | 30.41 | 466.00 | 150.78 | 616.78 |
| 4 | 41.39 | 828.09 | 0.09 | 312.10 | 11.28 | 225.62 | 75.20 | 300.82 |
| 5 | 141.04 | 1 371.85 | 0.07 | 630.32 | 49.36 | 480.09 | 100.87 | 580.96 |
| 6 | 9.40 | 437.12 | 0.12 | 188.80 | 2.86 | 133.00 | 52.94 | 185.94 |
| 7 | 33.51 | 641.06 | 0.36 | 698.04 | 22.54 | 431.21 | 244.29 | 675.50 |
| 8 | 27.01 | 607.66 | 0.29 | 428.04 | 10.39 | 233.63 | 184.02 | 417.65 |
| 9 | 463.07 | 2 645.82 | 0.04 | 1 701.07 | 234.04 | 1 337.22 | 129.81 | 1 467.03 |

（7）湖南省产业结构和竞争力分析。湖南省 1 农林牧渔业、5 批发和零售业和 8 房地产业增长速度低于全国增长速度，其他产业部门均高于全国增长速度（见表 3 - 18）。相对而言，2 工业（结构偏移份额 884.43）和 9 其他第三产业（结构偏移份额 1 506.47）结构对经济总量增长贡献较大；2 工业（竞争力份额 1 034.48）竞争力对经济增长的作用较大。

表 3 - 18 湖南省产业结构 Shift-share 分析表

| 编号 | $b'_{ij}$ | $b_{ij,0} - b'_{ij}$ | $r_{ij} - R_j$ | $G_{ij}$ | $N_{ij}$ | $P_{ij}$ | $D_{ij}$ | $PD_{ij}$ |
|---|---|---|---|---|---|---|---|---|
| 1 | 251.87 | 2 516.16 | - 0.09 | 498.86 | 67.47 | 674.02 | - 242.63 | 431.39 |
| 2 | 3 612.05 | 4 510.70 | 0.13 | 2 627.13 | 708.22 | 884.43 | 1 034.48 | 1 918.91 |
| 3 | 75.91 | 1 163.33 | 0.02 | 505.62 | 29.49 | 451.91 | 24.23 | 476.13 |
| 4 | 45.16 | 903.66 | 0.05 | 308.82 | 12.31 | 246.21 | 50.31 | 296.51 |
| 5 | 154.97 | 1 507.37 | - 0.02 | 549.48 | 54.23 | 527.52 | - 32.27 | 495.25 |
| 6 | 8.57 | 398.30 | 0.04 | 138.82 | 2.61 | 121.19 | 15.02 | 136.21 |
| 7 | 24.89 | 476.20 | 0.22 | 448.95 | 16.74 | 320.32 | 111.89 | 432.21 |
| 8 | 22.05 | 495.99 | - 0.08 | 155.34 | 8.48 | 190.70 | - 43.84 | 146.86 |
| 9 | 521.68 | 2 980.70 | 0.10 | 2 134.75 | 263.66 | 1 506.47 | 364.62 | 1 871.09 |

（8）重庆市产业结构和竞争力分析。重庆市 2 工业增长速度低于全国增长速度，其他产业部门均高于全国增长速度（见表 3 - 19）。相对而言，2 工业（结构偏移份额 510.71）和 9 其他第三产业（结构偏移份额 495.94）结构对经济总量增长贡献较大；9 其他第三产业（竞争力份

额 621.41）竞争力对经济增长的作用较大，而 2 工业（竞争力份额 −434.33）竞争力下降较快。

表 3 − 19　　　　　　　　重庆市产业结构 Shift-share 分析表

| 编号 | $b'_{ij}$ | $b_{ij,0} - b'_{ij}$ | $r_{ij} - R_j$ | $G_{ij}$ | $N_{ij}$ | $P_{ij}$ | $D_{ij}$ | $PD_{ij}$ |
|---|---|---|---|---|---|---|---|---|
| 1 | 76.85 | 767.67 | 0.01 | 232.20 | 20.59 | 205.64 | 5.97 | 211.61 |
| 2 | 2 085.77 | 2 604.69 | −0.09 | 485.34 | 408.96 | 510.71 | −434.33 | 76.38 |
| 3 | 52.22 | 800.36 | 0.20 | 500.68 | 20.29 | 310.91 | 169.49 | 480.39 |
| 4 | 21.72 | 434.53 | 0.27 | 249.58 | 5.92 | 118.39 | 125.27 | 243.66 |
| 5 | 69.67 | 677.63 | 0.30 | 482.58 | 24.38 | 237.14 | 221.06 | 458.20 |
| 6 | 3.50 | 162.81 | 0.63 | 155.33 | 1.07 | 49.54 | 104.73 | 154.26 |
| 7 | 35.00 | 669.66 | 0.07 | 520.61 | 23.55 | 450.45 | 46.62 | 497.06 |
| 8 | 16.87 | 379.41 | 0.68 | 420.76 | 6.49 | 145.88 | 268.40 | 414.27 |
| 9 | 171.74 | 981.27 | 0.54 | 1 204.15 | 86.80 | 495.94 | 621.41 | 1 117.35 |

　　（9）四川省产业结构和竞争力分析。四川省 1 农林牧渔业、5 批发和零售业和 9 其他第三产业增长速度低于全国增长速度，其他产业部门均高于全国增长速度（见表 3 − 20）。相对而言，2 工业（结构偏移份额 1 033.41）和 9 其他第三产业（结构偏移份额 1 349.44）结构对经济总量增长贡献较大；2 工业（竞争力份额 500）竞争力对经济增长的作用较大。

表 3 − 20　　　　　　　　四川省产业结构 Shift-share 分析表

| 编号 | $b'_{ij}$ | $b_{ij,0} - b'_{ij}$ | $r_{ij} - R_j$ | $G_{ij}$ | $N_{ij}$ | $P_{ij}$ | $D_{ij}$ | $PD_{ij}$ |
|---|---|---|---|---|---|---|---|---|
| 1 | 2 983.51 | 2 712.03 | −0.06 | 610.66 | 72.72 | 726.49 | −188.55 | 537.94 |
| 2 | 9 491.05 | 5 270.55 | 0.05 | 2 360.94 | 827.53 | 1 033.41 | 500.00 | 1 533.41 |
| 3 | 1 538.08 | 1 443.87 | 0.06 | 687.36 | 36.60 | 560.88 | 89.88 | 650.76 |
| 4 | 638.76 | 608.35 | 0.40 | 429.22 | 8.28 | 165.75 | 255.18 | 420.94 |
| 5 | 1 186.58 | 1 075.96 | −0.01 | 400.20 | 38.71 | 376.54 | −15.05 | 361.49 |
| 6 | 562.63 | 550.78 | 0.03 | 188.65 | 3.61 | 167.58 | 17.46 | 185.04 |
| 7 | 868.15 | 825.03 | 0.43 | 959.94 | 29.01 | 554.96 | 375.97 | 930.93 |
| 8 | 620.62 | 594.20 | 0.33 | 444.12 | 10.16 | 228.46 | 205.50 | 433.96 |
| 9 | 3 137.3 | 2 670.00 | −0.05 | 1 428.89 | 236.18 | 1 349.44 | −156.73 | 1 192.71 |

　　（10）贵州省产业结构和竞争力分析。由表 3 − 21 可知，贵州省 7 金

融业和 8 房地产业增长速度低于全国增长速度，其他产业部门均高于全国增长速度。相对而言，9 其他第三产业（结构偏移份额 455.78）结构对经济总量增长贡献较大；2 工业（竞争力份额 953.02）竞争力对经济增长作用较大。

表 3 - 21　　　　　　　贵州省产业结构 Shift-share 分析表

| 编号 | $b'_{ij}$ | $b_{ij,0} - b'_{ij}$ | $r_{ij} - R_j$ | $G_{ij}$ | $N_{ij}$ | $P_{ij}$ | $D_{ij}$ | $PD_{ij}$ |
|---|---|---|---|---|---|---|---|---|
| 1 | 66.08 | 660.14 | 0.54 | 589.86 | 17.70 | 176.83 | 395.32 | 572.16 |
| 2 | 813.41 | 1 015.79 | 0.52 | 1 311.68 | 159.49 | 199.17 | 953.02 | 1 152.19 |
| 3 | 22.37 | 342.76 | 0.58 | 352.56 | 8.69 | 133.15 | 210.72 | 343.87 |
| 4 | 28.13 | 562.78 | 0.13 | 237.78 | 7.66 | 153.33 | 76.78 | 230.12 |
| 5 | 41.84 | 406.93 | 0.04 | 175.40 | 14.64 | 142.41 | 18.35 | 160.76 |
| 6 | 4.73 | 219.67 | 0.13 | 98.31 | 1.44 | 66.84 | 30.03 | 96.87 |
| 7 | 14.77 | 282.50 | -0.02 | 194.38 | 9.93 | 190.03 | -5.58 | 184.45 |
| 8 | 6.82 | 153.48 | -0.01 | 60.18 | 2.62 | 59.01 | -1.45 | 57.56 |
| 9 | 157.83 | 901.81 | 0.01 | 544.40 | 79.77 | 455.78 | 8.85 | 464.63 |

（11）云南省产业结构和竞争力分析。由表 3 - 22 可知，云南省 5 批发和零售业以及 8 房地产业增长速度低于全国增长速度，其他产业部门均高于全国增长速度。相对而言，9 其他第三产业（结构偏移份额 686.32）结构对经济总量增长贡献较大；2 工业（竞争力份额 317.57）和 3 建筑业（竞争力份额 298.30）竞争力对经济增长作用较大。

表 3 - 22　　　　　　　云南省产业结构 Shift-share 分析表

| 编号 | $b'_{ij}$ | $b_{ij,0} - b'_{ij}$ | $r_{ij} - R_j$ | $G_{ij}$ | $N_{ij}$ | $P_{ij}$ | $D_{ij}$ | $PD_{ij}$ |
|---|---|---|---|---|---|---|---|---|
| 1 | 128.39 | 1 282.62 | 0.17 | 616.93 | 34.39 | 343.58 | 238.95 | 582.54 |
| 2 | 1 331.51 | 1 662.79 | 0.11 | 904.67 | 261.07 | 326.03 | 317.57 | 643.60 |
| 3 | 48.15 | 737.87 | 0.38 | 603.64 | 18.70 | 286.63 | 298.30 | 584.94 |
| 4 | 10.34 | 206.88 | 0.06 | 71.25 | 2.82 | 56.37 | 12.07 | 68.43 |
| 5 | 86.90 | 845.31 | -0.01 | 314.32 | 30.41 | 295.82 | -11.92 | 283.91 |
| 6 | 5.86 | 272.34 | 0.18 | 135.21 | 1.78 | 82.86 | 50.56 | 133.43 |
| 7 | 22.66 | 433.57 | 0.21 | 404.75 | 15.24 | 291.64 | 97.86 | 389.51 |
| 8 | 9.46 | 212.85 | -0.14 | 53.66 | 3.64 | 81.84 | -31.81 | 50.02 |
| 9 | 237.67 | 1 357.95 | 0.01 | 817.04 | 120.12 | 686.32 | 10.60 | 696.92 |

计算长江经济带各省市总体效果发现，各省市 $P_i$ 都较大，安徽、江西和四川三省 $W$ 小于 1，夕阳产业部门比重较大，经济结构需要进行调整；上海、江苏、浙江、湖北、湖南、重庆、贵州和云南等省市 $W$ 大于 1，朝阳增长部门比重较大，经济结构较好，不需要进行大规模的产业结构调整。从竞争能力看，上海市和浙江省 $D_i$（分别为 -2 512.38 和 -2 679.74）较小，$u$（分别为 0.90 和 0.94）小于 1，说明上海和浙江有较多部门发展较慢，竞争力有所减弱，地位有下降趋势；江苏、安徽、江西、湖北、湖南、重庆、四川、贵州和云南等省市 $D_i$ 较大，$u$ 大于 1，说明这些省份有较多部门发展较快，竞争能力较强，地位不断上升。特别是长江经济带中上游省市产业发展较快，竞争力不断提升。

表 3 - 23 是根据 Shift-share 分析表分别计算得到的长江经济带 9 大部门的结构效果指数 $W$，竞争力效果指数 $u$，总的结构偏离分量 $P$ 以及总的竞争力偏离分量 $D$。

表 3 - 23　　　　　　　　　　长江经济带 9 大部门总体效果分析

| | $N_i$ | $P_i$ | $D_i$ | $G_i$ | $W$ | $u$ | $L$ |
|---|---|---|---|---|---|---|---|
| 上海 | 1 129.03 | 5 755.36 | -2 512.38 | 4 372.01 | 1.04 | 0.90 | 0.94 |
| 江苏 | 2 961.42 | 12 489.03 | 527.61 | 15 978.05 | 1.00 | 1.01 | 1.01 |
| 浙江 | 1 959.53 | 8 574.39 | -2 679.74 | 7 854.18 | 1.01 | 0.94 | 0.95 |
| 安徽 | 911.67 | 3 668.27 | 968.15 | 5 548.08 | 0.99 | 1.05 | 1.04 |
| 江西 | 699.84 | 2 805.10 | 506.87 | 4 011.81 | 0.99 | 1.03 | 1.02 |
| 湖北 | 1 167.93 | 4 862.05 | 1 716.98 | 7 746.96 | 1.00 | 1.07 | 1.06 |
| 湖南 | 1 163.21 | 4 922.76 | 1 281.81 | 7 367.77 | 1.00 | 1.05 | 1.05 |
| 重庆 | 598.03 | 2 524.60 | 1 128.61 | 4 251.23 | 1.00 | 1.09 | 1.09 |
| 四川 | 1 262.79 | 5 163.52 | 1 083.67 | 7 509.98 | 0.99 | 1.04 | 1.03 |
| 贵州 | 301.95 | 1 576.55 | 1 686.05 | 3 564.55 | 1.01 | 1.22 | 1.24 |
| 云南 | 488.18 | 2 451.09 | 982.19 | 3 921.47 | 1.01 | 1.08 | 1.10 |
| 上游 | 2 650.94 | 11 715.76 | 4 880.52 | 19 247.23 | 1.00 | 1.08 | 1.08 |
| 中游 | 3 030.98 | 12 589.91 | 3 505.65 | 19 126.54 | 1.00 | 1.05 | 1.05 |
| 下游 | 6 961.65 | 30 487.04 | -3 696.36 | 33 752.32 | 1.01 | 0.98 | 0.98 |
| 长江经济带 | 12 643.57 | 54 792.71 | 4 689.81 | 72 126.09 | 1.00 | 1.02 | 1.02 |

# 第三节　长江经济带产业部门优势分析

## 一、长江经济带产业部门优势的整体分析

对长江经济带产业部门进行分类比较（见图3-2）：

（1）部门优势分析：各产业部门均处于第1扇面，为具有部门优势的增长部门。

（2）部门偏离分量分析：2工业、4交通运输、仓储和邮政业、6住宿和餐饮业处于第1扇面，是原有基础很好、竞争力较强部门；3建筑业、8房地产业、9其他第三产业处于第2扇面，为竞争力很强、原有基础较好的较好部门；1农林牧渔业、5批发和零售业、7金融业处于第4扇面，是原有基础较好但地位处于下降的一般部门。

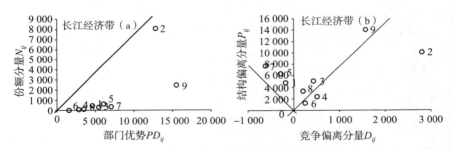

图3-2　长江经济带部门优势分析图和部门偏离分量图

## 二、长江经济带上中下游地区产业部门优势分析

### 1. 长江经济带上游地区产业部门优势

对长江经济带上游产业部门进行比较分类（见图3-3）：

（1）部门优势分析：各产业部门均处于第1扇面，为具有部门优势的增长部门。

（2）部门偏离分量分析：5批发和零售业、9其他第三产业处于第2扇面，是竞争力较强、原有基础较好的较好部门；其他产业部门均处于第

1 扇面，是原有基础很好，竞争力较强的好部门。

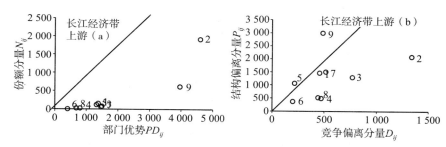

图 3 - 3 长江经济带上游部门优势分析图和部门偏离分量图

**2. 长江经济带中游地区产业部门优势**

对长江经济带中游产业部门进行比较分类（见图 3 - 4）：

（1）部门优势分析：各产业部门均处于第 1 扇面，为具有部门优势的增长部门。

（2）部门偏离分量分析：2 工业、7 金融业处于第 1 扇面，原有基础很好，竞争力较强的好部门；1 农林牧渔业处于第 4 扇面，基础很好但地位处于下降的一般部门；其他 6 个部门处于第 2 扇面，为竞争力较强，原有基础较好的较好部门。

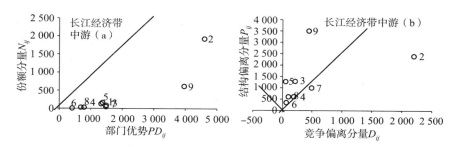

图 3 - 4 长江经济带中游部门优势分析图和部门偏离分量图

**3. 长江经济带下游地区产业部门优势**

对长江经济带下游产业部门进行比较分类（见图 3 - 5）：

（1）部门优势分析：各产业部门均处于第 1、第 2 扇面，为具有部门优势的增长部门。

（2）部门偏离分量分析：9 其他第三产业处于第 2 扇面，是竞争力很强、原有基础较好的较好部门；1农林牧渔业、3建筑业、7金融业处于第5扇面，属于基础较好，但竞争力很差的较差部门；其他产业部门处于第4扇面，是基础很好但地位处于下降的较好部门。

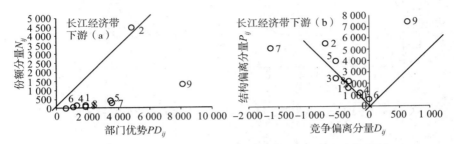

图3-5 长江经济带下游部门优势分析图和部门偏离分量图

## 三、长江经济带各省市产业部门优势分析

### 1. 上海市产业结构和竞争力分析

对上海市产业部门进行比较分类（见图3-6）：

（1）部门优势分析：2工业处于第4扇面，虽为增长部门，但不具有部门优势；其他产业部门均处于第1扇面，为具有部门优势的增长部门。

（2）部门偏离分量分析：8房地产业处于第2扇面，为竞争力较强、原有基础较好的较好部门；4交通运输、仓储和邮政业、5批发和零售业、6住宿和餐饮业、7金融业、9其他第三产业处于第4扇面，为原有基础较好，但地位处于下降的较好部门；1农林牧渔业、2工业、3建筑业处于第5扇面，是基础较好，但竞争力差的较差部门。

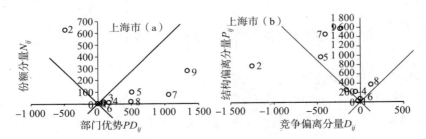

图3-6 上海市部门优势分析图和部门偏离分量图

**2. 江苏省产业结构和竞争力分析**

对江苏省产业部门进行比较分类（见图3-7）：

（1）部门优势分析：9个产业部门均处于第1扇面，为具有部门优势的增长部门。

（2）部门偏离分量分析：9其他第三产业处于第1扇面，是原有基础较好，竞争力较强的好部门；2工业、7金融业处于第2扇面，为竞争力很强，原有基础较好的较好部门；1农林牧渔业、3建筑业、4交通运输、仓储和邮政业、6住宿和餐饮业、8房地产业处于第4扇面，属于基础较好但地位处于下降的较好部门；5批发和零售业处于第5扇面，是基础较好但竞争力较差的较差部门。

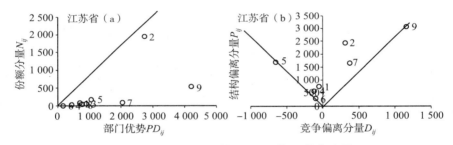

图3-7　江苏省部门优势分析图和部门偏离分量图

**3. 浙江省产业结构和竞争力分析**

对浙江省产业部门进行比较分类（见图3-8）：

（1）部门优势分析：7金融业处于第4扇面，为增长部门，但不具有部门优势；其他产业部门均位于第1、第2扇面，为具有部门优势的增长部门。

（2）部门偏离分量分析：5批发和零售业、6住宿和餐饮业处于第2扇面，是竞争力很强、原有基础较好的较好部门；7金融业处于第5扇面，为基础较好但竞争力很差的较差部门；其他产业部门均处于第4扇面，是基础较好但地位下降的较好部门。

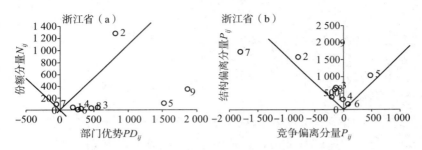

**图 3－8　浙江省部门优势分析图和部门偏离分量图**

**4. 安徽省产业结构和竞争力分析**

对安徽省产业部门进行比较分类（见图 3－9）：

（1）部门优势分析：各产业部门均处于低 1 扇面，为具有部门优势的增长部门。

（2）部门偏离分量分析：2 工业处于第 1 扇面，是原有基础很好且竞争力较强的好部门；4 交通运输、仓储和邮政业、5 批发和零售业、6 住宿和餐饮业、7 金融业处于第 2 扇面，是竞争力很强、原有基础较好的较好部门；1 农林牧渔业、3 建筑业、8 房地产业、9 其他第三产业处第 4 扇面，为基础较好但地位下降的一般部门。

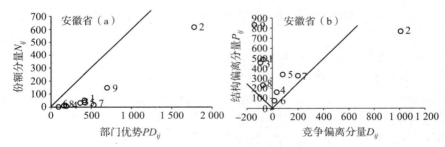

**图 3－9　安徽省部门优势分析图和部门偏离分量图**

**5. 江西省产业结构和竞争力分析**

对江西省产业部门进行比较分类（见图 3－10）：

（1）部门优势分析：9 个产业部门均处于第 1 扇面，为具有部门优势的增长部门。

（2）部门偏离分量分析：2 工业、4 交通运输、仓储和邮政业、7 金融业处于第 1 扇面，是原有基础很好、竞争力较强的好部门；3 建筑业、6 住宿和餐饮业处于第 2 扇面，属于竞争力很强，原有基础较好的较好部门；其他产业部门均处于第 4 扇面，是基础较好但地位处于下降的一般部门。

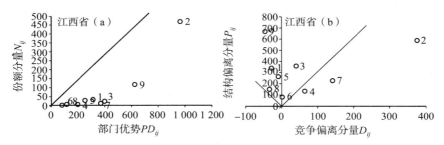

图 3 - 10　江西省部门优势分析图和部门偏离分量图

### 6. 湖北省产业结构和竞争力分析

对湖北省产业部门进行比较分类（见图 3 - 11）：

（1）部门优势分析：9 个产业部门均处于第 1 扇面，为具有部门优势的增长部门。

（2）部门偏离分量分析：2 工业、7 金融业、8 房地产业处于第 1 扇面，是原有基础很好、竞争力较强的好部门；1 农林牧渔业处于第 4 扇面，为基础较好但地位处于下降的较好部门；其他产业部门均处于第 2 扇面，属于竞争力很强且原有基础较好的较好部门。

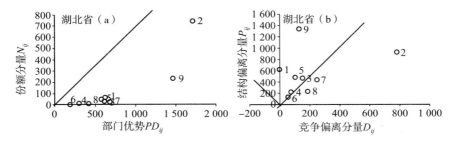

图 3 - 11　湖北省部门优势分析图和部门偏离分量图

### 7. 湖南省产业结构和竞争力分析

对湖南省产业部门进行比较分类（见图 3 - 12）：

（1）部门优势分析：各产业部门均处于第 1 扇面，为具有部门优势的增长部门。

（2）部门偏离分量分析：2 工业处于第 1 扇面，是原有基础很好且竞争力较强的好部门；3 建筑业、4 交通运输、仓储和邮政业、6 住宿和餐饮业、7 金融业、9 其他第三产业处于第 2 扇面，是竞争力很强、原有基础较好的较好部门；1 农林牧渔业、5 批发和零售业、8 房地产业处于第 4 扇面，属于基础较好但地位处于下降的较好部门。

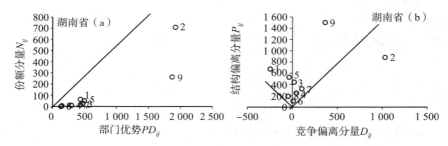

图 3－12　湖南省部门优势分析图和部门偏离分量图

### 8. 重庆市产业结构和竞争力分析

对重庆市产业部门进行比较分类（见图 3－13）：

（1）部门优势分析：各产业部门均处于第 1、第 2 扇面，为具有部门优势的增长部门。

（2）部门偏离分量分析：6 住宿和餐饮业、8 房地产业、9 其他第三产业处于第 1 扇面，是原有基础很好且竞争力较强的好部门；2 工业处于第 4 扇面，属于基础较好但地位处于不断下降的较好部门；其他产业部门均处于第 2 扇面，为竞争力很强、原有基础较好的较好部门。

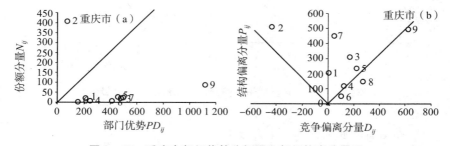

图 3－13　重庆市部门优势分析图和部门偏离分量图

**9. 四川省产业结构和竞争力分析**

对四川省产业部门进行比较分类（见图 3-14）：

（1）部门优势分析：各产业部门均处于第 1 扇面，为具有部门优势的增长部门。

（2）部门偏离分量分析：2 工业、4 交通运输、仓储和邮政业、7 金融业、8 房地产业处于第 1 扇面，是原有基础很好且竞争力较强的好部门；3 建筑业、6 住宿和餐饮业处于第 2 扇面，是竞争力很强、原有基础较好的较好部门；1 农林牧渔业、5 批发和零售业、9 其他第三产业处于第 4 扇面，属于基础较好但地位处于不断下降的较好部门。

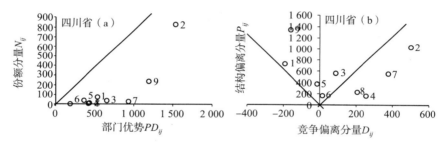

图 3-14 四川省部门优势分析图和部门偏离分量图

**10. 贵州省产业结构和竞争力分析**

对贵州省产业部门进行比较分类（见图 3-15）：

（1）部门优势分析：各产业部门均处于第 1 扇面，为具有部门优势的增长部门。

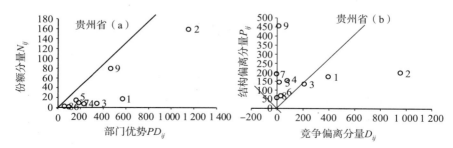

图 3-15 贵州省部门优势分析图和部门偏离分量图

（2）部门偏离分量分析：1 农林牧渔业、2 工业和 3 建筑业均处于第 1 扇面，是原有基础很好且竞争力较强的好部门；7 金融业和 8 房地产业处于第 4 扇面，属于基础较好但地位处于下降的一般部门；其他产业部门均处于第 2 扇面，是竞争力很强、原有基础较好的较好部门。

**11. 云南省产业结构和竞争力分析**

对云南省产业部门进行比较分类（见图 3 – 16）：

（1）部门优势分析：各产业部门均处于第 1 扇面，为具有部门优势的增长部门。

（2）部门偏离分量分析：1 农林牧渔业、2 工业、3 建筑业、6 住宿和餐饮业和 7 金融业处于第 1 扇面，是原有基础很好且竞争力较强部门；4 交通运输、仓储和邮政业、9 其他第三产业处于第 2 扇面，为竞争力较强、原有基础较好的较好部门；5 批发和零售业处于第 4 扇面，是基础较好但地位处于下降的一般部门；8 房地产业处于第 5 扇面，属于基础较好但竞争力很差的较差部门。

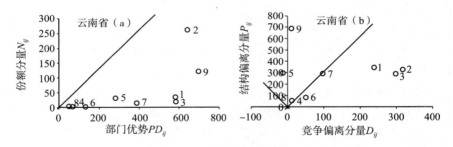

**图 3 – 16　云南省部门优势分析图和部门偏离分量图**

# 第四节　长江经济带产业协同发展导向

其一，开展跨区域的产业梯度有序转移。加快推动下游地区产业转型升级的同时，按照区域资源禀赋条件、生态环境容量和主体功能定位，促进产业布局调整和集聚发展。引导具有成本优势的资源加工型、劳动密集型产业和具有市场需求的资本、技术密集型产业向中、上游地区转移。促进长江下游地区对中、上游地区的引领带动作用，实现上、中、下游地区产业比较优势的充分发挥。加强上、中、下游地区产业竞争优势的培育，加快上、中、下游产业之间的协同和联动发展，发挥市场机制基础地位，加强一体化的规划指导。通过产业竞争和合作，打破长江上、中、下游或各省各市之间的产业同构格局，减少无序竞争，创新产业互补和集约发展模式，形成层次清晰、布局合理、功能明确的产业竞争与合作体系。

其二，推进产业和生态环境的协同治理。长江经济带的定位之一是打造生态文明建设的先行示范带，推动长江经济带发展必须坚持生态优先、绿色发展的战略原则。在建设长江流域绿色生态廊道的目标下，要把引导产业优化布局作为促进长江经济带产业协同发展重点。坚持创新发展，着力建设现代产业走廊，这就要求推进长江经济带产业和环境的协同发展与治理，推进长江经济带产业与生态环境协调发展。促进中、上游产业布局与区域资源生态环境相协调，防止出现污染转移和环境风险聚集。尤其要协调好流域经济和海洋经济与流域环境和海洋环境的协同发展。加强长江流域水资源保护、生态环境保护以及海域环境的保护。积极应对和治理江海经济互动发展带来的生态环境问题。

其三，推进上、中、下游地区之间的产业分工协作。下、中游的棉花、粮食可以输往上游，上游的甘蔗、烟叶可以输往下、中游，下、上游的蚕茧可以输往中游，上游的麻类、茶叶可以输往下游。中、上游可以在林木的培育和种植、林产品、竹木采运行业支持下游，同时中、上游之间可以在具体林业产品上形成优势互补。中、上游地区的油茶籽、松脂、油桐籽、生漆可以输往下游，中游的油茶籽、木材可以输往上游。下、上游的山羊毛、绵羊毛、奶类可以输往中游。下游可以将产品（主要是海产品）输往中、上游，中游可以将淡水产品输往上游。下、中游可以在农林牧渔服务业方面给予上游支持。

中游地区的有色金属矿采选业、非金属矿采选业、黑色金属矿采选业，可以与下游在金属制品业、金属制品、黑色金属冶炼和压延加工业等行业上进行产业链的协同；上游的石油和天然气开采业、煤炭采选业，可以与下游在石油加工及炼焦业等行业上进行产业链的协同。上、中游（如中游的纱产品）可以为下游的纺织业、服装及其他纤维制品制造、皮革毛皮羽绒及其制品业、文教体育用品制造业提供初级产品，并承接相关产业转移；中游的食品加工业、食品制造业，以及家用电冰箱、精制食用植物油以及农用氮、磷、钾化肥等产品可以与上、下游形成优势互补；上游的烟草加工业、饮料制造业，包括成品糖、中成药等产品可以与中、下游形成优势互补；中游的废弃资源综合利用业较强，可以重点承接下游的工业废料进行综合利用。中、下游可以利用自身相关技术及基础设施建设经验，协助上游进行电力、热力、燃气及水生产和供应的升级改造，提升其能源供应水平及质量，从而在改善上游能源生产水平的同时为中、上游提供更多能源供应。

下游地区应加大对中、上游（尤其是上游）地区在基础设施建设方面的资金支持，促进其交通运输和仓储行业的发展；中游地区可以利用自身的地理区位优势，发挥中部"承上启下"的枢纽作用，在促进本地区批发零售业的发展的同时，积极构建长江经济带中转物流和仓储网络；上游地区由于地处内陆，交通等基础设施不够完善，应在进一步完善基础设施建设的基础上，充分保护生态环境并利用生态优势生产具有本地特色的商品，从而发展本地区批发零售产业，提高本地批发与零售业的质量和竞争力。应促进下、中、上游高校间的交流与合作，加强长江经济带区域间教育资源的优势互补、互利共赢。

# 第五节　本 章 小 结

## 1. 长江经济带11省市产业均有不同程度增长，但产业增长的空间差异显著

除交通运输、仓储和邮政业外，长江经济带其他8个部门占全国比重均在40%以上。长江经济中、上游省市的农林牧渔业、建筑业、住宿和餐饮业在全国所占份额较高，均在10%左右；下游省市的金融业、批发和零售业、工业、房地产业、建筑业在全国所占比重较大，均在20%以上。江苏、浙江、上海、四川等省市多数产业在全国所占比重较高，安徽、江西、贵州、云南等省市所占比重较小。

就增长速度而言，长江经济带除农林牧渔业、批发和零售以及金融业在全国所占比重有所下降之外，其他各产业部门在全国所占比重均有不同程度提升。除中游地区农林牧渔业有所下降之外，长江经济带中、上游地区各产业部门在全国所占份额均呈现不同程度增长。而长江经济带下游地区各产业部门在全国所占比重均有一定幅度下降。从各省市来看，云南、贵州、湖北等中西部省市绝大多数产业部门在全国比重都有不同程度增加。而上海、江苏、浙江等东部地区省市多数产业部门在全国比重都有不

同程度下降。

除采矿、工艺品制造和其他制造业等少数工业部门之外，长江经济带绝大多数工业部门增长份额（$N_{ij}$）均大于 0，这说明长江经济带各省市工业部门均有不同程度增长。但这种工业部门增长份额既表现为工业产业增长部门差异，也表现为工业产业增长空间不同。从空间来看，长江经济带工业产业空间差异表现为上、中、下游差异，即工业产业增长份额空间上具有"下游（江、浙、沪、皖）＞中游（湘、赣、鄂）＞上游（云、贵、渝）"的空间特征；从工业行业来看，资金和技术密集型产业增长份额大于劳动密集型产业部门。

### 2. 工业、批发和零售业、金融业及其他第三产业对长江经济带经济总量的增长贡献较大，长江经济带多数产业部门增长速度高于全国增长速度

长江经济带对经济总量增长贡献较大的部门是工业、批发和零售业、金融业、其他第三产业；工业和其他第三产业竞争力对经济增长作用较大。中、上游省市工业和其他第三产业结构对经济总量增长的贡献较大，工业竞争力对经济增长的作用较大；下游省市其他第三产业、工业、批发和零售业和金融业结构对经济总量增长贡献较大，其他第三产业竞争力对经济增长作用较大。上海、江苏和浙江等省市普遍金融业、工业、其他第三产业结构对经济总量增长贡献较大，工业竞争力有所下降；安徽、江西、湖北、云南、贵州等省市普遍其他第三产业和工业结构和竞争力对经济增长作用较大。

就增长速度而言，长江经济带多数产业部门增长速度高于全国增长速度。其中，中、上游地区各产业部门增长速度几乎都高于全国增长速度（除中游农林牧渔业之外），而下游地区除其他第三产业之外，均低于全国增长速度。从各省市来看，上海多数产业部门低于全国增长速度，湖北、重庆、四川、贵州和云南等省市绝大多数产业部门高于全国增长速度。

### 3. 长江经济带 11 省市的工业行业结构趋同现象突出

2011～2014 年各省市增长份额较大的工业行业多集中在装备制造、电子信息、化学原料及化学制品制造、有色金属冶炼及压延加工、纺织、农副食品加工业等，工业行业结构趋同现象突出。在各省市增长份额排名前三位的工业行业中，江苏、浙江、江西、湖南、湖北、重庆、贵州、云南和四川 9 个省市均有化学原料及化学制品制造业；上海、浙江、安徽、湖

北和重庆 5 省市均有交通运输设备制造业；安徽、湖南、湖北和四川 4 省均有农副食品加工业，上海、江苏、浙江和安徽 4 省市均有电气机械及器材制造业，江苏、浙江、重庆和四川 4 省市均有通信设备、计算机及其他电子设备制造业；江西、湖南和云南 3 省市均有有色金属冶炼及压延加工业。同时，长江经济带工业产业结构也表现出一定的空间地域特色。长江经济带下游上海、江苏、浙江和安徽在化学原料及化学制品制造业、装备制造业；中游江西和湖南在有色金属冶炼及压延加工业，湖南和湖北在交通运输设备制造业；上游云南在烟草制造业、贵州在饮料制造业（白酒）、重庆和四川在通信设备、计算机及其他电子设备制造业，增长份额也较大。

分析各省市工业结构偏移份额，也呈现与工业增长份额类似特征。且出现增长份额较大，结构偏移份额较大的特征。对长江经济带各省市结构增长份额分量分析发现，化学原料及化学制品制造业、通信设备、计算机及其他电子设备制造业、交通运输设备制造业、专用设备制造业、农副食品加工业等工业产业部门对经济增长贡献较大。在各省市结构偏移份额排名前三位的工业行业中，江苏、浙江、江西、湖北、重庆、贵州和云南 7 个省市都有化学原料及化学制品制造业；上海、江苏和浙江均有电气机械及器材制造业；安徽、湖南、湖北和四川 4 省市均有农副食品加工业；江西、湖南和云南 3 省均有有色金属冶炼及压延加工业；安徽、湖北和重庆 3 省市均有交通运输设备制造业。同时，也表现出区域特色工业产业。云南烟草制品业、贵州和四川饮料制品业等。

**4. 长江经济带有较多产业部门竞争力不断加强，各省市工业产业竞争力空间差异显著，呈现此消彼长的态势**

长江经济带有较多部门发展迅速，竞争力不断加强，在全国地位不断提升。中、上游省市多为具有增长优势的部门，且竞争力和地位不断提升；下游省市具有增长优势的部门相对较少，产业部门基础很好，但地位有所下降。从各省市工业产业竞争力看，上海、浙江、四川多数工业产业竞争力呈现下降态势，安徽、江西、湖北、重庆、贵州和云南竞争力呈现上升态势。总体而言，长江经济带工业产业竞争力具有下游竞争力下降，而中、上游竞争力上升的空间特征。就具体产业而言，上海和江苏纺织服装、鞋、帽制造业竞争力下降幅度大，安徽、江西、浙江竞争力上升幅度高；江苏、浙江、上海通信设备、计算机及其他电子设备制造业竞争力下降较大，安徽、重庆和四川竞争力上升幅度较大；上海、江苏、浙江、安徽交通运输设备制造业竞争力下降，湖南、重庆竞争力上升。但下游省市在一些传统优势工业产业仍保持较强的竞争力。如上海文教体育用品制造业、专用设备制造业、电气机械及器材制造业；江苏通用设备制造业、仪器仪表及文化、办公用机械制造业；浙江纺织服装、鞋、帽制造业等。

# 第四章

# 长江经济带制造业结构与竞争力

当前，国际环境发生深刻变化，新一轮科技革命和产业变革与我国加快转变经济发展方式形成历史性交汇，国际产业分工格局正在重塑。全球产业竞争格局正在发生重大调整，我国在新一轮发展中面临巨大挑战。尤其是国际金融危机发生后，发达国家纷纷实施"再工业化"战略，加速推进新一轮全球贸易投资新格局。一些发展中国家也在加快谋划和布局，积极参与全球产业再分工，承接产业及资本转移，拓展国际市场空间。我国产业发展面临发达国家和其他发展中国家"双向挤压"的严峻挑战。

从国内来看，我国经济整体进入"新常态"，新旧增长动力转换迟缓，低成本优势逐步丧失。长江经济带步入中高速增长的"新常态"，急需转变工业增长方式，重塑工业增长动力，但新的增长动力接续转换尚未完全形成，依靠技术创新和制度创新的双轮驱动还需要一个切换过程。产能过剩问题凸显，市场有效需求不足，产能严重过剩问题将在经济增长放缓、市场需求走弱的情况下加剧。适应经济新常态，贯彻执行"中国制造2025"战略和供给侧改革，加快新一代信息技术与工业化深度融合，是在上述国内外背景下摆在长江经济带建设前面的重要机遇和挑战。

为此，本章重点对长江经济带制造业结构和制造业各部分的竞争优势进行定量评价和分析。以 2012 年、2015 年《中国统计年鉴》以及上海、江苏、浙江、安徽、江西、湖北、湖南、重庆、四川、云南、贵州等省市统计年鉴数据为依据，选取 1 农副食品加工业，2 食品制造业，3 酒、饮料和精制茶制造业，4 烟草制品业，5 纺织业，6 纺织服装、鞋、帽制造业，7 皮革、毛皮、羽毛（绒）及其制品业，8 木材加工及木、竹、藤、棕、草制品业，9 家具制造业，10 造纸及纸制品业，11 印刷业和记录媒介的复制，12 文教、工美、体育和娱乐用品制造业，13 石油加工、炼焦及核燃料加工业，14 化学原料及化学制品制造业，15 医药制造业，16 化学纤维制造业，17 橡胶与塑料制品，18 非金属矿物制品业，19 黑色金属冶炼及压延加工业，20 有色金属冶炼及压延加工业，21 金属制品业，22 通用设备制造业，23 专用设备制造业，24 交通运输设备制造业，25 电气机械及器材制造业，26 通信设备、计算机及其他电子设备制造业，27 仪器仪表及文化、办公用机械制造业，28 工艺品及其他制造业，29 废弃资源和废旧材料回收加工业（为了数据口径统计将汽车制造业和铁路、船舶、航空航天和其他运输设备制造业合并为交通运输业；将橡胶制品业和塑料制品业合并为橡胶与塑料制品业，2014 年贵州化学纤维数据缺失）共计29 个制造业部门作为研究样本，用部门主营业务收入代表产业经济规模，以全国制造业作为上一级大尺度区域样本，通过基期与末期数据比较，研究长江经济带制造业发展态势和结构状况。

# 第一节 长江经济带制造业地位及变化

据表 4-1 分析显示，2011～2014 年长江经济带制造业各部门的结构地位有明显变化。在分析的 29 个制造业部门中，有 12 个部门在全国所占份额上升，有 17 个部门在全国所占份额下降。其中，16 化学纤维制造业在全国的份额由 78.80% 下降至 77.47%，但仍保持绝对优势地位；4 烟草制品业份额由 67.84% 下降至 66.83%；12 文教、工美、体育和娱乐用品制造业份额由 55.13% 下降至 33.98%；6 纺织服装、鞋、帽制造业份额由 50.72% 下降至 49.89%；14 化学原料及化学制品制造业份额由 50.33% 下降至 48.61%；25 电气机械及器材制造业份额由 51.78% 上升至 53.01%；27 仪器仪表及文化、办公用机械制造业份额由 51.80% 上升至 74.28%。上述部门所占份额变化较大。上升幅度最大的是 28 工艺品及其他制造业份额由 27.16% 上升至 75.16%；降幅度最大的是 12 文教、工美、体育和娱乐用品制造业份额由 55.13% 下降至 33.98%。

表 4-1　　　　　　长江经济带与全国制造业比较　　　　　单位：亿元

| 编号 | 全国 | | 长江经济带 | | | |
|---|---|---|---|---|---|---|
| | 2011 年 ($B_{j0}$) | 2014 年 ($B_{jt}$) | 2011 年 ($b_{j0}$) | 占全国比重 (%) | 2014 年 ($b_{jt}$) | 占全国比重 (%) |
| 1 | 43 848.58 | 63 665.12 | 13 915.07 | 31.73 | 21 212.97 | 33.32 |
| 2 | 13 875.73 | 20 399.89 | 4 053.82 | 29.22 | 6 369.02 | 31.22 |

| 编号 | 全国 | | 长江经济带 | | | |
|---|---|---|---|---|---|---|
| | 2011 年 ($B_{j0}$) | 2014 年 ($B_{jt}$) | 2011 年 ($b_{j0}$) | 占全国比重 (%) | 2014 年 ($b_{jt}$) | 占全国比重 (%) |
| 3 | 11 774.8 | 16 369.97 | 5 605.81 | 47.61 | 7 905.80 | 48.29 |
| 4 | 6 666.9 | 8 962.65 | 4 523.05 | 67.84 | 5 989.69 | 66.83 |
| 5 | 32 288.52 | 38 294.75 | 15 784.98 | 48.89 | 18 447.81 | 48.17 |
| 6 | 13 214.41 | 21 054.4 | 6 702.80 | 50.72 | 10 504.28 | 49.89 |
| 7 | 8 747.22 | 13 896.08 | 3 087.81 | 35.30 | 4 525.72 | 32.57 |
| 8 | 8 804.01 | 13 246.85 | 3 555.35 | 40.38 | 5 276.25 | 39.83 |
| 9 | 4 946.76 | 7 273.41 | 1 862.07 | 37.64 | 2 787.06 | 38.32 |
| 10 | 11 807.01 | 13 535.18 | 4 626.22 | 39.18 | 5 395.88 | 39.87 |
| 11 | 3 784.27 | 6 765.3 | 1 663.79 | 43.97 | 3 082.84 | 45.57 |
| 12 | 3 133.81 | 14 939.35 | 1 727.69 | 55.13 | 5 077.05 | 33.98 |
| 13 | 37 275.12 | 41 094.41 | 8 545.24 | 22.92 | 9 272.14 | 22.56 |
| 14 | 60 097.89 | 83 104.14 | 30 248.18 | 50.33 | 40 399.92 | 48.61 |
| 15 | 14 484.38 | 23 350.33 | 6 418.17 | 44.31 | 10 147.82 | 43.46 |
| 16 | 6 646.95 | 7 158.81 | 5 237.68 | 78.80 | 5 546.06 | 77.47 |
| 17 | 22 561.7 | 29 919.12 | 8 666.06 | 38.41 | 11 400.02 | 38.10 |
| 18 | 39 294.75 | 57 436.7 | 14 421.39 | 36.70 | 21 919.94 | 38.16 |
| 19 | 65 909.31 | 74 332.77 | 26 600.38 | 40.36 | 27 899.45 | 37.53 |
| 20 | 36 869.42 | 51 312.09 | 17 296.86 | 46.91 | 23 276.39 | 45.36 |
| 21 | 22 951.33 | 36 396.44 | 10 453.02 | 45.54 | 15 114.20 | 41.53 |
| 22 | 40 157.93 | 47 016.78 | 17 454.24 | 43.46 | 23 007.73 | 48.94 |
| 23 | 26 059.6 | 34 826.39 | 11 369.62 | 43.63 | 15 127.42 | 43.44 |
| 24 | 63 131.95 | 85 977.12 | 30 364.83 | 48.10 | 40 885.19 | 47.55 |
| 25 | 50 148.85 | 66 977.77 | 25 965.34 | 51.78 | 35 502.91 | 53.01 |
| 26 | 63 474.89 | 85 486.3 | 28 546.14 | 44.97 | 38 718.13 | 45.29 |
| 27 | 7 468.83 | 8 347.58 | 3 868.60 | 51.80 | 6 200.71 | 74.28 |
| 28 | 7 193.49 | 2 579.38 | 1 953.58 | 27.16 | 1 938.67 | 75.16 |
| 29 | 2 645.28 | 3 668.55 | 1 251.78 | 47.32 | 2 738.14 | 74.64 |

对 2011～2014 年长江经济带各省市制造业部门数据分析发现，江苏、上海、浙江、四川等省市有多个制造业部门在全国占有较大份额，但所占份额均呈现不同幅度的下降；安徽、云南、贵州等中西部地区制造业部门在全国所占份额较小，但所占份额均呈现不同程度的上升。各省市制造业部门具体变化情况如下。

上海市 4 烟草制品业（10.04%、10.40%）（分别表示该制造业部门 2011 年和 2014 年在全国所占份额，下同）、24 交通运输设备制造业（9.45%、8.63%）和 26 通信设备、计算机及其他电子设备制造业（9.63%、6.71%）在全国占有较大份额。但 2011～2014 年期间，上海市绝大多数制造业部门份额均出现不同幅度下降（见表 4－1）。

江苏省多数制造业部门在全国均占有较大份额。其中，6 纺织服装、鞋、帽制造业（22.96%、19.60%），12 文教、工美、体育和娱乐用品制造业（24.57%、11.84%），14 化学原料及化学制品制造业（19.59%、19.44%），16 化学纤维制造业（33.71%、35.71%），25 电气机械及器材制造业（23.08%、23.07%），26 通信设备、计算机及其他电子设备制造业（23.16%、20.34%），27 仪器仪表及文化、办公用机械制造业（28.08%、39.98%）在全国占有较大份额。从结构地位变化情况看，所占份额增长速度最快的是 27 仪器仪表及文化、办公用机械制造业，增长 11.9%；所占份额下降幅度最大的是 12 文教、工美、体育和娱乐用品制造业，下降 12.73%（见表 4－2）。

浙江省 5 纺织业（17.55%、15.23%），6 纺织服装、鞋、帽制造业（10.75%、11.36%），7 皮革、毛皮、羽毛（绒）及其制品业（14.20%、10.92%）和 9 家具制造业（11.51%、10.80%）在全国占有较大份额。2011～2014 年，浙江省制造业绝大部分部门均出现不同幅度下降，其中下降幅度最大的是 12 文教、工美、体育和娱乐用品制造业，下降 4.51%。

安徽省除了 25 电气机械及器材制造业（5.25%、6.21%）、29 废弃资源和废旧材料回收加工业（9.82%、11.43%）之外，其他制造业产业部门所占份额均在 5% 以下。从结构地位变化情况看，除 4 烟草制品业和 24 交通运输设备制造业出现下降趋势之外，其他产业部门份额均出现不同程度增长，但增幅不大（见表 4－3）。

江西省 20 有色金属冶炼及压延加工业（10.50%、12.00%）在全国占有较大份额。从结构地位变化情况来看，绝大部分产业部门均呈现不同幅度增长，其中 28 工艺品及其他制造业和 29 废弃资源和废旧材料回收加工业增长幅度较大，分别增长 21.58% 和 31.35%（见表 4－4）。

**表4-2　上海、江苏与全国制造业结构数据**

单位：亿元

| 编号 | 全国 2011年（$B_p$） | 全国 2014年（$B_{ji}$） | 上海 2011年（$b_p$） | 上海 比重（%） | 上海 2014年（$b_{ji}$） | 上海 比重（%） | 江苏 2011年（$b_p$） | 江苏 比重（%） | 江苏 2014年（$b_{ji}$） | 江苏 比重（%） |
|---|---|---|---|---|---|---|---|---|---|---|
| 1 | 43 848.58 | 63 665.12 | 336.59 | 0.77 | 421.85 | 0.66 | 2 556.74 | 5.83 | 4 190.02 | 6.58 |
| 2 | 13 875.73 | 20 399.89 | 547.98 | 3.95 | 719.38 | 3.53 | 485.88 | 3.50 | 861.53 | 4.22 |
| 3 | 11 774.8 | 16 369.97 | 192.95 | 1.64 | 131.63 | 0.80 | 748.1 | 6.35 | 970.43 | 5.93 |
| 4 | 6 666.9 | 8 962.65 | 669.49 | 10.04 | 932.03 | 10.40 | 403.62 | 6.05 | 474.30 | 5.29 |
| 5 | 32 288.52 | 38 294.75 | 391.46 | 1.21 | 240.83 | 0.63 | 5 663.1 | 17.54 | 6 704.74 | 17.51 |
| 6 | 13 214.41 | 21 054.4 | 462.11 | 3.50 | 405.37 | 1.93 | 3 033.92 | 22.96 | 4 127.25 | 19.60 |
| 7 | 8 747.22 | 13 896.08 | 152.23 | 1.74 | 189.75 | 1.37 | 583.09 | 6.67 | 893.85 | 6.43 |
| 8 | 8 804.01 | 13 246.85 | 81.24 | 0.92 | 77.71 | 0.59 | 1 314.08 | 14.93 | 2 094.96 | 15.81 |
| 9 | 4 946.76 | 7 273.41 | 243.42 | 4.92 | 280.26 | 3.85 | 194.01 | 3.92 | 302.57 | 4.16 |
| 10 | 11 807.01 | 13 535.18 | 283.69 | 2.40 | 302.83 | 2.24 | 1 206.85 | 10.22 | 1 436.63 | 10.61 |
| 11 | 3 784.27 | 6 765.3 | 192.22 | 5.08 | 191.35 | 2.83 | 333.21 | 8.81 | 724.32 | 10.71 |
| 12 | 3 133.81 | 14 939.35 | 147.78 | 4.72 | 479.02 | 3.21 | 769.85 | 24.57 | 1 768.94 | 11.84 |
| 13 | 37 275.12 | 41 094.41 | 1 660.82 | 4.46 | 1 432.18 | 3.49 | 1 982.01 | 5.32 | 2 371.47 | 5.77 |
| 14 | 60 097.89 | 83 104.14 | 2 610.72 | 4.34 | 2 821.14 | 3.39 | 11 772.86 | 19.59 | 16 158.44 | 19.44 |
| 15 | 14 484.38 | 23 350.33 | 449.24 | 3.10 | 616.07 | 2.64 | 1 816.8 | 12.54 | 3 043.49 | 13.03 |
| 16 | 6 646.95 | 7 158.81 | 47.05 | 0.71 | 41.63 | 0.58 | 2 240.85 | 33.71 | 2 517.74 | 35.17 |
| 17 | 22 561.7 | 29 919.12 | 898.29 | 3.98 | 936.56 | 3.13 | 2 087.71 | 9.25 | 2 679.19 | 8.95 |
| 18 | 39 294.75 | 57 436.7 | 562.41 | 1.43 | 604.34 | 1.05 | 3 097 | 7.88 | 4 561.11 | 7.94 |

续表

| 编号 | 全国 | | 上海 | | | | 江苏 | | | |
|---|---|---|---|---|---|---|---|---|---|---|
| | 2011年($B_p$) | 2014年($B_{jt}$) | 2011年($b_p$) | 比重(%) | 2014年($b_{jt}$) | 比重(%) | 2011年($b_p$) | 比重(%) | 2014年($b_{jt}$) | 比重(%) |
| 19 | 65 909.31 | 74 332.77 | 2 235.94 | 3.39 | 1 811.22 | 2.44 | 9 312.33 | 14.13 | 10 547.97 | 14.19 |
| 20 | 36 869.42 | 51 312.09 | 494.74 | 1.34 | 454.83 | 0.89 | 2 957.86 | 8.02 | 3 750.58 | 7.31 |
| 21 | 22 951.33 | 36 396.44 | 928.22 | 4.04 | 994.86 | 2.73 | 4 073.14 | 17.75 | 5 827.46 | 16.01 |
| 22 | 40 157.93 | 47 016.78 | 2 602.54 | 6.48 | 2 763.15 | 5.88 | 5 645.74 | 14.06 | 8 226.90 | 17.50 |
| 23 | 26 059.6 | 34 826.39 | 1 276.64 | 4.90 | 1 114.10 | 3.20 | 3 791.34 | 14.55 | 5 495.20 | 15.78 |
| 24 | 63 131.95 | 85 977.12 | 5 966.59 | 9.45 | 7 417.70 | 8.63 | 7 482.58 | 11.85 | 9 753.76 | 11.34 |
| 25 | 50 148.85 | 66 977.77 | 2 168.1 | 4.32 | 2 311.95 | 3.45 | 11 575.17 | 23.08 | 15 450.87 | 23.07 |
| 26 | 63 474.89 | 85 486.3 | 6 111.58 | 9.63 | 5 733.03 | 6.71 | 14 700.52 | 23.16 | 17 391.49 | 20.34 |
| 27 | 7 468.83 | 8 347.58 | 381.42 | 5.11 | 349.25 | 4.18 | 2 097.25 | 28.08 | 3 337.33 | 39.98 |
| 28 | 7 193.49 | 2 579.38 | 372.71 | 5.18 | 54.51 | 2.11 | 224.09 | 3.12 | 293.33 | 11.37 |
| 29 | 2 645.28 | 3 668.55 | 42.9 | 1.62 | 32.52 | 0.89 | 279.69 | 10.57 | 260.11 | 7.09 |

表 4 - 3　　浙江、安徽与全国制造业结构数据

单位：亿元

| 编号 | 全国 | | 浙江 | | | | 安徽 | | | |
| --- | --- | --- | --- | --- | --- | --- | --- | --- | --- | --- |
| | 2011年 ($B_{j0}$) | 2014年 ($B_{jt}$) | 2011年 ($b_{j0}$) | 比重 (%) | 2014年 ($b_{jt}$) | 比重 (%) | 2011年 ($b_{j0}$) | 比重 (%) | 2014年 ($b_{jt}$) | 比重 (%) |
| 1 | 43 848.58 | 63 665.12 | 845.13 | 1.93 | 1 049.01 | 1.65 | 1 839.44 | 4.19 | 2 753.34 | 4.32 |
| 2 | 13 875.73 | 20 399.89 | 442.67 | 3.19 | 559.95 | 2.74 | 338.31 | 2.44 | 564.91 | 2.77 |
| 3 | 11 774.8 | 16 369.97 | 504.54 | 4.28 | 463.05 | 2.83 | 367.2 | 3.12 | 577.26 | 3.53 |
| 4 | 6 666.9 | 8 962.65 | 322.54 | 4.84 | 420.59 | 4.69 | 261.18 | 3.92 | 341.47 | 3.81 |
| 5 | 32 288.52 | 38 294.75 | 5 665.82 | 17.55 | 5 832.14 | 15.23 | 677.49 | 2.10 | 903.99 | 2.36 |
| 6 | 13 214.41 | 21 054.4 | 1 420.39 | 10.75 | 2 392.72 | 11.36 | 421.52 | 3.19 | 874.41 | 4.15 |
| 7 | 8 747.22 | 13 896.08 | 1 242.49 | 14.20 | 1 516.99 | 10.92 | 221.95 | 2.54 | 387.23 | 2.79 |
| 8 | 8 804.01 | 13 246.85 | 420.12 | 4.77 | 473.90 | 3.58 | 397.22 | 4.51 | 615.59 | 4.65 |
| 9 | 4 946.76 | 7 273.41 | 569.6 | 11.51 | 785.84 | 10.80 | 116.14 | 2.35 | 282.23 | 3.88 |
| 10 | 11 807.01 | 13 535.18 | 1 082.61 | 9.17 | 1 099.69 | 8.12 | 257.12 | 2.18 | 306.25 | 2.26 |
| 11 | 3 784.27 | 6 765.3 | 299.41 | 7.91 | 381.79 | 5.64 | 153.26 | 4.05 | 359.55 | 5.31 |
| 12 | 3 133.81 | 14 939.35 | 415.57 | 13.26 | 1 307.71 | 8.75 | 70.5 | 2.25 | 386.32 | 2.59 |
| 13 | 37 275.12 | 41 094.41 | 1 798.96 | 4.83 | 1 535.75 | 3.74 | 390.27 | 1.05 | 568.39 | 1.38 |
| 14 | 60 097.89 | 83 104.14 | 4 605.97 | 7.66 | 5 928.60 | 7.13 | 1 408.78 | 2.34 | 2 007.69 | 2.42 |
| 15 | 14 484.38 | 23 350.33 | 825.11 | 5.70 | 1 092.46 | 4.68 | 361.99 | 2.50 | 631.99 | 2.71 |
| 16 | 6 646.95 | 7 158.81 | 2 509.67 | 37.76 | 2 487.21 | 34.74 | 78.4 | 1.18 | 94.84 | 1.32 |
| 17 | 22 561.7 | 29 919.12 | 2 551.52 | 11.31 | 2 764.39 | 9.24 | 786.81 | 3.49 | 1 230.44 | 4.11 |
| 18 | 39 294.75 | 57 436.7 | 1 743.49 | 4.44 | 2 041.58 | 3.55 | 1 379.91 | 3.51 | 2 161.34 | 3.76 |

续表

| 编号 | 全国 | | 浙江 | | | | 安徽 | | | |
|---|---|---|---|---|---|---|---|---|---|---|
| | 2011年 ($B_{jt}$) | 2014年 ($B_{jt}$) | 2011年 ($b_{jt}$) | 比重 (%) | 2014年 ($b_{jt}$) | 比重 (%) | 2011年 ($b_{jt}$) | 比重 (%) | 2014年 ($b_{jt}$) | 比重 (%) |
| 19 | 65 909.31 | 74 332.77 | 2 196.83 | 3.33 | 2 556.25 | 3.44 | 2 012.66 | 3.05 | 2 337.04 | 3.14 |
| 20 | 36 869.42 | 51 312.09 | 2 089.63 | 5.67 | 2 481.83 | 4.84 | 1 716.04 | 4.65 | 2 615.85 | 5.10 |
| 21 | 22 951.33 | 36 396.44 | 2 052.24 | 8.94 | 2 455.42 | 6.75 | 695.83 | 3.03 | 1 189.28 | 3.27 |
| 22 | 40 157.93 | 47 016.78 | 3 811.12 | 9.49 | 4 348.29 | 9.25 | 1 201.47 | 2.99 | 1 827.41 | 3.89 |
| 23 | 26 059.6 | 34 826.39 | 1 255.2 | 4.82 | 1 577.62 | 4.53 | 629 | 2.41 | 1 288.60 | 3.70 |
| 24 | 63 131.95 | 85 977.12 | 3 684.29 | 5.84 | 3 812.86 | 4.43 | 1 994.56 | 3.16 | 2 247.24 | 2.61 |
| 25 | 50 148.85 | 66 977.77 | 4 939.64 | 9.85 | 5 822.93 | 8.69 | 2 630.64 | 5.25 | 4 159.95 | 6.21 |
| 26 | 63 474.89 | 85 486.3 | 2 103.54 | 3.31 | 2 716.91 | 3.18 | 521.61 | 0.82 | 1 593.18 | 1.86 |
| 27 | 7 468.83 | 8 347.58 | 672.03 | 9.00 | 690.33 | 8.27 | 112.87 | 1.51 | 171.57 | 2.06 |
| 28 | -7 193.49 | 2 579.38 | 702.68 | 9.77 | 311.11 | 12.06 | 130.19 | 1.81 | 93.63 | 3.63 |
| 29 | 2 645.28 | 3 668.55 | 330.01 | 12.48 | 357.87 | 9.76 | 259.66 | 9.82 | 419.41 | 11.43 |

表 4 - 4　江西、湖南与全国制造业结构数据

单位：亿元

| 编号 | 全国 | | 江西 | | | | 湖南 | | | |
|---|---|---|---|---|---|---|---|---|---|---|
| | 2011 年（$B_p$） | 2014 年（$B_{jt}$） | 2011 年（$b_p$） | 比重（%） | 2014 年（$b_{jt}$） | 比重（%） | 2011 年（$b_p$） | 比重（%） | 2014 年（$b_{jt}$） | 比重（%） |
| 1 | 43 848.58 | 63 665.12 | 832.70 | 1.90 | 1 709.36 | 2.68 | 1 988.8 | 4.54 | 2 599.82 | 4.08 |
| 2 | 13 875.73 | 20 399.89 | 271.23 | 1.95 | 493.77 | 2.42 | 605.88 | 4.37 | 856.88 | 4.20 |
| 3 | 11 774.8 | 16 369.97 | 159.37 | 1.35 | 310.37 | 1.90 | 384.11 | 3.26 | 553.23 | 3.38 |
| 4 | 6 666.9 | 8 962.65 | 107.62 | 1.61 | 178.59 | 1.99 | 618.43 | 9.28 | 816.49 | 9.11 |
| 5 | 32 288.52 | 38 294.75 | 648.39 | 2.01 | 993.65 | 2.59 | 523.41 | 1.62 | 588.76 | 1.54 |
| 6 | 13 214.41 | 21 054.4 | 404.06 | 3.06 | 1 233.51 | 5.86 | 218.9 | 1.66 | 277.54 | 1.32 |
| 7 | 8 747.22 | 13 896.08 | 231.38 | 2.65 | 506.98 | 3.65 | 203.28 | 2.32 | 378.35 | 2.72 |
| 8 | 8 804.01 | 13 246.85 | 250.00 | 2.84 | 390.84 | 2.95 | 543.31 | 6.17 | 629.20 | 4.75 |
| 9 | 4 946.76 | 7 273.41 | 82.90 | 1.68 | 177.30 | 2.44 | 186.63 | 3.77 | 246.48 | 3.39 |
| 10 | 11 807.01 | 13 535.18 | 210.94 | 1.79 | 307.68 | 2.27 | 554.27 | 4.69 | 620.17 | 4.58 |
| 11 | 3 784.27 | 6 765.3 | 95.52 | 2.52 | 299.46 | 4.43 | 150.52 | 3.98 | 332.17 | 4.91 |
| 12 | 3 133.81 | 14 939.35 | 85.71 | 2.73 | 468.76 | 3.14 | 54.94 | 1.75 | 262.45 | 1.76 |
| 13 | 37 275.12 | 41 094.41 | 436.03 | 1.17 | 545.26 | 1.33 | 662.58 | 1.78 | 695.72 | 1.69 |
| 14 | 60 097.89 | 83 104.14 | 1 631.77 | 2.72 | 2 219.55 | 2.67 | 2 056.48 | 3.42 | 2 755.68 | 3.32 |
| 15 | 14 484.38 | 23 350.33 | 591.21 | 4.08 | 1 020.39 | 4.37 | 468 | 3.23 | 771.21 | 3.30 |
| 16 | 6 646.95 | 7 158.81 | 56.96 | 0.86 | 77.52 | 1.08 | 40 | 0.60 | 26.40 | 0.37 |
| 17 | 22 561.7 | 29 919.12 | 332.59 | 1.47 | 575.00 | 1.92 | 418.75 | 1.86 | 529.57 | 1.77 |
| 18 | 39 294.75 | 57 436.7 | 1 345.90 | 3.43 | 2 469.62 | 4.30 | 1 649.86 | 4.20 | 2 540.52 | 4.42 |

| 编号 | 全国 | | 江西 | | | | 湖南 | | | |
|---|---|---|---|---|---|---|---|---|---|---|
| | 2011年 ($B_{j0}$) | 2014年 ($B_{ji}$) | 2011年 ($b_{j0}$) | 比重 (%) | 2014年 ($b_{ji}$) | 比重 (%) | 2011年 ($b_{j0}$) | 比重 (%) | 2014年 ($b_{ji}$) | 比重 (%) |
| 19 | 65 909.31 | 74 332.77 | 1 317.84 | 2.00 | 1 418.80 | 1.91 | 1 556.03 | 2.36 | 1 594.19 | 2.14 |
| 20 | 36 869.42 | 51 312.09 | 3 872.54 | 10.50 | 6 159.58 | 12.00 | 2 422.11 | 6.57 | 2 738.14 | 5.34 |
| 21 | 22 951.33 | 36 396.44 | 316.54 | 1.38 | 666.12 | 1.83 | 538.21 | 2.35 | 970.91 | 2.67 |
| 22 | 40 157.93 | 47 016.78 | 398.52 | 0.99 | 652.58 | 1.39 | 1 163.23 | 2.90 | 1 424.75 | 3.03 |
| 23 | 26 059.6 | 34 826.39 | 225.66 | 0.87 | 450.87 | 1.29 | 2 427.22 | 9.31 | 2 570.75 | 7.38 |
| 24 | 63 131.95 | 85 977.12 | 895.40 | 1.42 | 1 236.84 | 1.44 | 1 065.7 | 1.69 | 1 912.93 | 2.22 |
| 25 | 50 148.85 | 66 977.77 | 1 169.83 | 2.33 | 2 377.66 | 3.55 | 897.71 | 1.79 | 1 427.52 | 2.13 |
| 26 | 63 474.89 | 85 486.3 | 569.37 | 0.90 | 1 153.38 | 1.35 | 702.33 | 1.11 | 1 612.47 | 1.89 |
| 27 | 7 468.83 | 8 347.58 | 96.66 | 1.29 | 1 020.79 | 12.23 | 238.99 | 3.20 | 226.97 | 2.72 |
| 28 | 7 193.49 | 2 579.38 | 153.22 | 2.13 | 611.45 | 23.71 | 128.28 | 1.78 | 143.00 | 5.54 |
| 29 | 2 645.28 | 3 668.55 | 45.99 | 1.74 | 1 213.83 | 33.09 | 110.65 | 4.18 | 141.73 | 3.86 |

湖南省 4 烟草制品业（9.28%、9.11%）、20 有色金属冶炼及压延加工业（6.57%、5.34%）和 23 专用设备制造业（9.31%、7.38%）在全国占有份额较大。2011～2014 年，湖南省制造业绝大多数部门均出现不同幅度下降。

湖北省的 1 农副食品加工业（5.13%、6.72%），3 酒、饮料和精制茶制造业（6.49%、8.63%），4 烟草制品业（6.86%、6.24%）和 24 交通运输设备制造业（6.66%、6.64%）在全国占有一定份额。2011～2014 年，湖北省绝大多数制造业部门均有一定幅度增长。其中，28 工艺品及其他制造业增长幅度最大 4.87%（见表 4-5）。

重庆市 24 交通运输设备制造业（5.23%、6.22%）占有一定份额，其他部门所占份额多在 2% 以下，且绝大多数制造业部门出现增长态势。

贵州省的绝大多数制造业的份额均在 1% 以下，仅有 3 酒、饮料和精制茶制造业（2.61%、3.84%）和 4 烟草制品业（3.93%、4.01%）所占份额相对较大。2011～2014 年，贵州省绝大多制造业部门均出现不同程度增长。其中，份额增长幅度最大的是 3 酒、饮料和精制茶制造业，增长1.23%（见表 4-6）。

云南省除了 4 烟草制品业（16.59%、16.63%）在全国占有较大份额之外，其他绝大多数制造业的份额均在 1% 以下。但绝大多数制造业部门份额均有不同程度的增长。

四川省 3 酒、饮料和精制茶制造业（16.50%、15.05%），1 农副食品加工业（5.43%、4.19%），9 家具制造业（7.21%、6.275），15 医药制造业（5.79%、4.73%）和 18 非金属矿物制品业（5.35%、4.33%）在全国占有一定份额。2011～2014 年，四川省绝大多数制造业部门份额出现不同程度的下降（见表 4-7）。

单位: 亿元

表 4－5　湖北、重庆与全国制造业结构数据

| 编号 | 全国 | | 湖北 | | | | 重庆 | | | |
|---|---|---|---|---|---|---|---|---|---|---|
| | 2011年($B_{ji}$) | 2014年($B_{ji}$) | 2011年($b_{ji}$) | 比重(%) | 2014年($b_{ji}$) | 比重(%) | 2011年($b_{ji}$) | 比重(%) | 2014年($b_{ji}$) | 比重(%) |
| 1 | 43 848.58 | 63 665.12 | 2 248.25 | 5.13 | 4 280.41 | 6.72 | 455.96 | 1.04 | 773.21 | 1.21 |
| 2 | 13 875.73 | 20 399.89 | 524.08 | 3.78 | 943.54 | 4.63 | 129.93 | 0.94 | 199.77 | 0.98 |
| 3 | 11 774.8 | 16 369.97 | 764.57 | 6.49 | 1 411.95 | 8.63 | 121.78 | 1.03 | 171.23 | 1.05 |
| 4 | 6 666.9 | 8 962.65 | 457.43 | 6.86 | 559.04 | 6.24 | 115.58 | 1.73 | 151.79 | 1.69 |
| 5 | 32 288.52 | 38 294.75 | 1 246.3 | 3.86 | 2 109.70 | 5.51 | 177.46 | 0.55 | 182.85 | 0.48 |
| 6 | 13 214.41 | 21 054.4 | 518.77 | 3.93 | 847.24 | 4.02 | 57.22 | 0.43 | 112.54 | 0.53 |
| 7 | 8 747.22 | 13 896.08 | 60.86 | 0.70 | 172.22 | 1.24 | 88.02 | 1.01 | 167.30 | 1.20 |
| 8 | 8 804.01 | 13 246.85 | 183.46 | 2.08 | 394.32 | 2.98 | 24.82 | 0.28 | 58.56 | 0.44 |
| 9 | 4 946.76 | 7 273.41 | 42.72 | 0.86 | 143.82 | 1.98 | 61.60 | 1.25 | 88.25 | 1.21 |
| 10 | 11 807.01 | 13 535.18 | 340.69 | 2.89 | 488.22 | 3.61 | 125.02 | 1.06 | 241.15 | 1.78 |
| 11 | 3 784.27 | 6 765.3 | 132.78 | 3.51 | 305.48 | 4.52 | 58.63 | 1.55 | 137.64 | 2.03 |
| 12 | 3 133.81 | 14 939.35 | 74.21 | 2.37 | 136.91 | 0.92 | 15.41 | 0.49 | 82.90 | 0.55 |
| 13 | 37 275.12 | 41 094.41 | 754.86 | 2.03 | 896.76 | 2.18 | 49.59 | 0.13 | 65.56 | 0.16 |
| 14 | 60 097.89 | 83 104.14 | 2 129.45 | 3.54 | 3 792.76 | 4.56 | 714.24 | 1.19 | 807.90 | 0.97 |
| 15 | 14 484.38 | 23 350.33 | 521.84 | 3.60 | 946.29 | 4.05 | 204.37 | 1.41 | 376.08 | 1.61 |
| 16 | 6 646.95 | 7 158.81 | 64.59 | 0.97 | 80.14 | 1.12 | 6.51 | 0.10 | 5.79 | 0.08 |
| 17 | 22 561.7 | 29 919.12 | 529.07 | 2.34 | 1 065.49 | 3.56 | 230.10 | 1.02 | 452.82 | 1.51 |
| 18 | 39 294.75 | 57 436.7 | 1 420.71 | 3.62 | 2 809.28 | 4.89 | 583.82 | 1.49 | 991.25 | 1.73 |

续表

| 编号 | 全国 | | 湖北 | | | | 重庆 | | | |
|---|---|---|---|---|---|---|---|---|---|---|
| | 2011年 ($B_{j0}$) | 2014年 ($B_{jt}$) | 2011年 ($b_{j0}$) | 比重 (%) | 2014年 ($b_{jt}$) | 比重 (%) | 2011年 ($b_{j0}$) | 比重 (%) | 2014年 ($b_{jt}$) | 比重 (%) |
| 19 | 65 909.31 | 74 332.77 | 3 471.34 | 5.27 | 2 627.63 | 3.53 | 699.39 | 1.06 | 745.24 | 1.00 |
| 20 | 36 869.42 | 51 312.09 | 914.56 | 2.48 | 1 504.84 | 2.93 | 452.57 | 1.23 | 647.58 | 1.26 |
| 21 | 22 951.33 | 36 396.44 | 731.02 | 3.19 | 1 336.23 | 3.67 | 272.58 | 1.19 | 460.24 | 1.26 |
| 22 | 40 157.93 | 47 016.78 | 587.05 | 1.46 | 1 205.12 | 2.56 | 440.49 | 1.10 | 607.82 | 1.29 |
| 23 | 26 059.6 | 34 826.39 | 430.94 | 1.65 | 957.02 | 2.75 | 195.48 | 0.75 | 325.70 | 0.94 |
| 24 | 63 131.95 | 85 977.12 | 4 202.49 | 6.66 | 5 710.19 | 6.64 | 3 299.90 | 5.23 | 5 345.66 | 6.22 |
| 25 | 50 148.85 | 66 977.77 | 899.95 | 1.79 | 1 623.97 | 2.42 | 649.48 | 1.30 | 981.35 | 1.47 |
| 26 | 63 474.89 | 85 486.3 | 904.12 | 1.42 | 1 606.38 | 1.88 | 789.05 | 1.24 | 2 865.36 | 3.35 |
| 27 | 7 468.83 | 8 347.58 | 69.31 | 0.93 | 146.00 | 1.75 | 106.61 | 1.43 | 152.02 | 1.82 |
| 28 | 7 193.49 | 2 579.38 | 83.46 | 1.16 | 155.54 | 6.03 | 65.97 | 0.92 | 72.67 | 2.82 |
| 29 | 2 645.28 | 3 668.55 | 58.86 | 2.23 | 128.34 | 3.50 | 78.84 | 2.98 | 22.08 | 0.60 |

单位：亿元

表 4-6　贵州、云南与全国制造业结构数据

| 编号 | 全国 2011年 ($B_{ji}$) | 全国 2014年 ($B_{ji}$) | 贵州 2011年 ($b_{ji}$) | 贵州 比重(%) | 贵州 2014年 ($b_{ji}$) | 贵州 比重(%) | 云南 2011年 ($b_{ji}$) | 云南 比重(%) | 云南 2014年 ($b_{ji}$) | 云南 比重(%) |
|---|---|---|---|---|---|---|---|---|---|---|
| 1 | 43 848.58 | 63 665.12 | 130.43 | 0.30 | 242.43 | 0.38 | 299.03 | 0.68 | 524.5 | 0.82 |
| 2 | 13 875.73 | 20 399.89 | 77.28 | 0.56 | 118.51 | 0.58 | 92.95 | 0.67 | 182.33 | 0.89 |
| 3 | 11 774.8 | 16 369.97 | 306.95 | 2.61 | 628.88 | 3.84 | 113.46 | 0.96 | 224.32 | 1.37 |
| 4 | 6 666.9 | 8 962.65 | 262.01 | 3.93 | 359.53 | 4.01 | 1 105.82 | 16.59 | 1 490.77 | 16.63 |
| 5 | 32 288.52 | 38 294.75 | 7.07 | 0.02 | 8.66 | 0.02 | 14.35 | 0.04 | 23.6 | 0.06 |
| 6 | 13 214.41 | 21 054.4 | 6.28 | 0.05 | 26.15 | 0.12 | 1.74 | 0.01 | 9.57 | 0.05 |
| 7 | 8 747.22 | 13 896.08 | 1.91 | 0.02 | 47.78 | 0.34 | 2.52 | 0.03 | 8.28 | 0.06 |
| 8 | 8 804.01 | 13 246.85 | 46.6 | 0.53 | 129.72 | 0.98 | 27.64 | 0.31 | 69.37 | 0.52 |
| 9 | 4 946.76 | 7 273.41 | 7.3 | 0.15 | 21.09 | 0.29 | 0.87 | 0.02 | 3 | 0.04 |
| 10 | 11 807.01 | 13 535.18 | 38.51 | 0.33 | 57.52 | 0.42 | 52.84 | 0.45 | 56.97 | 0.42 |
| 11 | 3 784.27 | 6 765.3 | 13.41 | 0.35 | 21.62 | 0.32 | 56.73 | 1.50 | 58.13 | 0.86 |
| 12 | 3 133.81 | 14 939.35 | 1.08 | 0.03 | 14.35 | 0.10 | 17.64 | 0.56 | 70.43 | 0.47 |
| 13 | 37 275.12 | 41 094.41 | 70.53 | 0.19 | 124.85 | 0.30 | 239.7 | 0.64 | 224.4 | 0.55 |
| 14 | 60 097.89 | 83 104.14 | 570.66 | 0.95 | 808.41 | 0.97 | 726.16 | 1.21 | 769.71 | 0.93 |
| 15 | 14 484.38 | 23 350.33 | 182.91 | 1.26 | 297.57 | 1.27 | 158.08 | 1.09 | 247.91 | 1.06 |
| 16 | 6 646.95 | 7 158.81 | — | — | — | — | 12.8 | 0.19 | 15.22 | 0.21 |
| 17 | 22 561.7 | 29 919.12 | 138.74 | 0.61 | 160.56 | 0.54 | 49.11 | 0.22 | 145.92 | 0.49 |
| 18 | 39 294.75 | 57 436.7 | 261.29 | 0.66 | 800.76 | 1.39 | 273.28 | 0.70 | 454.3 | 0.79 |

续表

| 编号 | 全国 2011年 ($B_p$) | 全国 2014年 ($B_{ji}$) | 贵州 2011年 ($b_p$) | 贵州 比重 (%) | 贵州 2014年 ($b_{ji}$) | 贵州 比重 (%) | 云南 2011年 ($b_p$) | 云南 比重 (%) | 云南 2014年 ($b_{ji}$) | 云南 比重 (%) |
|---|---|---|---|---|---|---|---|---|---|---|
| 19 | 65 909.31 | 74 332.77 | 496.04 | 0.75 | 600.91 | 0.81 | 953.24 | 1.45 | 1 021.61 | 1.37 |
| 20 | 36 869.42 | 51 312.09 | 276.77 | 0.75 | 350.71 | 0.68 | 1 290.02 | 3.50 | 1 856.36 | 3.62 |
| 21 | 22 951.33 | 36 396.44 | 52.29 | 0.23 | 140.8 | 0.39 | 56.12 | 0.24 | 104.55 | 0.29 |
| 22 | 40 157.93 | 47 016.78 | 55.07 | 0.14 | 78.8 | 0.17 | 79.31 | 0.20 | 80.38 | 0.17 |
| 23 | 26 059.6 | 34 826.39 | 35.09 | 0.13 | 86.14 | 0.25 | 59.56 | 0.23 | 86.46 | 0.25 |
| 24 | 63 131.95 | 85 977.12 | 179.2 | 0.28 | 488.19 | 0.57 | 145.78 | 0.23 | 186.87 | 0.22 |
| 25 | 50 148.85 | 66 977.77 | 76.53 | 0.15 | 131.46 | 0.20 | 80.34 | 0.16 | 114.58 | 0.17 |
| 26 | 63 474.89 | 85 486.3 | 45.14 | 0.07 | 96.06 | 0.11 | 18.78 | 0.03 | 33.65 | 0.04 |
| 27 | 7 468.83 | 8 347.58 | 9.32 | 0.12 | 16.72 | 0.20 | 11.9 | 0.16 | 23.37 | 0.28 |
| 28 | 7 193.49 | 2 579.38 | 16.54 | 0.23 | 51.49 | 2.00 | 6.43 | 0.09 | 13.9 | 0.54 |
| 29 | 2 645.28 | 3 668.55 | 3.81 | 0.14 | 4.08 | 0.11 | 1.47 | 0.06 | 11.72 | 0.32 |

注："—"表示数据缺失。

表 4 - 7　　　　　　　　　　　四川与全国制造业结构数据　　　　　　　单位：亿元

| 编号 | 全国 | | 四川 | | | |
|---|---|---|---|---|---|---|
| | 2011 年 ($B_{j0}$) | 2014 年 ($B_{jt}$) | 2011 年 ($b_{j0}$) | 比重 (%) | 2014 年 ($b_{jt}$) | 比重 (%) |
| 1 | 43 848.58 | 63 665.12 | 2 382 | 5.43 | 2 669.02 | 4.19 |
| 2 | 13 875.73 | 20 399.89 | 537.63 | 3.87 | 868.44 | 4.26 |
| 3 | 11 774.8 | 16 369.97 | 1 942.78 | 16.50 | 2 463.45 | 15.05 |
| 4 | 6 666.9 | 8 962.65 | 199.33 | 2.99 | 265.09 | 2.96 |
| 5 | 32 288.52 | 38 294.75 | 770.13 | 2.39 | 858.89 | 2.24 |
| 6 | 13 214.41 | 21 054.4 | 157.89 | 1.19 | 197.98 | 0.94 |
| 7 | 8 747.22 | 13 896.08 | 300.08 | 3.43 | 256.99 | 1.85 |
| 8 | 8 804.01 | 13 246.85 | 266.86 | 3.03 | 342.08 | 2.58 |
| 9 | 4 946.76 | 7 273.41 | 356.88 | 7.21 | 456.22 | 6.27 |
| 10 | 11 807.01 | 13 535.18 | 473.68 | 4.01 | 478.77 | 3.54 |
| 11 | 3 784.27 | 6 765.3 | 178.1 | 4.71 | 271.33 | 4.01 |
| 12 | 3 133.81 | 14 939.35 | 75 | 2.39 | 99.26 | 0.66 |
| 13 | 37 275.12 | 41 094.41 | 499.89 | 1.34 | 811.8 | 1.98 |
| 14 | 60 097.89 | 83 104.14 | 2 021.09 | 3.36 | 2 330.04 | 2.80 |
| 15 | 14 484.38 | 23 350.33 | 838.62 | 5.79 | 1 104.36 | 4.73 |
| 16 | 6 646.95 | 7 158.81 | 180.85 | 2.72 | 199.56 | 2.79 |
| 17 | 22 561.7 | 29 919.12 | 643.37 | 2.85 | 860.09 | 2.87 |
| 18 | 39 294.75 | 57 436.7 | 2 103.72 | 5.35 | 2 485.83 | 4.33 |
| 19 | 65 909.31 | 74 332.77 | 2 348.74 | 3.56 | 2 638.59 | 3.55 |
| 20 | 36 869.42 | 51 312.09 | 810.02 | 2.20 | 716.08 | 1.40 |
| 21 | 22 951.33 | 36 396.44 | 736.83 | 3.21 | 968.33 | 2.66 |
| 22 | 40 157.93 | 47 016.78 | 1 469.7 | 3.66 | 1 792.54 | 3.81 |
| 23 | 26 059.6 | 34 826.39 | 1 043.49 | 4.00 | 1 174.96 | 3.37 |
| 24 | 63 131.95 | 85 977.12 | 1 448.34 | 2.29 | 2 772.95 | 3.23 |
| 25 | 50 148.85 | 66 977.77 | 877.95 | 1.75 | 1 100.67 | 1.64 |
| 26 | 63 474.89 | 85 486.3 | 2 080.1 | 3.28 | 3 916.22 | 4.58 |
| 27 | 7 468.83 | 8 347.58 | 72.24 | 0.97 | 66.36 | 0.79 |
| 28 | 7 193.49 | 2 579.38 | 70.01 | 0.97 | 138.04 | 5.35 |
| 29 | 2 645.28 | 3 668.55 | 39.9 | 1.51 | 146.45 | 3.99 |

## 第二节　长江经济带制造业的偏移份额分析

### 一、长江经济带制造业整体分析

按照我国产业统计分类体系，把长江经济带制造业划分为 29 个完备的部门，收集相关数据建造 Shift-share 分析表，根据 Shift-share 分析表计和分析判断各产业部门发展态势。

由表 4 – 8 可知，在 2011～2014 年期间，长江经济带制造业增长速度较快的部门是 29 废弃资源和废旧材料回收加工业（比全国高 80%），28 工艺品及其他制造业（比全国高 63%），27 仪器仪表及文化、办公用机械制造业（比全国高 49%），22 通用设备制造业（比全国高 15%），2 食品制造业（比全国高 10%）。与此相比较，发展速度相对下降较快的部门是 12 文教、工美、体育和娱乐用品制造业（比全国低 183%），21 金属制品业（比全国低 14%），7 皮革、毛皮、羽毛（绒）及其制品业（比全国低 12%）。对经济增长贡献较大的部门是 1 农副食品加工业，12 文教、工美、体育和娱乐用品制造业，14 化学原料及化学制品制造业，18 非金属矿物制品业，20 有色金属冶炼及压延加工业，24 交通运输设备制造业，25 电气机械及器材制造业，26 通信设备、计算机及其他电子设备制造业。竞争力较强的部门是 1 农副食品加工业，18 非金属矿物制品业，22 通用设备制造业，25 电气机械和器材制造业，27 仪器仪表及文化、办公用机械制造业，28 工艺品及其他制造业，29 废弃资源与废旧材料回收加工业。

表 4 – 8　　　　长江经济带制造业结构 Shift-share 分析表

| 编号 | $b'_{ij}$ | $b_{ij,0} - b'_{ij}$ | $r_{ij} - R_j$ | $G_{ij}$ | $N_{ij}$ | $P_{ij}$ | $D_{ij}$ | $PD_{ij}$ |
|---|---|---|---|---|---|---|---|---|
| 1 | 836.67 | 13 078.40 | 0.07 | 7 297.90 | 378.12 | 5 910.53 | 1 009.25 | 6 919.78 |
| 2 | 77.13 | 3 976.69 | 0.10 | 2 315.20 | 36.27 | 1 869.78 | 409.15 | 2 278.93 |
| 3 | 90.51 | 5 515.30 | 0.02 | 2 299.99 | 35.32 | 2 152.37 | 112.30 | 2 264.67 |
| 4 | 41.35 | 4 481.70 | −0.02 | 1 466.64 | 14.24 | 1 543.28 | −90.88 | 1 452.40 |
| 5 | 698.89 | 15 086.09 | −0.02 | 2 662.83 | 130.01 | 2 806.28 | −273.45 | 2 532.83 |

| 编号 | $b'_{ij}$ | $b_{ij,0} - b'_{ij}$ | $r_{ij} - R_j$ | $G_{ij}$ | $N_{ij}$ | $P_{ij}$ | $D_{ij}$ | $PD_{ij}$ |
|---|---|---|---|---|---|---|---|---|
| 6 | 121.46 | 6 581.34 | − 0.03 | 3 801.48 | 72.06 | 3 904.65 | − 175.23 | 3 729.42 |
| 7 | 37.04 | 3 050.77 | − 0.12 | 1 437.91 | 21.80 | 1 795.77 | − 379.66 | 1 416.11 |
| 8 | 42.92 | 3 512.43 | − 0.02 | 1 720.90 | 21.66 | 1 772.51 | − 73.27 | 1 699.24 |
| 9 | 12.63 | 1 849.44 | 0.03 | 924.99 | 5.94 | 869.86 | 49.19 | 919.05 |
| 10 | 74.90 | 4 551.32 | 0.02 | 769.66 | 10.96 | 666.17 | 92.53 | 758.70 |
| 11 | 8.63 | 1 655.16 | 0.07 | 1 419.05 | 6.80 | 1 303.84 | 108.41 | 1 412.25 |
| 12 | 7.42 | 1 720.27 | − 1.83 | 3 349.36 | 27.97 | 6 480.50 | − 3 159.11 | 3 321.40 |
| 13 | 436.78 | 8 108.46 | − 0.02 | 726.90 | 44.75 | 830.81 | − 148.66 | 682.15 |
| 14 | 2 492.72 | 27 755.46 | − 0.05 | 10 151.74 | 954.25 | 10 625.15 | − 1 427.66 | 9 197.49 |
| 15 | 127.48 | 6 290.69 | − 0.03 | 3 729.65 | 78.03 | 3 850.56 | − 198.93 | 3 651.63 |
| 16 | 47.74 | 5 189.94 | − 0.08 | 308.38 | 3.68 | 399.66 | 0.00 | 399.66 |
| 17 | 268.11 | 8 397.95 | − 0.01 | 2 733.96 | 87.43 | 2 738.59 | − 92.06 | 2 646.53 |
| 18 | 777.06 | 13 644.33 | 0.06 | 7 498.55 | 358.76 | 6 299.43 | 840.35 | 7 139.78 |
| 19 | 2 404.09 | 24 196.29 | − 0.08 | 1 299.07 | 307.25 | 3 092.38 | − 2 100.56 | 991.82 |
| 20 | 874.48 | 16 422.38 | − 0.05 | 5 979.53 | 342.55 | 6 433.06 | − 796.08 | 5 636.97 |
| 21 | 328.98 | 10 124.04 | − 0.14 | 4 661.18 | 192.03 | 5 930.76 | − 1 462.30 | 4 468.46 |
| 22 | 961.14 | 16 493.10 | 0.15 | 5 553.49 | 164.16 | 2 816.97 | 2 572.36 | 5 389.33 |
| 23 | 406.28 | 10 963.34 | − 0.01 | 3 757.80 | 136.68 | 3 688.21 | − 67.09 | 3 621.12 |
| 24 | 2 628.67 | 27 736.16 | − 0.02 | 10 520.36 | 951.22 | 10 036.71 | − 467.57 | 9 569.14 |
| 25 | 1 785.54 | 24 179.80 | 0.03 | 9 537.57 | 599.19 | 8 114.24 | 824.14 | 8 938.38 |
| 26 | 2 484.65 | 26 061.49 | 0.01 | 10 171.99 | 861.61 | 9 037.44 | 272.95 | 9 310.38 |
| 27 | 39.62 | 3 828.98 | 0.49 | 2 332.11 | 4.66 | 450.50 | 1 876.94 | 2 327.45 |
| 28 | 19.27 | 1 934.31 | 0.63 | − 14.91 | − 12.36 | − 1 240.72 | 1 238.17 | − 2.55 |
| 29 | 4.54 | 1 247.24 | 0.80 | 1 486.36 | 1.76 | 482.47 | 1 002.13 | 1 484.60 |

　　分省市来看，上海市 29 个制造业部门经济增长速度均低于全国发展速度（$r_{ij} - R_j < 0$）。其中，下降相对较快的部门是 11 印刷业和记录媒介的复制（比全国低 79%），12 文教、工美、体育和娱乐用品制造业（比全国低 153%）。从部门结构来看，对上海市制造业经济增长贡献较大的部门是 24 交通运输设备制造业，26 通信设备、计算机及其他电子设备制造业，14 化学原料及化学制品制造业。4 烟草制品业和 16 化学纤维制造业竞争力相对较强（见表 4 - 9）。

表 4 – 9                          上海制造业结构 Shift-share 分析表

| 编号 | $b'_{ij}$ | $b_{ij,0} - b'_{ij}$ | $r_{ij} - R_j$ | $G_{ij}$ | $N_{ij}$ | $P_{ij}$ | $D_{ij}$ | $PD_{ij}$ |
|---|---|---|---|---|---|---|---|---|
| 1 | 20.24 | 316.35 | – 0.20 | 85.26 | 9.15 | 142.97 | – 66.86 | 76.11 |
| 2 | 10.43 | 537.55 | – 0.16 | 171.40 | 4.90 | 252.75 | – 86.25 | 166.50 |
| 3 | 3.12 | 189.83 | – 0.71 | – 61.32 | 1.22 | 74.08 | – 136.62 | – 62.54 |
| 4 | 6.12 | 663.37 | 0.05 | 262.54 | 2.11 | 228.43 | 32.00 | 260.43 |
| 5 | 17.33 | 374.13 | – 0.57 | – 150.63 | 3.22 | 69.59 | – 223.45 | – 153.85 |
| 6 | 8.37 | 453.74 | – 0.72 | – 56.74 | 4.97 | 269.20 | – 330.91 | – 61.71 |
| 7 | 1.83 | 150.40 | – 0.34 | 37.52 | 1.07 | 88.53 | – 52.09 | 36.45 |
| 8 | 0.98 | 80.26 | – 0.55 | – 3.53 | 0.49 | 40.50 | – 44.53 | – 4.02 |
| 9 | 1.65 | 241.77 | – 0.32 | 36.84 | 0.78 | 113.71 | – 77.65 | 36.06 |
| 10 | 4.59 | 279.10 | – 0.08 | 19.14 | 0.67 | 40.85 | – 22.38 | 18.47 |
| 11 | 1.00 | 191.22 | – 0.79 | – 0.87 | 0.79 | 150.63 | – 152.29 | – 1.66 |
| 12 | 0.64 | 147.14 | – 1.53 | 331.24 | 2.39 | 554.32 | – 225.47 | 328.85 |
| 13 | 84.89 | 1 575.93 | – 0.24 | – 228.64 | 8.70 | 161.47 | – 398.81 | – 237.34 |
| 14 | 215.15 | 2 395.57 | – 0.30 | 210.42 | 82.36 | 917.06 | – 789.00 | 128.06 |
| 15 | 8.92 | 440.32 | – 0.24 | 166.83 | 5.46 | 269.52 | – 108.15 | 161.37 |
| 16 | 0.43 | 46.62 | – 0.08 | – 5.42 | 0.03 | 3.59 | 0.00 | 3.59 |
| 17 | 27.79 | 870.50 | – 0.28 | 38.27 | 9.06 | 283.87 | – 254.66 | 29.21 |
| 18 | 30.30 | 532.11 | – 0.39 | 41.93 | 13.99 | 245.67 | – 217.73 | 27.94 |
| 19 | 202.08 | 2 033.86 | – 0.32 | – 424.72 | 25.83 | 259.94 | – 710.48 | – 450.55 |
| 20 | 25.01 | 469.73 | – 0.47 | – 39.91 | 9.80 | 184.00 | – 233.71 | – 49.71 |
| 21 | 29.21 | 899.01 | – 0.51 | 66.64 | 17.11 | 526.65 | – 477.12 | 49.53 |
| 22 | 143.31 | 2 459.23 | – 0.11 | 160.61 | 24.48 | 420.03 | – 283.90 | 136.13 |
| 23 | 45.62 | 1 231.02 | – 0.46 | – 162.54 | 15.35 | 414.13 | – 592.02 | – 177.89 |
| 24 | 516.52 | 5 450.07 | – 0.12 | 1 451.11 | 186.91 | 1 972.18 | – 707.98 | 1 264.20 |
| 25 | 149.09 | 2 019.01 | – 0.27 | 143.85 | 50.03 | 677.54 | – 583.72 | 93.82 |
| 26 | 531.95 | 5 579.63 | – 0.41 | – 378.55 | 184.47 | 1 934.87 | – 2 497.88 | – 563.02 |
| 27 | 3.91 | 377.51 | – 0.20 | – 32.17 | 0.46 | 44.42 | – 77.05 | – 32.63 |
| 28 | 3.68 | 369.03 | – 0.21 | – 318.20 | – 2.36 | – 236.71 | – 79.13 | – 315.84 |
| 29 | 0.16 | 42.74 | – 0.63 | – 10.38 | 0.06 | 16.53 | – 26.97 | – 10.44 |

　　江苏省制造业经济增长速度与全国相比，有升有降。其中，下降相对较快的部门是 12 文教、工美、体育和娱乐用品制造业（比全国低 247%）和 29 废弃资源和废旧材料回收加工业（比全国低 46%）；上升较快的部门是 28 工艺品及其他制造业（比全国高 95%），27 仪器仪表及文化、办

公用机械制造业（比全国高47%），11 印刷业和记录媒介的复制（比全国高39%）和1 食品制造业（比全国高30%）。从制造业部门结构看，对江苏省制造业经济增长贡献较大的部门是12 文教、工美、体育和娱乐用品制造业，14 化学原料及化学制品制造业，21 金属制品业，24 交通运输设备制造业，25 电气机械及器材制造业和26 通信设备、计算机及其他电子设备制造业。竞争力较强的部门是1 农副食品加工业，22 通用设备制造业和27 仪器仪表及文化、办公用机械制造业（见表4－10）。

表4－10　　　　　　江苏省制造业结构 Shift-share 分析表

| 编号 | $b'_{ij}$ | $b_{ij,0} - b'_{ij}$ | $r_{ij} - R_j$ | $G_{ij}$ | $N_{ij}$ | $P_{ij}$ | $D_{ij}$ | $PD_{ij}$ |
|---|---|---|---|---|---|---|---|---|
| 1 | 153.73 | 2 403.01 | 0.19 | 1 633.28 | 69.48 | 1 086.00 | 477.81 | 1 563.80 |
| 2 | 9.24 | 476.64 | 0.30 | 375.65 | 4.35 | 224.11 | 147.20 | 371.30 |
| 3 | 12.08 | 736.02 | −0.09 | 222.33 | 4.71 | 287.24 | −69.62 | 217.62 |
| 4 | 3.69 | 399.93 | −0.17 | 70.68 | 1.27 | 137.72 | −68.31 | 69.41 |
| 5 | 250.74 | 5 412.36 | 0.00 | 1 041.64 | 46.64 | 1 006.79 | −11.80 | 995.00 |
| 6 | 54.98 | 2 978.94 | −0.23 | 1 093.33 | 32.62 | 1 767.38 | −706.67 | 1 060.71 |
| 7 | 6.99 | 576.10 | −0.06 | 310.76 | 4.12 | 339.11 | −32.46 | 306.64 |
| 8 | 15.86 | 1 298.22 | 0.09 | 780.88 | 8.01 | 655.13 | 117.74 | 772.87 |
| 9 | 1.32 | 192.69 | 0.09 | 108.56 | 0.62 | 90.63 | 17.31 | 107.94 |
| 10 | 19.54 | 1 187.31 | 0.04 | 229.78 | 2.86 | 173.78 | 53.14 | 226.92 |
| 11 | 1.73 | 331.48 | 0.39 | 391.11 | 1.36 | 261.12 | 128.63 | 389.75 |
| 12 | 3.31 | 766.54 | −2.47 | 999.09 | 12.46 | 2 887.68 | −1 901.05 | 986.63 |
| 13 | 101.31 | 1 880.70 | 0.09 | 389.46 | 10.38 | 192.70 | 186.38 | 379.08 |
| 14 | 970.19 | 10 802.67 | −0.01 | 4 385.58 | 371.40 | 4 135.40 | −121.22 | 4 014.18 |
| 15 | 36.08 | 1 780.72 | 0.06 | 1 226.69 | 22.09 | 1 089.98 | 114.62 | 1 204.60 |
| 16 | 20.42 | 2 220.43 | −0.08 | 276.89 | 1.57 | 170.99 | 0.00 | 170.99 |
| 17 | 64.59 | 2 023.12 | −0.04 | 591.48 | 21.06 | 659.74 | −89.33 | 570.42 |
| 18 | 166.87 | 2 930.13 | 0.01 | 1 464.11 | 77.04 | 1 352.81 | 34.26 | 1 387.07 |
| 19 | 841.63 | 8 470.70 | 0.00 | 1 235.64 | 107.56 | 1 082.59 | 45.49 | 1 128.08 |
| 20 | 149.54 | 2 808.32 | −0.12 | 792.72 | 58.58 | 1 100.09 | −365.95 | 734.14 |
| 21 | 128.19 | 3 944.95 | −0.16 | 1 754.32 | 75.09 | 2 310.99 | −631.76 | 1 679.23 |
| 22 | 310.89 | 5 334.85 | 0.29 | 2 581.16 | 53.10 | 911.18 | 1 616.89 | 2 528.06 |
| 23 | 135.48 | 3 655.86 | 0.11 | 1 703.86 | 45.58 | 1 229.88 | 428.40 | 1 658.28 |
| 24 | 647.76 | 6 834.82 | −0.06 | 2 271.18 | 234.40 | 2 473.27 | −436.50 | 2 036.78 |
| 25 | 795.98 | 10 779.19 | 0.00 | 3 875.70 | 267.12 | 3 617.27 | −8.69 | 3 608.58 |

| 编号 | $b_{ij}'$ | $b_{ij,0}-b_{ij}'$ | $r_{ij}-R_j$ | $G_{ij}$ | $N_{ij}$ | $P_{ij}$ | $D_{ij}$ | $PD_{ij}$ |
|---|---|---|---|---|---|---|---|---|
| 26 | 1 279.53 | 13 420.99 | −0.16 | 2 690.97 | 443.71 | 4 654.04 | −2 406.78 | 2 247.26 |
| 27 | 21.48 | 2 075.77 | 0.47 | 1 240.08 | 2.53 | 244.23 | 993.33 | 1 237.55 |
| 28 | 2.21 | 221.88 | 0.95 | 69.24 | −1.42 | −142.32 | 212.98 | 70.66 |
| 29 | 1.01 | 278.68 | −0.46 | −19.58 | 0.39 | 107.80 | −127.77 | −19.97 |

浙江省制造业 29 个部门绝大多数增长速度均低于全国发展速度。其中，下降相对较快的部门是 12 文教、工美、体育和娱乐用品制造业（比全国低 162%），11 印刷业和记录媒介的复制（比全国低 51%），3 酒、饮料和精制茶制造业（比全国低 47%）和 21 金属制品业（比全国低 39%）。从制造业部门结构看，对浙江省经济增长贡献较大的部门是 5 纺织业，12 文教、工美、体育和娱乐用品制造业，14 化学原料及化学制品制造业，21 金属制品业，24 交通运输设备制造业和 25 电气机械及器材制造业。竞争力较强的部门是 6 纺织服装、鞋、帽制造业，19 黑色金属冶炼及压延加工业和 28 工艺品及其他制造业（见表 4 - 11）。

表 4 - 11　　　　　浙江省制造业结构 Shift-share 分析表

| 编号 | $b_{ij}'$ | $b_{ij,0}-b_{ij}'$ | $r_{ij}-R_j$ | $G_{ij}$ | $N_{ij}$ | $P_{ij}$ | $D_{ij}$ | $PD_{ij}$ |
|---|---|---|---|---|---|---|---|---|
| 1 | 50.82 | 794.31 | −0.21 | 203.88 | 22.97 | 358.98 | −178.06 | 180.91 |
| 2 | 8.42 | 434.25 | −0.21 | 117.28 | 3.96 | 204.18 | −90.86 | 113.32 |
| 3 | 8.15 | 496.39 | −0.47 | −41.49 | 3.18 | 193.72 | −238.39 | −44.67 |
| 4 | 2.95 | 319.59 | −0.04 | 98.05 | 1.02 | 110.05 | −13.02 | 97.03 |
| 5 | 250.86 | 5 414.96 | −0.16 | 166.32 | 46.66 | 1 007.28 | −887.62 | 119.66 |
| 6 | 25.74 | 1 394.65 | 0.09 | 972.33 | 15.27 | 827.43 | 129.63 | 957.06 |
| 7 | 14.90 | 1 227.59 | −0.37 | 274.50 | 8.77 | 722.59 | −456.86 | 265.73 |
| 8 | 5.07 | 415.05 | −0.38 | 53.78 | 2.56 | 209.45 | −158.23 | 51.22 |
| 9 | 3.86 | 565.74 | −0.09 | 216.24 | 1.82 | 266.09 | −51.66 | 214.42 |
| 10 | 17.53 | 1 065.08 | −0.13 | 17.08 | 2.57 | 155.89 | −141.38 | 14.51 |
| 11 | 1.55 | 297.86 | −0.51 | 82.38 | 1.22 | 234.63 | −153.48 | 81.16 |
| 12 | 1.79 | 413.78 | −1.62 | 892.14 | 6.73 | 1 558.79 | −673.38 | 885.41 |
| 13 | 91.95 | 1 707.01 | −0.25 | −263.21 | 9.42 | 174.90 | −447.54 | −272.63 |
| 14 | 379.57 | 4 226.40 | −0.10 | 1 322.63 | 145.31 | 1 617.92 | −440.59 | 1 177.32 |
| 15 | 16.39 | 808.72 | −0.29 | 267.35 | 10.03 | 495.02 | −237.70 | 257.32 |

| 编号 | $b'_{ij}$ | $b_{ij,0} - b'_{ij}$ | $r_{ij} - R_j$ | $G_{ij}$ | $N_{ij}$ | $P_{ij}$ | $D_{ij}$ | $PD_{ij}$ |
|---|---|---|---|---|---|---|---|---|
| 16 | 22.87 | 2 486.80 | −0.08 | −22.46 | 1.76 | 191.50 | 0.00 | 191.50 |
| 17 | 78.94 | 2 472.58 | −0.24 | 212.87 | 25.74 | 806.31 | −619.19 | 187.13 |
| 18 | 93.94 | 1 649.55 | −0.29 | 298.09 | 43.37 | 761.58 | −506.86 | 254.72 |
| 19 | 198.54 | 1 998.29 | 0.04 | 359.42 | 25.37 | 255.39 | 78.66 | 334.05 |
| 20 | 105.65 | 1 983.98 | −0.20 | 392.20 | 41.38 | 777.18 | −426.36 | 350.82 |
| 21 | 64.59 | 1 987.65 | −0.39 | 403.18 | 37.84 | 1 164.39 | −799.04 | 365.34 |
| 22 | 209.86 | 3 601.26 | −0.03 | 537.17 | 35.84 | 615.08 | −113.76 | 501.33 |
| 23 | 44.85 | 1 210.35 | −0.08 | 322.42 | 15.09 | 407.18 | −99.85 | 307.33 |
| 24 | 318.95 | 3 365.34 | −0.33 | 128.57 | 115.42 | 1 217.80 | −1 204.64 | 13.15 |
| 25 | 339.68 | 4 599.96 | −0.16 | 883.29 | 113.99 | 1 543.65 | −774.35 | 769.30 |
| 26 | 183.09 | 1 920.45 | −0.06 | 613.37 | 63.49 | 665.96 | −116.08 | 549.88 |
| 27 | 6.88 | 665.15 | −0.09 | 18.30 | 0.81 | 78.26 | −60.77 | 17.49 |
| 28 | 6.93 | 695.75 | 0.08 | −391.57 | −4.45 | −446.27 | 59.15 | −387.12 |
| 29 | 1.20 | 328.81 | −0.30 | 27.86 | 0.46 | 127.19 | −99.80 | 27.40 |

安徽省绝大多数制造业部门经济增长速度都高于全国发展速度。其中，26 通信设备、计算机及其他电子设备制造业（比全国高 171%），23 专用设备制造业（比全国高 71%），9 家具制造业（比全国高 96%）和 11 印刷业和记录媒介的复制（比全国高 56%）相对发展速度较快。从制造业部门结构看，对安徽省制造业经济增长贡献大的是 24 交通运输设备制造业，25 电气机械及器材制造业，1 农副食品加工业，20 有色金属冶炼及压延加工业和 18 非金属矿物制品业。竞争力较强的部门是 25 电气机械及器材制造业，22 通用设备制造业，23 专用设备制造业和 26 通信设备、计算机及其他电子设备制造业（见表 4 - 12）。

表 4 - 12　　　　　安徽省制造业结构 Shift-share 分析表

| 编号 | $b'_{ij}$ | $b_{ij,0} - b'_{ij}$ | $r_{ij} - R_j$ | $G_{ij}$ | $N_{ij}$ | $P_{ij}$ | $D_{ij}$ | $PD_{ij}$ |
|---|---|---|---|---|---|---|---|---|
| 1 | 110.60 | 1 728.84 | 0.04 | 913.90 | 49.98 | 781.32 | 82.60 | 863.92 |
| 2 | 6.44 | 331.87 | 0.20 | 226.60 | 3.03 | 156.04 | 67.53 | 223.57 |
| 3 | 5.93 | 361.27 | 0.18 | 210.06 | 2.31 | 140.99 | 66.76 | 207.75 |
| 4 | 2.39 | 258.79 | −0.04 | 80.29 | 0.82 | 89.12 | −9.65 | 79.47 |
| 5 | 30.00 | 647.49 | 0.15 | 226.50 | 5.58 | 120.45 | 100.47 | 220.92 |

续表

| 编号 | $b'_{ij}$ | $b_{ij,0} - b'_{ij}$ | $r_{ij} - R_j$ | $G_{ij}$ | $N_{ij}$ | $P_{ij}$ | $D_{ij}$ | $PD_{ij}$ |
|---|---|---|---|---|---|---|---|---|
| 6 | 7.64 | 413.88 | 0.48 | 452.89 | 4.53 | 245.55 | 202.81 | 448.36 |
| 7 | 2.66 | 219.29 | 0.16 | 165.28 | 1.57 | 129.08 | 34.63 | 163.71 |
| 8 | 4.80 | 392.42 | 0.05 | 218.37 | 2.42 | 198.03 | 17.92 | 215.95 |
| 9 | 0.79 | 115.35 | 0.96 | 166.09 | 0.37 | 54.25 | 111.46 | 165.72 |
| 10 | 4.16 | 252.96 | 0.04 | 49.13 | 0.61 | 37.02 | 11.50 | 48.52 |
| 11 | 0.80 | 152.46 | 0.56 | 206.29 | 0.63 | 120.10 | 85.56 | 205.66 |
| 12 | 0.30 | 70.20 | 0.71 | 315.82 | 1.14 | 264.44 | 50.24 | 314.68 |
| 13 | 19.95 | 370.32 | 0.35 | 178.12 | 2.04 | 37.94 | 138.13 | 176.08 |
| 14 | 116.10 | 1 292.68 | 0.04 | 598.91 | 44.44 | 494.86 | 59.61 | 554.47 |
| 15 | 7.19 | 354.80 | 0.13 | 270.00 | 4.40 | 217.17 | 48.42 | 265.60 |
| 16 | 0.71 | 77.69 | -0.08 | 16.44 | 0.06 | 5.98 | 0.00 | 5.98 |
| 17 | 24.34 | 762.47 | 0.02 | 443.63 | 7.94 | 248.64 | 187.05 | 435.69 |
| 18 | 74.35 | 1 305.56 | 0.10 | 781.43 | 34.33 | 602.76 | 144.34 | 747.10 |
| 19 | 181.90 | 1 830.76 | 0.03 | 324.38 | 23.25 | 233.98 | 67.15 | 301.13 |
| 20 | 86.76 | 1 629.28 | 0.13 | 899.81 | 33.99 | 638.23 | 227.59 | 865.82 |
| 21 | 21.90 | 673.93 | 0.12 | 493.45 | 12.83 | 394.80 | 85.83 | 480.62 |
| 22 | 66.16 | 1 135.31 | 0.35 | 625.94 | 11.30 | 193.91 | 420.73 | 614.64 |
| 23 | 22.48 | 606.52 | 0.71 | 659.60 | 7.56 | 204.04 | 448.00 | 652.04 |
| 24 | 172.67 | 1 821.89 | -0.24 | 252.68 | 62.48 | 659.28 | -469.08 | 190.20 |
| 25 | 180.90 | 2 449.74 | 0.25 | 1 529.31 | 60.71 | 822.08 | 646.52 | 1 468.60 |
| 26 | 45.40 | 476.21 | 1.71 | 1 071.57 | 15.74 | 165.14 | 890.69 | 1 055.83 |
| 27 | 1.16 | 111.71 | 0.40 | 58.70 | 0.14 | 13.14 | 45.42 | 58.56 |
| 28 | 1.28 | 128.91 | 0.36 | -36.56 | -0.82 | -82.68 | 46.95 | -35.74 |
| 29 | 0.94 | 258.72 | 0.23 | 159.75 | 0.36 | 100.08 | 59.31 | 159.39 |

江西省制造业绝大部分部门经济增长速度高于全国发展速度。其中，6 纺织服装、鞋、帽制造业（比全国高146%），11 印刷业和记录媒介的复制（比全国高135%），27 仪器仪表及文化、办公用机械制造业（比全国高944%），28 工艺品及其他制造业（高全国363%）和废弃资源和废旧材料回收（比全国高2 501%）相对发展速度较快。对经济增长贡献较大的部门是18 非金属矿物制品业，20 有色金属冶炼及压延加工业和14 化学原料及化学制品制造业。竞争力较强的部门是1 农副食品加工业，6 纺织服装、鞋、帽制造业，18 非金属矿物制品业，20 有色金属冶炼及压

延加工业，25 电气机械及器材制造业，27 仪器仪表及文化、办公用机械制造业，28 工艺品及其他制造业和 29 废弃资源和废旧材料回收加工业（见表 4 - 13）。

表 4 - 13　　　　　　　江西省制造业结构 Shift-share 分析表

| 编号 | $b'_{ij}$ | $b_{ij,0} - b'_{ij}$ | $r_{ij} - R_j$ | $G_{ij}$ | $N_{ij}$ | $P_{ij}$ | $D_{ij}$ | $PD_{ij}$ |
|---|---|---|---|---|---|---|---|---|
| 1 | 50.07 | 782.63 | 0.60 | 876.65 | 22.63 | 353.70 | 500.33 | 854.03 |
| 2 | 5.16 | 266.07 | 0.35 | 222.54 | 2.43 | 125.10 | 95.01 | 220.11 |
| 3 | 2.57 | 156.80 | 0.56 | 151.00 | 1.00 | 61.19 | 88.80 | 149.99 |
| 4 | 0.98 | 106.64 | 0.32 | 70.97 | 0.34 | 36.72 | 33.91 | 70.63 |
| 5 | 28.71 | 619.68 | 0.35 | 345.26 | 5.34 | 115.27 | 224.65 | 339.92 |
| 6 | 7.32 | 396.74 | 1.46 | 829.45 | 4.34 | 235.38 | 589.73 | 825.11 |
| 7 | 2.78 | 228.61 | 0.60 | 275.60 | 1.63 | 134.56 | 139.40 | 273.97 |
| 8 | 3.02 | 246.98 | 0.06 | 140.84 | 1.52 | 124.64 | 14.68 | 139.32 |
| 9 | 0.56 | 82.34 | 0.67 | 94.40 | 0.26 | 38.73 | 55.41 | 94.14 |
| 10 | 3.42 | 207.52 | 0.31 | 96.75 | 0.50 | 30.37 | 65.87 | 96.25 |
| 11 | 0.50 | 95.02 | 1.35 | 203.95 | 0.39 | 74.85 | 128.71 | 203.56 |
| 12 | 0.37 | 85.34 | 0.70 | 383.06 | 1.39 | 321.48 | 60.19 | 381.67 |
| 13 | 22.29 | 413.74 | 0.15 | 109.23 | 2.28 | 42.39 | 64.56 | 106.95 |
| 14 | 134.47 | 1 497.29 | - 0.02 | 587.78 | 51.48 | 573.18 | - 36.88 | 536.30 |
| 15 | 11.74 | 579.46 | 0.11 | 429.19 | 7.19 | 354.69 | 67.31 | 422.00 |
| 16 | 0.52 | 56.44 | - 0.08 | 20.57 | 0.04 | 4.35 | 0.00 | 4.35 |
| 17 | 10.29 | 322.30 | 0.40 | 242.41 | 3.36 | 105.10 | 133.95 | 239.05 |
| 18 | 72.52 | 1 273.38 | 0.37 | 1 123.72 | 33.48 | 587.91 | 502.33 | 1 090.24 |
| 19 | 119.10 | 1 198.74 | - 0.05 | 100.96 | 15.22 | 153.20 | - 67.46 | 85.74 |
| 20 | 195.78 | 3 676.75 | 0.20 | 2 287.05 | 76.69 | 1 440.28 | 770.08 | 2 210.35 |
| 21 | 9.96 | 306.58 | 0.52 | 349.58 | 5.84 | 179.59 | 164.15 | 343.75 |
| 22 | 21.95 | 376.57 | 0.47 | 254.06 | 3.75 | 64.32 | 185.99 | 250.31 |
| 23 | 8.06 | 217.60 | 0.66 | 225.21 | 2.71 | 73.20 | 149.29 | 222.49 |
| 24 | 77.51 | 817.89 | 0.02 | 341.44 | 28.05 | 295.96 | 17.43 | 313.39 |
| 25 | 80.44 | 1 089.38 | 0.70 | 1 207.83 | 27.00 | 365.57 | 815.26 | 1 180.84 |
| 26 | 49.56 | 519.81 | 0.68 | 584.01 | 17.19 | 180.26 | 386.57 | 566.83 |
| 27 | 0.99 | 95.67 | 9.44 | 924.12 | 0.12 | 11.26 | 912.75 | 924.01 |
| 28 | 1.51 | 151.70 | 3.63 | 458.23 | - 0.97 | - 97.31 | 556.51 | 459.20 |
| 29 | 0.17 | 45.82 | 25.01 | 1 167.84 | 0.06 | 17.72 | 1 150.05 | 1 167.77 |

湖南省绝大多数制造业部门经济增长速度低于全国发展速度。其中，26 通信设备、计算机及其他电子设备制造业（比全国高 95%）和 28 工艺品及其他制造业（比全国高 76%）发展速度较快；下降相对较快的部门是 6 纺织服装、鞋、帽制造业（比全国低 33%）和 8 木材加工及木、竹、藤、棕、草制品业（比全国低 35%）。对经济增长贡献较大的部门是 1 农副食品加工业，18 非金属矿物制品业，20 有色金属冶炼及压延加工业和 23 专用设备制造业；竞争力较强的产业部门是 24 交通运输设备制造业，25 电气机械及器材制造业和 26 通信设备、计算机及其他电子设备制造业（见表 4 – 14）。

表 4 – 14　　　　　　　湖南省制造业结构 Shift-share 分析表

| 编号 | $b'_{ij}$ | $b_{ij,0} - b'_{ij}$ | $r_{ij} - R_j$ | $G_{ij}$ | $N_{ij}$ | $P_{ij}$ | $D_{ij}$ | $PD_{ij}$ |
|---|---|---|---|---|---|---|---|---|
| 1 | 119.58 | 1 869.22 | - 0.14 | 611.02 | 54.04 | 844.76 | - 287.78 | 556.98 |
| 2 | 11.53 | 594.35 | - 0.06 | 251.00 | 5.42 | 279.46 | - 33.88 | 245.58 |
| 3 | 6.20 | 377.91 | 0.05 | 169.12 | 2.42 | 147.48 | 19.22 | 166.70 |
| 4 | 5.65 | 612.78 | - 0.02 | 198.06 | 1.95 | 211.01 | - 14.90 | 196.11 |
| 5 | 23.17 | 500.24 | - 0.06 | 65.35 | 4.31 | 93.05 | - 32.01 | 61.04 |
| 6 | 3.97 | 214.93 | - 0.33 | 58.64 | 2.35 | 127.52 | - 71.23 | 56.29 |
| 7 | 2.44 | 200.84 | 0.27 | 175.07 | 1.44 | 118.22 | 55.41 | 173.63 |
| 8 | 6.56 | 536.75 | - 0.35 | 85.89 | 3.31 | 270.87 | - 188.28 | 82.58 |
| 9 | 1.27 | 185.36 | - 0.15 | 59.85 | 0.60 | 87.18 | - 27.93 | 59.25 |
| 10 | 8.97 | 545.30 | - 0.03 | 65.90 | 1.31 | 79.81 | - 15.23 | 64.59 |
| 11 | 0.78 | 149.74 | 0.42 | 181.65 | 0.62 | 117.96 | 63.08 | 181.03 |
| 12 | 0.24 | 54.70 | 0.01 | 207.51 | 0.89 | 206.08 | 0.54 | 206.62 |
| 13 | 33.87 | 628.71 | - 0.05 | 33.14 | 3.47 | 64.42 | - 34.75 | 29.67 |
| 14 | 169.47 | 1 887.01 | - 0.04 | 699.20 | 64.88 | 722.37 | - 88.05 | 634.32 |
| 15 | 9.30 | 458.70 | 0.04 | 303.21 | 5.69 | 280.78 | 16.75 | 297.52 |
| 16 | 0.36 | 39.64 | - 0.08 | - 13.60 | 0.03 | 3.05 | 0.00 | 3.05 |
| 17 | 12.96 | 405.79 | - 0.06 | 110.82 | 4.22 | 132.33 | - 25.74 | 106.60 |
| 18 | 88.90 | 1 560.96 | 0.08 | 890.66 | 41.04 | 720.68 | 128.94 | 849.62 |
| 19 | 140.63 | 1 415.40 | - 0.10 | 38.16 | 17.97 | 180.89 | - 160.71 | 20.19 |
| 20 | 122.45 | 2 299.66 | - 0.26 | 316.03 | 47.97 | 900.83 | - 632.77 | 268.06 |
| 21 | 16.94 | 521.27 | 0.22 | 432.70 | 9.92 | 305.37 | 117.41 | 422.78 |
| 22 | 64.05 | 1 099.18 | 0.05 | 261.52 | 10.94 | 187.74 | 62.84 | 250.58 |
| 23 | 86.73 | 2 340.49 | - 0.28 | 143.53 | 29.18 | 787.37 | - 673.02 | 114.35 |

续表

| 编号 | $b'_{ij}$ | $b_{ij,0}-b'_{ij}$ | $r_{ij}-R_j$ | $G_{ij}$ | $N_{ij}$ | $P_{ij}$ | $D_{ij}$ | $PD_{ij}$ |
|---|---|---|---|---|---|---|---|---|
| 24 | 92.26 | 973.44 | 0.43 | 847.23 | 33.38 | 352.25 | 461.59 | 813.85 |
| 25 | 61.73 | 835.98 | 0.25 | 529.81 | 20.72 | 280.54 | 228.56 | 509.09 |
| 26 | 61.13 | 641.20 | 0.95 | 910.14 | 21.20 | 222.35 | 666.59 | 888.94 |
| 27 | 2.45 | 236.54 | -0.17 | -12.02 | 0.29 | 27.83 | -40.14 | -12.31 |
| 28 | 1.27 | 127.01 | 0.76 | 14.72 | -0.81 | -81.47 | 97.00 | 15.53 |
| 29 | 0.40 | 110.25 | -0.11 | 31.08 | 0.16 | 42.65 | -11.72 | 30.92 |

　　湖北省多数制造业部门经济增长速度高于全国发展速度。其中，7 皮革、毛皮、羽毛（绒）及其制品业（比全国高 124%），9 家具制造业（比全国高 190%），27 仪器仪表及文化、办公用机械制造业（比全国高 99%），28 工艺品及其他制造业（比全国高 151%），22 通用设备制造业（比全国高 88%）和 23 专用设备制造业（比全国高 88%）发展速度较快。对经济增长贡献较大的部门是 1 农副食品加工业，14 化学原料及化学制品制造业，18 非金属矿物制品业和 24 交通运输设备制造业；竞争力较大的部门是 1 农副食品加工业，5 纺织业，14 化学原料及化学制品制造业，18 非金属矿物制品业，22 通用设备制造业和 25 电气机械及器材制造业（见表 4 - 15）。

表 4 - 15　　　　　　湖北省制造业结构 Shift-share 分析表

| 编号 | $b'_{ij}$ | $b_{ij,0}-b'_{ij}$ | $r_{ij}-R_j$ | $G_{ij}$ | $N_{ij}$ | $P_{ij}$ | $D_{ij}$ | $PD_{ij}$ |
|---|---|---|---|---|---|---|---|---|
| 1 | 135.18 | 2 113.07 | 0.45 | 2 032.16 | 61.09 | 954.96 | 1 016.11 | 1 971.07 |
| 2 | 9.97 | 514.11 | 0.33 | 419.46 | 4.69 | 241.73 | 173.05 | 414.77 |
| 3 | 12.34 | 752.23 | 0.46 | 647.38 | 4.82 | 293.56 | 349.00 | 642.56 |
| 4 | 4.18 | 453.25 | -0.12 | 101.61 | 1.44 | 156.08 | -55.91 | 100.17 |
| 5 | 55.18 | 1 191.12 | 0.51 | 863.40 | 10.26 | 221.57 | 631.57 | 853.14 |
| 6 | 9.40 | 509.37 | 0.04 | 328.47 | 5.58 | 302.20 | 20.69 | 322.89 |
| 7 | 0.73 | 60.13 | 1.24 | 111.36 | 0.43 | 35.39 | 75.54 | 110.93 |
| 8 | 2.21 | 181.25 | 0.64 | 210.86 | 1.12 | 91.46 | 118.28 | 209.74 |
| 9 | 0.29 | 42.43 | 1.90 | 101.10 | 0.14 | 19.96 | 81.01 | 100.96 |
| 10 | 5.52 | 335.17 | 0.29 | 147.53 | 0.81 | 49.06 | 97.66 | 146.72 |
| 11 | 0.69 | 132.09 | 0.51 | 172.70 | 0.54 | 104.05 | 68.10 | 172.16 |
| 12 | 0.32 | 73.89 | -2.92 | 62.70 | 1.20 | 278.36 | -216.86 | 61.50 |

续表

| 编号 | $b'_{ij}$ | $b_{ij,0} - b'_{ij}$ | $r_{ij} - R_j$ | $G_{ij}$ | $N_{ij}$ | $P_{ij}$ | $D_{ij}$ | $PD_{ij}$ |
|---|---|---|---|---|---|---|---|---|
| 13 | 38.58 | 716.28 | 0.09 | 141.90 | 3.95 | 73.39 | 64.56 | 137.95 |
| 14 | 175.49 | 1 953.96 | 0.40 | 1 663.31 | 67.18 | 748.00 | 848.13 | 1 596.13 |
| 15 | 10.36 | 511.48 | 0.20 | 424.45 | 6.34 | 313.08 | 105.03 | 418.11 |
| 16 | 0.59 | 64.00 | -0.08 | 15.55 | 0.05 | 4.93 | 0.00 | 4.93 |
| 17 | 16.37 | 512.70 | 0.69 | 536.42 | 5.34 | 167.19 | 363.89 | 531.08 |
| 18 | 76.55 | 1 344.16 | 0.52 | 1 388.57 | 35.34 | 620.58 | 732.64 | 1 353.23 |
| 19 | 313.73 | 3 157.61 | -0.37 | -843.71 | 40.10 | 403.55 | -1 287.36 | -883.81 |
| 20 | 46.24 | 868.32 | 0.25 | 590.28 | 18.11 | 340.14 | 232.02 | 572.17 |
| 21 | 23.01 | 708.01 | 0.24 | 605.21 | 13.48 | 414.76 | 176.97 | 591.73 |
| 22 | 32.33 | 554.72 | 0.88 | 618.07 | 5.52 | 94.75 | 517.80 | 612.55 |
| 23 | 15.40 | 415.54 | 0.88 | 526.08 | 5.18 | 139.79 | 381.11 | 520.90 |
| 24 | 363.81 | 3 838.68 | 0.00 | 1 507.70 | 131.65 | 1 389.08 | -13.03 | 1 376.05 |
| 25 | 61.89 | 838.06 | 0.47 | 724.02 | 20.77 | 281.24 | 422.02 | 703.25 |
| 26 | 78.69 | 825.43 | 0.43 | 702.26 | 27.29 | 286.24 | 388.74 | 674.97 |
| 27 | 0.71 | 68.60 | 0.99 | 76.69 | 0.08 | 8.07 | 68.54 | 76.61 |
| 28 | 0.82 | 82.64 | 1.51 | 72.08 | -0.53 | -53.01 | 125.61 | 72.61 |
| 29 | 0.21 | 58.65 | 0.79 | 69.48 | 0.08 | 22.69 | 46.71 | 69.40 |

　　重庆市绝大多数制造业部门经济增长速度高于全国发展速度。其中，8 木材加工及木、竹、藤、棕、草制品业（比全国高 85%），10 造纸及纸制品业（比全国高 78%），26 通信设备、计算机及其他电子设备制造业（比全国高 228%）和 27 工艺品及其他制造业（比全国高 74%）发展速度较快。对经济增长贡献较大的部门是 24 交通运输设备制造业，25 电气机械及器材制造业，26 通信设备、计算机及其他电子设备制造业，18 非金属矿物制品业和 14 化学原料及化学制品制造业。竞争力较强的部门是 24 交通运输设备制造业，26 通信设备、计算机及其他电子设备制造业，17 橡胶与塑料制品和 18 非金属矿物制品业（见表 4 - 16）。

表 4 - 16　　　　　　　重庆市制造业结构 Shift-share 分析表

| 编号 | $b'_{ij}$ | $b_{ij,0} - b'_{ij}$ | $r_{ij} - R_j$ | $G_{ij}$ | $N_{ij}$ | $P_{ij}$ | $D_{ij}$ | $PD_{ij}$ |
|---|---|---|---|---|---|---|---|---|
| 1 | 27.42 | 428.54 | 0.24 | 317.26 | 12.39 | 193.67 | 111.20 | 304.87 |
| 2 | 2.47 | 127.45 | 0.07 | 69.85 | 1.16 | 59.93 | 8.76 | 68.68 |

续表

| 编号 | $b'_{ij}$ | $b_{ij,0}-b'_{ij}$ | $r_{ij}-R_j$ | $G_{ij}$ | $N_{ij}$ | $P_{ij}$ | $D_{ij}$ | $PD_{ij}$ |
|---|---|---|---|---|---|---|---|---|
| 3 | 1.97 | 119.81 | 0.02 | 49.45 | 0.77 | 46.76 | 1.93 | 48.68 |
| 4 | 1.06 | 114.53 | -0.03 | 36.20 | 0.36 | 39.44 | -3.60 | 35.84 |
| 5 | 7.86 | 169.61 | -0.16 | 5.39 | 1.46 | 31.55 | -27.63 | 3.92 |
| 6 | 1.04 | 56.18 | 0.37 | 55.32 | 0.62 | 33.33 | 21.38 | 54.71 |
| 7 | 1.06 | 86.97 | 0.31 | 79.28 | 0.62 | 51.19 | 27.47 | 78.66 |
| 8 | 0.30 | 24.52 | 0.85 | 33.73 | 0.15 | 12.37 | 21.21 | 33.58 |
| 9 | 0.42 | 61.18 | -0.04 | 26.65 | 0.20 | 28.78 | -2.32 | 26.45 |
| 10 | 2.02 | 123.00 | 0.78 | 116.13 | 0.30 | 18.00 | 97.83 | 115.83 |
| 11 | 0.30 | 58.33 | 0.56 | 79.01 | 0.24 | 45.95 | 32.82 | 78.77 |
| 12 | 0.07 | 15.34 | 0.61 | 67.49 | 0.25 | 57.80 | 9.44 | 67.24 |
| 13 | 2.53 | 47.06 | 0.22 | 15.97 | 0.26 | 4.82 | 10.89 | 15.71 |
| 14 | 58.86 | 655.38 | -0.25 | 93.66 | 22.53 | 250.89 | -179.77 | 71.12 |
| 15 | 4.06 | 200.31 | 0.23 | 171.71 | 2.48 | 122.61 | 46.62 | 169.23 |
| 16 | 0.06 | 6.45 | -0.08 | -0.72 | 0.00 | 0.50 | 0.00 | 0.50 |
| 17 | 7.12 | 222.98 | 0.64 | 222.72 | 2.32 | 72.71 | 147.68 | 220.39 |
| 18 | 31.46 | 552.37 | 0.24 | 407.43 | 14.52 | 255.02 | 137.88 | 392.91 |
| 19 | 63.21 | 636.18 | -0.06 | 45.85 | 8.08 | 81.31 | -43.54 | 37.77 |
| 20 | 22.88 | 429.69 | 0.04 | 195.01 | 8.96 | 168.32 | 17.73 | 186.05 |
| 21 | 8.58 | 264.01 | 0.10 | 187.66 | 5.03 | 154.66 | 27.97 | 182.63 |
| 22 | 24.26 | 416.24 | 0.21 | 167.32 | 4.14 | 71.09 | 92.09 | 163.18 |
| 23 | 6.99 | 188.50 | 0.33 | 130.22 | 2.35 | 63.41 | 64.45 | 127.87 |
| 24 | 285.67 | 3 014.23 | 0.26 | 2 045.76 | 103.37 | 1 090.74 | 851.65 | 1 942.39 |
| 25 | 44.66 | 604.82 | 0.18 | 331.87 | 14.99 | 202.96 | 113.92 | 316.88 |
| 26 | 68.68 | 720.37 | 2.28 | 2 076.31 | 23.82 | 249.81 | 1 802.69 | 2 052.49 |
| 27 | 1.09 | 105.52 | 0.31 | 45.41 | 0.13 | 12.42 | 32.87 | 45.28 |
| 28 | 0.65 | 65.32 | 0.74 | 6.70 | -0.42 | -41.90 | 49.01 | 7.12 |
| 29 | 0.29 | 78.55 | -1.11 | -56.75 | 0.11 | 30.39 | -87.25 | -56.87 |

　　贵州省多数制造业部门经济增长速度快于全国发展速度。其中，7 皮革、毛皮、羽毛（绒）及其制品业（比全国高 2 343%），12 文教、工美、体育和娱乐用品制造业（比全国高 852%），28 工艺品及其他制造业（比全国高 275%），6 纺织服装、鞋、帽制造业（比全国高 257%），24 交通运输设备制造业（比全国高 136%）等部门经济增长速度较快。经济增长贡献较大的部门是 3 酒、饮料和精制茶制造业，14 化学原料及化学制品制

造业，15 医药制造业，18 非金属矿物制品业和 20 有色金属冶炼及压延加工业；竞争力较强的部门是 3 酒、饮料和精制茶制造业，18 非金属矿物制品业和 24 交通运输设备制造业（见表 4 – 17）。

表 4 – 17　　　　　　　贵州省制造业结构 Shift-share 分析表

| 编号 | $b'_{ij}$ | $b_{ij,0} - b'_{ij}$ | $r_{ij} - R_j$ | $G_{ij}$ | $N_{ij}$ | $P_{ij}$ | $D_{ij}$ | $PD_{ij}$ |
|---|---|---|---|---|---|---|---|---|
| 1 | 7.84 | 122.59 | 0.41 | 112.00 | 3.54 | 55.40 | 53.05 | 108.46 |
| 2 | 1.47 | 75.81 | 0.06 | 41.23 | 0.69 | 35.64 | 4.89 | 40.54 |
| 3 | 4.96 | 301.99 | 0.66 | 321.93 | 1.93 | 117.85 | 202.14 | 320.00 |
| 4 | 2.40 | 259.61 | 0.03 | 97.52 | 0.82 | 89.40 | 7.30 | 96.70 |
| 5 | 0.31 | 6.76 | 0.04 | 1.59 | 0.06 | 1.26 | 0.27 | 1.53 |
| 6 | 0.11 | 6.17 | 2.57 | 19.87 | 0.07 | 3.66 | 16.14 | 19.80 |
| 7 | 0.02 | 1.89 | 23.43 | 45.87 | 0.01 | 1.11 | 44.75 | 45.86 |
| 8 | 0.56 | 46.04 | 1.28 | 83.12 | 0.28 | 23.23 | 59.60 | 82.84 |
| 9 | 0.05 | 7.25 | 1.42 | 13.79 | 0.02 | 3.41 | 10.36 | 13.77 |
| 10 | 0.62 | 37.89 | 0.35 | 19.01 | 0.09 | 5.55 | 13.37 | 18.92 |
| 11 | 0.07 | 13.34 | – 0.18 | 8.21 | 0.05 | 10.51 | – 2.35 | 8.16 |
| 12 | 0.00 | 1.08 | 8.52 | 13.27 | 0.02 | 4.05 | 9.20 | 13.25 |
| 13 | 3.61 | 66.92 | 0.67 | 54.32 | 0.37 | 6.86 | 47.09 | 53.95 |
| 14 | 47.03 | 523.63 | 0.03 | 237.75 | 18.00 | 200.45 | 19.29 | 219.75 |
| 15 | 3.63 | 179.28 | 0.01 | 114.66 | 2.22 | 109.74 | 2.70 | 112.44 |
| 16 | — | — | — | — | — | — | — | — |
| 17 | 4.29 | 134.45 | – 0.17 | 21.82 | 1.40 | 43.84 | – 23.42 | 20.42 |
| 18 | 14.08 | 247.21 | 1.60 | 539.47 | 6.50 | 114.13 | 418.84 | 532.97 |
| 19 | 44.83 | 451.21 | 0.08 | 104.87 | 5.73 | 57.67 | 41.47 | 99.14 |
| 20 | 13.99 | 262.78 | – 0.12 | 73.94 | 5.48 | 102.94 | – 34.48 | 68.46 |
| 21 | 1.65 | 50.64 | 1.11 | 88.51 | 0.96 | 29.67 | 57.88 | 87.55 |
| 22 | 3.03 | 52.04 | 0.26 | 23.73 | 0.52 | 8.89 | 14.32 | 23.21 |
| 23 | 1.25 | 33.84 | 1.12 | 51.05 | 0.42 | 11.38 | 39.25 | 50.63 |
| 24 | 15.51 | 163.69 | 1.36 | 308.99 | 5.61 | 59.23 | 244.14 | 303.38 |
| 25 | 5.26 | 71.27 | 0.38 | 54.93 | 1.77 | 23.92 | 29.25 | 53.16 |
| 26 | 3.93 | 41.21 | 0.78 | 50.92 | 1.36 | 14.29 | 35.27 | 49.56 |
| 27 | 0.10 | 9.22 | 0.68 | 7.40 | 0.01 | 1.09 | 6.30 | 7.39 |
| 28 | 0.16 | 16.38 | 2.75 | 34.95 | – 0.10 | – 10.50 | 45.56 | 35.05 |
| 29 | 0.01 | 3.80 | – 0.32 | 0.27 | 0.01 | 1.47 | – 1.20 | 0.26 |

云南省绝大多数制造业部门经济增长速度快于全国增长速度。其中，6 纺织服装、鞋、帽制造业（比全国高 391%），7 皮革、毛皮、羽毛（绒）及其制品业（比全国高 170%），8 木材加工及木、竹、藤、棕、草制品业（比全国高 101%），9 家具制造业（比全国高 198%），17 橡胶与塑料制品（比全国高 165%），28 工艺品及其他制造业（比全国高 180%）和 29 废弃资源和废旧材料回收加工业（比全国高 659%）经济增长速度较快。对经济增长贡献率较高的部门是 4 烟草制品业，14 化学原料及化学制品制造业，20 有色金属冶炼及压延加工业，18 非金属矿物制品业，19 黑色金属冶炼及压延加工业和 1 农副食品加工业；竞争力较强的部门是1 农副食品加工业和 17 橡胶与塑料制品（见表 4 – 18）。

表 4 – 18　　　　　　云南省制造业结构 Shift-share 分析表

| 编号 | $b'_{ij}$ | $b_{ij,0} - b'_{ij}$ | $r_{ij} - R_j$ | $G_{ij}$ | $N_{ij}$ | $P_{ij}$ | $D_{ij}$ | $PD_{ij}$ |
|---|---|---|---|---|---|---|---|---|
| 1 | 17.98 | 281.05 | 0.30 | 225.47 | 8.13 | 127.02 | 90.33 | 217.34 |
| 2 | 1.77 | 91.18 | 0.49 | 89.38 | 0.83 | 42.87 | 45.68 | 88.55 |
| 3 | 1.83 | 111.63 | 0.59 | 110.86 | 0.71 | 43.56 | 66.58 | 110.15 |
| 4 | 10.11 | 1 095.71 | 0.00 | 384.95 | 3.48 | 377.31 | 4.16 | 381.47 |
| 5 | 0.64 | 13.71 | 0.46 | 9.25 | 0.12 | 2.55 | 6.58 | 9.13 |
| 6 | 0.03 | 1.71 | 3.91 | 7.83 | 0.02 | 1.01 | 6.80 | 7.81 |
| 7 | 0.03 | 2.49 | 1.70 | 5.76 | 0.02 | 1.47 | 4.28 | 5.74 |
| 8 | 0.33 | 27.31 | 1.01 | 41.73 | 0.17 | 13.78 | 27.78 | 41.56 |
| 9 | 0.01 | 0.86 | 1.98 | 2.13 | 0.00 | 0.41 | 1.72 | 2.13 |
| 10 | 0.86 | 51.98 | −0.07 | 4.13 | 0.13 | 7.61 | −3.60 | 4.00 |
| 11 | 0.29 | 56.44 | −0.76 | 1.40 | 0.23 | 44.46 | −43.29 | 1.17 |
| 12 | 0.08 | 17.56 | −0.77 | 52.79 | 0.29 | 66.17 | −13.66 | 52.50 |
| 13 | 12.25 | 227.45 | −0.17 | −15.30 | 1.26 | 23.30 | −39.86 | −16.56 |
| 14 | 59.84 | 666.32 | −0.32 | 43.55 | 22.91 | 255.08 | −234.43 | 20.64 |
| 15 | 3.14 | 154.94 | −0.04 | 89.83 | 1.92 | 94.84 | −6.93 | 87.91 |
| 16 | 0.12 | 12.68 | −0.08 | 2.42 | 0.01 | 0.98 | 0.00 | 0.98 |
| 17 | 1.52 | 47.59 | 1.65 | 96.81 | 0.50 | 15.52 | 80.80 | 96.31 |
| 18 | 14.73 | 258.55 | 0.20 | 181.02 | 6.80 | 119.37 | 54.85 | 174.22 |
| 19 | 86.15 | 867.09 | −0.06 | 68.37 | 11.01 | 110.82 | −53.46 | 57.36 |
| 20 | 65.22 | 1 224.80 | 0.05 | 566.34 | 25.55 | 479.78 | 61.01 | 540.79 |
| 21 | 1.77 | 54.35 | 0.28 | 48.43 | 1.03 | 31.84 | 15.55 | 47.40 |
| 22 | 4.37 | 74.94 | −0.16 | 1.07 | 0.75 | 12.80 | −12.48 | 0.32 |

| 编号 | $b'_{ij}$ | $b_{ij,0} - b'_{ij}$ | $r_{ij} - R_j$ | $G_{ij}$ | $N_{ij}$ | $P_{ij}$ | $D_{ij}$ | $PD_{ij}$ |
|---|---|---|---|---|---|---|---|---|
| 23 | 2.13 | 57.43 | 0.12 | 26.90 | 0.72 | 19.32 | 6.86 | 26.18 |
| 24 | 12.62 | 133.16 | −0.08 | 41.09 | 4.57 | 48.19 | −11.66 | 36.52 |
| 25 | 5.52 | 74.82 | 0.09 | 34.24 | 1.85 | 25.11 | 7.28 | 32.39 |
| 26 | 1.63 | 17.15 | 0.45 | 14.87 | 0.57 | 5.95 | 8.36 | 14.30 |
| 27 | 0.12 | 11.78 | 0.85 | 11.47 | 0.01 | 1.39 | 10.07 | 11.46 |
| 28 | 0.06 | 6.37 | 1.80 | 7.47 | −0.04 | −4.08 | 11.59 | 7.51 |
| 29 | 0.01 | 1.46 | 6.59 | 10.25 | 0.00 | 0.57 | 9.68 | 10.25 |

四川省多数制造业部门经济增长速度低于全国增长速度。其中，增长速度较快的制造业部门包括：28 工艺品及其他制造业（比全国高 161%），29 废弃资源和废旧材料回收加工（比全国高 228%），12 石油加工、炼焦及核燃料加工业（比全国高 52%），24 交通运输设备制造业（比全国高55%）和 26 通信设备、计算机及其他电子设备制造业（比全国高 54%）。经济增长速度贡献大的部门是 1 农副食品加工业，3 酒、饮料和精制茶制造业，14 化学原料及化学制品制造业，15 医药制造业，18 非金属矿物制品业，26 通信设备、计算机及其他电子设备制造业和 24 交通运输设备制造业；竞争力较强的部门是 13 石油加工、炼焦及核燃料加工业，24 交通运输设备制造业和 26 通信设备、计算机及其他电子设备制造业（见表4 - 19）。

表 4 - 19　　　　　　四川省制造业结构 Shift-share 分析表

| 编号 | $b'_{ij}$ | $b_{ij,0} - b'_{ij}$ | $r_{ij} - R_j$ | $G_{ij}$ | $N_{ij}$ | $P_{ij}$ | $D_{ij}$ | $PD_{ij}$ |
|---|---|---|---|---|---|---|---|---|
| 1 | 143.22 | 2 238.78 | −0.33 | 287.02 | 64.73 | 1 011.77 | −789.48 | 222.29 |
| 2 | 10.23 | 527.40 | 0.15 | 330.81 | 4.81 | 247.98 | 78.02 | 326.00 |
| 3 | 31.37 | 1 911.41 | −0.12 | 520.67 | 12.24 | 745.94 | −237.51 | 508.43 |
| 4 | 1.82 | 197.51 | −0.01 | 65.76 | 0.63 | 68.01 | −2.88 | 65.13 |
| 5 | 34.10 | 736.03 | −0.07 | 88.76 | 6.34 | 136.91 | −54.50 | 82.42 |
| 6 | 2.86 | 155.03 | −0.34 | 40.09 | 1.70 | 91.98 | −53.58 | 38.39 |
| 7 | 3.60 | 296.48 | −0.73 | −43.09 | 2.12 | 174.52 | −219.73 | −45.21 |
| 8 | 3.22 | 263.64 | −0.22 | 75.22 | 1.63 | 133.04 | −59.45 | 73.59 |
| 9 | 2.42 | 354.46 | −0.19 | 99.34 | 1.14 | 166.72 | −68.51 | 98.20 |
| 10 | 7.67 | 466.01 | −0.14 | 5.09 | 1.12 | 68.21 | −64.24 | 3.97 |

续表

| 编号 | $b'_{ij}$ | $b_{ij,0} - b'_{ij}$ | $r_{ij} - R_j$ | $G_{ij}$ | $N_{ij}$ | $P_{ij}$ | $D_{ij}$ | $PD_{ij}$ |
|---|---|---|---|---|---|---|---|---|
| 11 | 0.92 | 177.18 | −0.26 | 93.23 | 0.73 | 139.57 | −47.07 | 92.50 |
| 12 | 0.32 | 74.68 | −3.44 | 24.26 | 1.21 | 281.32 | −258.28 | 23.05 |
| 13 | 25.55 | 474.34 | 0.52 | 311.91 | 2.62 | 48.60 | 260.69 | 309.29 |
| 14 | 166.56 | 1 854.53 | −0.23 | 308.95 | 63.76 | 709.94 | −464.75 | 245.19 |
| 15 | 16.66 | 821.96 | −0.30 | 265.74 | 10.20 | 503.13 | −247.58 | 255.54 |
| 16 | 1.65 | 179.20 | −0.08 | 18.71 | 0.13 | 13.80 | 0.00 | 13.80 |
| 17 | 19.90 | 623.47 | 0.01 | 216.72 | 6.49 | 203.31 | 6.92 | 210.23 |
| 18 | 113.35 | 1 990.37 | −0.28 | 382.11 | 52.33 | 918.93 | −589.15 | 329.78 |
| 19 | 212.27 | 2 136.47 | 0.00 | 289.85 | 27.13 | 273.05 | −10.33 | 262.72 |
| 20 | 40.95 | 769.07 | −0.51 | −93.94 | 16.04 | 301.26 | −411.25 | −109.98 |
| 21 | 23.19 | 713.64 | −0.27 | 231.50 | 13.58 | 418.06 | −200.14 | 217.92 |
| 22 | 80.93 | 1 388.77 | 0.05 | 322.84 | 13.82 | 237.20 | 71.82 | 309.02 |
| 23 | 37.29 | 1 006.20 | −0.21 | 131.47 | 12.54 | 338.50 | −219.57 | 118.93 |
| 24 | 125.38 | 1 322.96 | 0.55 | 1 324.61 | 45.37 | 478.73 | 800.51 | 1 279.24 |
| 25 | 60.37 | 817.58 | −0.08 | 222.72 | 20.26 | 274.36 | −71.90 | 202.46 |
| 26 | 181.05 | 1 899.05 | 0.54 | 1 836.12 | 62.78 | 658.54 | 1 114.80 | 1 773.34 |
| 27 | 0.74 | 71.50 | −0.20 | −5.88 | 0.09 | 8.41 | −14.38 | −5.97 |
| 28 | 0.69 | 69.32 | 1.61 | 68.03 | −0.44 | −44.46 | 112.94 | 68.47 |
| 29 | 0.14 | 39.76 | 2.28 | 106.55 | 0.06 | 15.38 | 91.12 | 106.49 |

## 二、长江经济带制造业结构与竞争力

根据 Shift-share 分析表，分别计算出 29 大部门的结构效果指数 $W$，竞争力效果指数 $U$，总的结构偏离分量 $P$ 以及总的竞争力偏离分量 $D$，分析长江经济带制造业总的结构效果和竞争力。

对数据分析表明（见表 4 - 20），长江经济带制造业经济总量 $G$（109 994.61）较大，$L$（1.006）大于 1，这说明长江经济带制造业经济增长速度高于全国增长速度。结构偏离分量 $P$（104 661.75）较大，且 $W$（1.007）大于 1，这说明长江经济带制造业中包含有较大比重的朝阳、增长快的产业部门，制造业总体结构比较好，结构对经济增长的贡献大。竞争力偏离分量 $D$（−504.63）较小，且 $u$（0.999）小于 1，说明长江经济带制造业，竞争力较弱，地位有所下降。

长江经济带各省市制造业经济总量均有不同程度的增长，但其增长速度表现出不同的空间差异。上海、江苏、浙江和四川 $L$ 小于1，这说明上述省市制造业经济增长速度低于全国发展速度。特别是上海和浙江 $L$ 分别为 0.780 和 0.865，这与两省市这些年产业结构调整与转型，加快服务业发展紧密相关。安徽、江西、湖北、重庆、贵州和云南制造业经济增长速度高于全国发展速度。特别是江西（1.380）、贵州（1.310）和重庆（1.256）增长速度较快。这与上述省市承接产业转移，工业经济发展速度加快有关。

长江经济带各省市结构偏离分量 $P$ 都较大，且除上海和浙江之外，$W$ 都大于1，说明这些省市制造业中朝阳的、增长快的部门比重较大，制造业的结构比较好，结构对经济增长的贡献大。上海、江苏、浙江和四川制造业竞争力偏离分量 $D$ 较小，且 $u$ 小于1，这说明上述省市受增长速度的影响制造业的竞争力地位有所下降。安徽、江西、湖北、重庆、贵州和云南竞争力偏离量 $D$ 较大，且 $u$ 大于1，这说明上述省份竞争力逐步增强，地位提升。

表4-20　　　　　　　　长江经济带制造业总体效果指数分析

| | $N_i$ | $P_i$ | $D_i$ | $G_i$ | $W$ | $u$ | $L$ |
|---|---|---|---|---|---|---|---|
| 上海 | 663.50 | 10 120.33 | -9 433.85 | 1 349.98 | 0.990 | 0.782 | 0.780 |
| 江苏 | 1 978.68 | 34 107.32 | -2 299.41 | 33 786.59 | 1.010 | 0.983 | 0.993 |
| 浙江 | 797.61 | 16 302.12 | -8 722.03 | 8 377.69 | 0.996 | 0.869 | 0.865 |
| 安徽 | 393.73 | 7 285.74 | 3 878.90 | 11 558.38 | 1.010 | 1.130 | 1.141 |
| 江西 | 315.26 | 6 003.69 | 7 784.76 | 14 103.70 | 1.030 | 1.340 | 1.380 |
| 湖南 | 388.90 | 7 713.36 | -436.87 | 7 665.39 | 1.010 | 0.990 | 1.000 |
| 湖北 | 472.05 | 8 002.86 | 5 542.18 | 14 017.09 | 1.006 | 1.169 | 1.175 |
| 重庆 | 231.20 | 3 408.52 | 3 382.15 | 7 021.87 | 1.011 | 1.243 | 1.256 |
| 贵州 | 57.87 | 1 126.13 | 1 360.99 | 2 544.99 | 1.008 | 1.299 | 1.310 |
| 云南 | 93.53 | 1 968.97 | 102.02 | 2 164.51 | 1.005 | 1.013 | 1.018 |
| 四川 | 445.16 | 8 622.70 | -1 542.69 | 7 525.17 | 1.010 | 0.955 | 0.971 |
| 长江经济带 | 5 837.48 | 104 661.75 | -504.63 | 109 994.61 | 1.007 | 0.999 | 1.006 |

## 三、长江经济带制造业部门优势

对产业部门进行比较分类，根据分析表计算数据，绘制 Shift-share 分析图，可以使结论更加清晰直观，明确各产业部门属于何种类型（具体方法见第二节）。以部门优势 $PD_{ij}$ 数值为横坐标轴，以份额分量 $N_{ij}$ 为纵坐标，建立散点图，分析长江经济带及各省市 29 个制造业部门优势和偏离分量情况。

对长江经济带产业部门进行比较分类（见图 4-1）。

（1）部门优势分析：长江经济带有 27 个部门处于第 1、第 2 扇面中，为具有部门增长优势的增长部门。28 工艺品及其他制造业处于第 3 扇面，虽具有部门优势，但却为衰退部门；29 废弃资源和废旧材料回收加工业处于 4 扇面中，为增长部门，却不具有部门优势。

（2）部门偏离分量分析：27 仪器仪表及文化、办公用机械制造业，19 黑色金属冶炼及压延加工业，22 通用设备制造业，13 石油加工、炼焦及核燃料加工业和 10 造纸及纸制品业处于第 1 扇面，属于原有基础很好且竞争力较强的好部门。26 通信设备、计算机及其他电子设备制造业、1 食品制造业，3 酒、饮料和精制茶制造业，4 烟草制品业和 5 纺织业处于第 2 扇面，属于竞争力很强，原有基础较好的较好部门。28 工艺品及其他制造业处于第 3 扇面，属于基础差但发展快的较好或一般部门。15 医药制造业，21 金属制品业，23 专用设备制造业，25 电气机械及器材制造业，7 皮革、毛皮、羽毛（绒）及其制品业，24 交通运输设备制造业，18 非金属矿物制品业，8 木材加工及木、竹、藤、棕、草制品业和 10 家具制造业处于第 4 扇面，属于基础较好但地位处于下降的较好或一般部门。20 有色金属冶炼及压延加工业，6 纺织服装、鞋、帽制造业，11 印刷业和记录媒介的复制，12 文教、工美、体育和娱乐用品制造业，14 化学原料及化学制品制造业，17 橡胶与塑料制品和 29 废弃资源和废旧材料回收加工业处于第 5 扇面，属于基础较好但竞争力很差的较差部门。

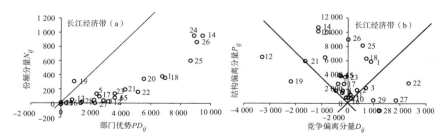

**图 4-1　长江经济带部门优势分析图和部门偏离分量图**

对上海市产业部门进行比较分类（见图 4-2）。

（1）部门优势分析：24 交通运输设备制造业，4 烟草制品业，12 文教、工美、体育和娱乐用品制造业，14 化学原料及化学制品制造业，22 通用设备制造业，25 电气机械及器材制造业等部门处于第 1、第 2 扇面，为具有部门优势的增长部门。19 黑色金属冶炼及压延加工业，13 石油加工、炼焦及核燃料加工业，23 专用设备制造业，5 纺织业等处于第 5 扇面，为较差部门，虽为增长部门，但不足以消除因部门衰退造成的负贡献。26 通信设备、计算机及其他电子设备制造业处于第 4 扇面，为增长部门，却不具有部门优势。28 工艺品及其他制造业处于第 8 扇面，既无部门优势，又为衰退部门。

（2）部门偏离分量分析：4 烟草制品业处于第 2 扇面，是竞争力很强原有基础较好的较好产业。24 交通运输设备制造业和 15 医药制造业等部门处于第 4 扇面，是基础较好但地位却处于下降的较好部门。26 通信设备、计算机及其他电子设备制造业，14 化学原料及化学制品制造业，25 电气机械及器材制造业，20 黑色金属冶炼及压延加工业，21 金属制品业和 23 专用设备制造业等部门处于第 5 扇面，基础较好但竞争力很差的较差部门。

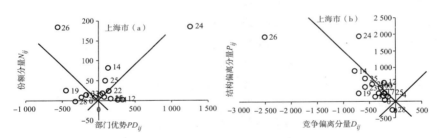

图 4-2　上海市部门优势分析图和部门偏离分量图

对江苏省产业部门进行比较分类（见图 4-3）。

（1）部门优势分析：绝大多数部门处于第 1 扇面，为具有部门优势的增长部门。

（2）部门偏离分量分析：22 通用设备制造业，27 仪器仪表及文化、办公用机械制造业等部门处于第 1 扇面，是原有基础很好且竞争力较强的好部门。1 农副食品加工业，18 非金属矿物制品业，19 黑色金属冶炼及压延加工业，23 专用设备制造业和 8 木材加工及木、竹、藤、棕、草制品业等部门处于第 2 扇面属于竞争力很强，原有基础较好的较好部门。6 纺织服装、鞋、帽制造业，14 化学原料及化学制品制造业，24 交通运输设备制造业，25 电气机械及器材制造业和 21 金属制品业等部门处于第 4 扇面，属于基础较好但地位处于下降的较好部门。12 文教、工美、体育和娱乐用品制造业和 26 通信设备、计算机及其他电子设备制造业等部门处于第 5 扇面，是基础较好但竞争力很差的较差部门。

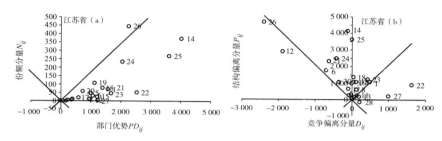

图 4 - 3　江苏省部门优势分析图和部门偏离分量图

对浙江省产业部门进行比较分类（见图 4 - 4）。

（1）部门优势分析：绝大多数部门处于第 1、第 2 扇面，为具有部门优势的增长部门。13 石油加工、炼焦及核燃料加工业处于第 5 扇面，属于较差部门。28 工艺品及其他制造业处于第 7 扇面，为较差部门。

（2）部门偏离分量分析：6 纺织服装、鞋、帽制造业处于第 1 扇面，是原有基础较好、竞争力较强的好部门。19 黑色金属冶炼及压延加工业处于第 2 扇面，属于竞争力很强、原有基础较好的较好部门。14 化学原料及化学制品制造业，22 通用设备制造业，23 专用设备制造业和 26 通信设备、计算机及其他电子设备制造业等部门处于第 4 扇面，是基础较好，但地位却处于下降的较好部门。其他多数制造业部门处于第 5 扇面，属于基础较好但竞争力很差的较差部门。

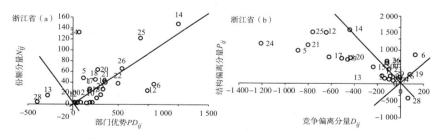

图 4 - 4　浙江省部门优势分析图和部门偏离分量图

对安徽省产业部门进行比较分类（见图4-5）。

（1）部门优势分析：绝大多数部门处于第1扇面，为具有部门优势的增长部门。

（2）部门偏离分量分析：绝大多处于第1、第2扇面，属于原有基础较好、竞争力较强的部门或竞争力很强、原有基础较好的较好部门。4烟草制品业和24交通运输设备制造业等部门处于第4扇面，是基础较好但地位处于下降的较好部门。

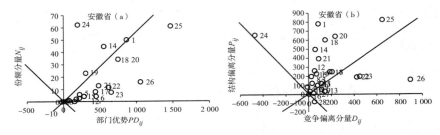

**图4-5　安徽省部门优势分析图和部门偏离分量图**

对江西省产业部门进行比较分类（见图4-6）。

（1）部门优势分析：绝大多数部门处于第1、第2扇面，为具有部门优势的增长部门。

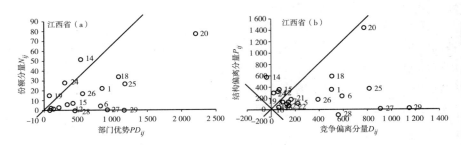

**图4-6　江西省部门优势分析图和部门偏离分量图**

（2）部门偏离分量分析：1农副食品加工业，6纺织服装、鞋、帽制造业，20有色金属冶炼及压延加工业，21金属制品业，25电气机械及器材制造业，26通信设备、计算机及其他电子设备制造业等部门处于第1扇面，是原有基础很好，竞争力较强的好部门。12文教、工美、体育和娱乐用品制造业，15医药制造业和24交通运输设备制造业等部门处于第2

扇面，属于竞争力很强，原有基础较好的较好部门。14 化学原料及化学制品制造业和 19 黑色金属冶炼及压延加工业处于第 4 扇面，是基础较好但地位处于下降的较好部门。28 工艺品及其他制造业处于第 3 扇面，为基础差但发展快的较好部门。

对湖南产业部门进行比较分类（见图 4-7）。

（1）部门优势分析：绝大多部门处于第 1、第 2 扇面，为具有部门优势的增长部门。

（2）部门偏离分量分析：24 交通运输设备制造业，25 电气机械及器材制造业，26 通信设备、计算机及其他电子设备制造业处于第 1 扇面，属于原有基础好且竞争力较强的好部门。18 非金属矿物制品业，21 金属制品业，4 烟草制品业，22 通用设备制造业和 15 医药制造业等部门处于第 2 扇面，为竞争力强，是原有基础较好的较好部门。1 农副食品加工业，20 有色金属冶炼及压延加工业，8 木材加工及木、竹、藤、棕、草制品业和 6 纺织服装、鞋、帽制造业等部门处于第 4 扇面，原有基础较好但地位处于下降的较好部门。28 工艺品及其他制造业处于第 3 扇面，属于基础差但发展快的较好部门。

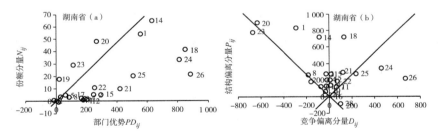

**图 4-7　湖南省部门优势分析图和部门偏离分量图**

对湖北省产业部门进行比较分类（见图 4-8）。

（1）部门优势分析：绝大多数部门处于第 1 扇面，为具有部门优势的增长部门。19 黑色金属冶炼及压延加工业处于第 5 扇面，是基础较好但竞争力较差的较差部门。

（2）部门偏离分量分析：1 农副食品加工业，5 纺织业，14 化学原料及化学制品制造业，17 橡胶与塑料制品和 18 非金属矿物制品业等部门，处于第 1 扇面，为原有基础很好，竞争力较强的好部门。6 纺织服装、鞋、帽制造业，21 金属制品业和 15 医药制造业等部门处于第 2 扇面，属于竞争力很强，原有基础较好的较好部门。24 交通运输设备制造业，4 烟草制品业和 12 文教、工美、体育和娱乐用品制造业处于第 4 扇面，为基础较好但地位处于下降的较好部门。19 黑色金属冶炼及压延加工业处于第 5 扇面，是基础较好但竞争力很差的较差部门（见图 4 – 8）。

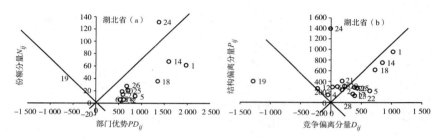

图 4 – 8　湖北省部门优势分析图和部门偏离分量图

对重庆市产业部门进行比较分类（见图 4 – 9）。

（1）部门优势分析：绝大多数部门处于第 1、第 2 扇面，为具有部门优势的增长部门。

（2）部门偏离分量分析：26 通信设备、计算机及其他电子设备制造业，17 橡胶与塑料制品和 10 造纸及纸制品业等部门处于第 1 扇面，属于原有基础很好且竞争力较强的好部门。18 非金属矿物制品业，24 交通运输设备制造业和 25 电气机械及器材制造业等部门处于第 2 扇面，是竞争力很强、原有基础较好的较好部门。14 化学原料及化学制品制造业，19 黑色金属冶炼及压延加工业等部门处于第 4 扇面，属于基础较好但地位处于下降的较好部门。

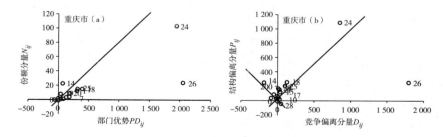

图 4 – 9　重庆市部门优势分析图和部门偏离分量图

对贵州省产业部门进行比较分类（见图 4 – 10）。

（1）部门优势分析图：多数部门处于第1、第2扇面，为具有部门优势的增长部门。

（2）部门偏离分量分析图：3 酒、饮料和精制茶制造业，18 非金属矿物制品业和24 交通运输设备制造业等部门处于第1 扇面，是原有基础很好、竞争力较强的好部门。14 化学原料及化学制品制造业，15 医药制造业，4 烟草制品业，1 农副食品加工业，2 食品制造业等部门处于第2 扇面，是竞争力很强、原有基础较好的较好部门。17 橡胶与塑料制品等部门处于第4 扇面，属于基础较好但地位处于下降的较好部门。

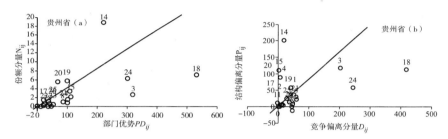

**图4-10 贵州省部门优势分析图和部门偏离分量图**

对云南省产业部门进行比较分类（见图4-11）。

（1）部门优势分析：多数部门处于第1、第2扇面，为具有部门优势的增长部门。

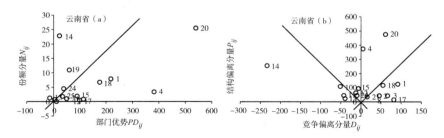

**图4-11 云南省部门优势分析图和部门偏离分量图**

（2）部门偏离分量分析：1 农副食品加工业，2 食品制造业，3 酒、饮料和精制茶制造业，17 橡胶与塑料制品和18 非金属矿物制品业处于等部门处于第1 扇面，属于原有基础很好且竞争力较强的好部门。4 烟草制品业和20 有色金属冶炼及压延加工业处于第2 扇面，事竞争力很强、原有基础较好的较好部门。11 印刷业和记录媒介的复制，13 石油加工、炼焦及核燃料加工业，14 化学原料及化学制品制造业和 19 黑色金属冶炼及压延加工业处于第 5 扇面，属于基础较好但竞争力很差的较差部门。

对四川省产业部门进行比较分类（见图 4 - 12）。

（1）部门优势分析：多数部门处于第 1、第 2 扇面，为具有部门优势的增长部门。

（2）部门偏离分量分析：24 交通运输设备制造业，26 通信设备、计算机及其他电子设备制造业和 13 石油加工、炼焦及核燃料加工业等部门处于第 1 扇面，属于原有基础很好且竞争力较强的好部门。1 农副食品加工业，3 酒、饮料和精制茶制造业，18 非金属矿物制品业，14 化学原料及化学制品制造业，15 医药制造业，21 金属制品业和 23 专用设备制造业等部门处于第 4 扇面，是基础较好但地位处于下降的较好部门。

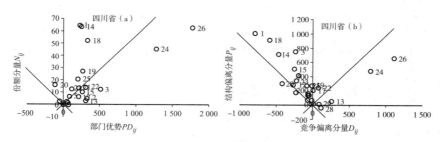

图 4 - 12　四川省部门优势分析图和部门偏离分量图

# 第三节　本章小结

## 1. 长江经济带制造业在全国占有重要地位

在全国所占份额较大的产业部门包括化学纤维制造业，烟草制品业，文教工美、体育及娱乐用品制造业，纺织服装、鞋、帽制造业，化学原料及化学制品制造业，电气机械及器材制造业以及仪器仪表及文化、办公用机械制造业等。其中，化学纤维制造业、烟草制品业、仪器仪表及文化、办公用机械制造业、工艺品及其他制造业比重高达 70% 左右。2011~2014年长江经济带制造业各部门的结构地位有明显变化。在分析的 29 个制造业部门中，有 12 个部门所占份额上升，有 17 个部门所占份额下降。

### 2. 长江经济带各省市制造业增长空间差异显著

除采矿、工艺品制造和其他制造业等少数工业部门之外，长江经济带绝大多数工业部门增长份额（$N_{ij}$）均大于 0，这说明长江经济带各省市工业部门均有不同程度增长。但这种工业产业部门增长份额既表现为工业产业增长部门差异，也表现为工业产业增长空间不同。从工业产业看，资金和技术密集型产业增长份额大于劳动密集型产业部门；从空间来看，长江经济带工业产业空间差异表现为上中下游差异，即工业产业增长份额空间上具有"下游（江、浙、沪、皖）> 中游（湘、赣、鄂）> 上游（云、贵、渝）"的空间特征。

### 3. 长江经济带各省市制造业结构趋同现象突出

2011 ～ 2014 年各省市增长份额较大的工业行业多集中在装备制造、电子信息、化学原料及化学制品制造、有色金属冶炼及压延加工、纺织、农副食品加工业等，工业行业结构趋同现象突出。在各省市增长份额排名前几位的工业行业中，江苏、浙江、江西、湖南、湖北、重庆、贵州、云南和四川等省市均有化学原料及化学制品制造业；上海、浙江、安徽、湖北和重庆等省市均有交通运输设备制造业；安徽、湖南、湖北和四川等省均有农副食品加工业，上海、江苏、浙江和安徽等省市均有电气机械及器材制造业，江苏、浙江、重庆和四川等省市均有通信设备、计算机及其他电子设备制造业；江西、湖南和云南等省市均有有色金属冶炼及压延加工业。同时，长江经济带工业产业结构也表现出一定的地域特色。如上海、江苏、浙江和安徽在化学原料及化学制品制造业、装备制造业，江西和湖南在有色金属冶炼及压延加工业，湖南和湖北在交通运输设备制造业，云南在烟草制造业，贵州在饮料制造业（白酒），重庆和四川在通信设备、计算机及其他电子设备制造业，增长份额较大。

分析各省市工业结构偏移份额，也呈现与工业增长份额类似特征。且呈现增长份额较大，结构偏移份额较大的特征。对长江经济带各省市结构增长份额分量分析发现，化学原料及化学制品制造业、通信设备、计算机及其他电子设备制造业、交通运输设备制造业、专用设备制造业、农副食品加工业等工业产业部门对经济增长贡献较大。在各省市结构偏移份额排名前几位的工业行业中，江苏、浙江、江西、湖北、重庆、贵州和云南等省市都有化学原料及化学制品制造业；上海、江苏和浙江等省市均有电气机械及器材制造业；安徽、湖南、湖北和四川等省均有农副食品加工业；江西、湖南和云南等省均有有色金属冶炼及压延加工业；安徽、湖北和重庆等省市均有交通运输设备制造业。同时，也表现出区域特色工业产业。如云南烟草制品业、贵州和四川饮料制品业等。

**4. 长江经济带各省市制造业竞争力空间差异显著，呈现此消彼长的态势**

从长江经济带上中下游工业产业竞争力看，长江经济带工业产业竞争力具有下游竞争力下降，而中上游竞争力上升的空间特征。从各省市工业产业竞争力看，上海、浙江、四川多数工业产业竞争力呈现下降态势，安徽、江西、湖北、重庆、贵州和云南竞争力呈现上升态势。从工业产业部门看，上海和江苏纺织服装、鞋、帽制造业竞争力下降幅度大，安徽、江西、浙江竞争力上升幅度高；江苏、浙江、上海通信设备、计算机及其他电子设备制造业竞争力下降较大，安徽、重庆和四川竞争力上升幅度较大；上海、江苏、浙江、安徽交通运输设备制造业竞争力下降，湖南、重庆竞争力上升。

**5. 长江经济带制造业中朝阳产业比重较大，制造业结构总体较好，对经济增长的贡献大，但竞争力有所下降**

长江经济带制造业中包含有较大比重的朝阳、增长快的产业部门，制造业总体结构比较好，结构对经济增长的贡献大，但竞争能力和地位有所下降。上海、江苏和浙江等省市制造业部门基础较好，制造业部门结构对经济增长的贡献较大，但多个制造业部门的竞争力和地位有所下降；安徽、江西、云南、贵州、重庆等省市制造业部门份额较低，但具有竞争优势的增长部门多，增长速度快；各省市均有一些基础好，发展速度快，竞争力较强的优势部门。

# 第五章

# 长江经济带城市网络与
# 城市集群合作

　　本章基于城市尺度，构建长江经济带城市竞争力评估指标体系，定量评价长江经济带城市竞争力并据此进行城市等级类型划分；再从城际经济联系网络结构视角，运用社会网络方法分析长江经济带城市群之间及城际联系网络空间结构及其互动合作路径，以此探寻和优化长江经济带上、中、下游城市群之间的空间合作节点与互动路径，为促进长江经济带上、中、下游联动、协同发展提供科学依据和参考。

## 第一节　经济联系模型与社会网络方法

### 一、经济联系模型

　　运用万有引力模型计算长江经济带城市之间的经济联系强度，其公式为：

$$R_{ij} = k_{ij} \frac{\sqrt{P_i G_i} \sqrt{P_j G_j}}{D_{ij}^2}, \quad \left( K_{ij} = \frac{G_i}{G_i + G_j} \right)$$

　　其中，$R_{ij}$为城市$i$与城市$j$的经济联系强度，$k_{ij}$为城市$i$对$R_{ij}$的贡献率，$P_i$为城市$i$的非农业人口数，$G_i$为城市$i$的GDP，$D_{ij}$为城市$i$与城市$j$之间的最短公路里程。

## 二、社会网络方法

### 1. 中心度分析

中心度衡量一个区域中城市节点地位的重要性，选取程度中心度、接近中心度和中介中心度三项指标。程度中心度（degree centrality）衡量城市在区域中的中心地位，分为外向程度中心度（out-degree centrality）和内向程度中心度（in-degree centrality），其公式分别为：

$$C_{DO}(n_i) = d_o(n_i) = \sum_{j=1} X_{ij}$$

$$C_{DI}(n_i) = d_I(n_i) = \sum_{i=1} X_{ji}$$

标准化公式：

$$C'_{DO} = \frac{d_o(n_i)}{g-1}$$

$$C'_{DI} = \frac{d_I(n_i)}{g-1}$$

$C_{DO}(n_i)$ 为外向程度中心度，$C_{DI}(n_i)$ 为内向程度中心度，$X_{ij}$ 为 0 或 1，表示城市 $i$ 与城市 $j$ 是否有联系；$X_{ji}$ 也为 0 或 1，表示城市 $j$ 与城市 $i$ 是否有联系，有联系为 1，无联系为 0，$g$ 是城市数。

接近中心度（closeness centrality）是以距离概念计算的城市节点中心性程度，即一个城市与其他城市距离接近，该城市越可能居于城市区域网络中心。接近中心度公式为：

$$C_c(n_i) = \left[ \sum_{j=1}^{g} d(n_i, n_j) \right]^{-1}$$

$C_c(n_i)$ 为接近中心度，$d(n_i, n_j)$ 表示 $n_i$ 与 $n_j$ 之间的距离，$C_c(n_i)$ 为城市 $n_i$ 到其他城市距离和的倒数，该值越小表示城市 $n_i$ 与其他城市之间的距离愈大，即城市处于网络边缘。

中介中心度（betweenness centrality）衡量的是一个城市作为城市之间相互联系媒介的作用和能力，公式为：

$$C_B(n_i) = \sum_{j<k} g_{jk}(n_i)/g_{jk}$$

$C_B(n_i)$ 为中介中心度，$g_{jk}$ 是城市 $j$ 到达城市 $k$ 的捷径数，$g_{jk}(n_i)$ 是城市 $j$ 到达城市 $k$ 的快捷方式上有城市 $i$ 的快捷方式数。

**2. 凝聚子群分析**

凝聚子群分析即小群体分析，用于反映在城市区域网络中，某些城市之间联系紧密而集聚成一个具有较强、紧密经济联系的城市小群体的现象。凝聚子群分析是中心性分析之外对城市区域网络更为深入的探究，可以揭示出城市区域网络结构特征。在长江经济带城际空间网络分析基础上，通过分析长江经济带城市之间的强联系，应用 Ucinet6.0 软件进行派系分析，并借助 Netdraw 工具绘制长江经济带城市小群体空间结构图。

# 第二节　长江经济带城市经济竞争力评价

## 一、长江经济带城市经济竞争力评价指标体系构建

选取 GDP 总量、人均 GDP、固定资产投资总额、货运总量、水运总量、货物周转量、等级公路总里程、移动电话用户数、国际互联网用户数、工业总产值、工业企业数、社会消费品零售总额、非农产业比重、经济增长速度、进出口总额、实际利用外资总额 16 项指标建立长江经济带城市经济竞争力评价指标体系。采用标准差标准化方法对原始数据进行标准化处理：

$$x_{ij} = (x_{ij} - \bar{x}_{ij})/\sigma \quad \sigma = \sqrt{\sum_{i=1}^{j}(x_{ij} - \bar{x})^2/n - 1}$$

式中，$x_{ij}$ 为指标原始数据，$\sigma$ 为指标标准差，$n$ 为长江经济带的城市数，$\bar{x}$ 为指标平均水平。

应用 SPSS19.0 软件，采用因子分析法，选取最大方差旋转法，提取三个主成分，KMO 值为 0.857，累积贡献率达 83.347%（见表 5-1），并计算出各主成分得分与城市竞争力综合得分。

表5-1 方差分析

| 成分 | 初始特征值 | | | 提取平方和载入 | | | 旋转平方和载入 | | |
|---|---|---|---|---|---|---|---|---|---|
| | 合计 | 方差的% | 累积% | 合计 | 方差的% | 累积% | 合计 | 方差的% | 累积% |
| 1 | 10.427 | 65.173 | 65.173 | 10.428 | 65.173 | 65.173 | 5.066 | 31.664 | 31.664 |
| 2 | 1.641 | 10.258 | 75.431 | 1.641 | 10.258 | 75.431 | 5.034 | 31.463 | 63.127 |
| 3 | 1.266 | 7.916 | 83.347 | 1.267 | 7.916 | 83.347 | 3.235 | 20.221 | 83.347 |
| 4 | 0.915 | 5.721 | 89.068 | | | | | | |
| 5 | 0.646 | 4.043 | 93.111 | | | | | | |
| 6 | 0.357 | 2.236 | 95.347 | | | | | | |
| 7 | 0.261 | 1.635 | 96.982 | | | | | | |
| 8 | 0.143 | 0.899 | 97.881 | | | | | | |
| 9 | 0.115 | 0.724 | 98.605 | | | | | | |
| 10 | 0.072 | 0.455 | 99.060 | | | | | | |
| 11 | 0.060 | 0.379 | 99.439 | | | | | | |
| 12 | 0.039 | 0.244 | 99.684 | | | | | | |
| 13 | 0.026 | 0.167 | 99.850 | | | | | | |
| 14 | 0.012 | 0.079 | 99.929 | | | | | | |
| 15 | 0.009 | 0.056 | 99.986 | | | | | | |
| 16 | 0.002 | 0.014 | 100.000 | | | | | | |

注：提取方法为主成分分析。

城市经济竞争力计算公式：

$$zF = \sum_{i=1}^{m} (FAC_i \times W_i)$$

$$W_i = \lambda i / \sum_{n=1}^{m} \lambda_n$$

式中，$zF$ 为长江经济带各城市经济竞争力得分，$FAC_i$ 为第 $i$ 个主成分得分，$W_i$ 为第 $i$ 个主成分权重，$m$ 为所提取主成分个数，$\lambda$ 为主成分特征根。

## 二、长江经济带城市经济竞争力类型划分

以长江经济带城市经济竞争力得分为主要依据，将选取的长江经济带109个城市划分为四个层级（见表5-2）。需要说明的是，二类中心城市为竞争力得分在1到2之间的城市或一类中心城市之外的其他省会城市。需要说明的是，根据《国务院关于依托黄金水道推动长江经济带发展的指导意见》，安徽省各城市均归入长江经济带下游地区。

表 5-2 长江经济带城市经济竞争力类型划分

| 区域类型 | 分值区间 | 上游地区 | 中游地区 | 下游地区 |
|---|---|---|---|---|
| 一类中心城市 | ≥2 | 重庆市（5.066）、成都市（2.392） | 武汉市（2.319） | 上海市（9.065）、苏州市（3.331）、南京市（2.328）、杭州市（2.219）、宁波市（2.101） |
| 二类中心城市 | (1, 2) | 昆明市（0.411）、贵阳市（-0.216） | 长沙市（1.193）、南昌市（0.220） | 无锡市（1.463）、南通市（1.125）、合肥市（0.756） |
| 节点城市 | (0, 1) | | 芜湖市（0.184）、岳阳市（0.094）、六安市（0.065）、赣州市（0.052）、宜昌市（0.011）、襄阳市（0.043） | 常州市（0.687）、温州市（0.640）、徐州市（0.662）、盐城市（0.614）、台州市（0.494）、嘉兴市（0.493）、绍兴市（0.317）、泰州市（0.291）、扬州市（0.308）、金华市（0.244）、湖州市（0.122）、镇江市（0.053） |

续表

| 区域<br>类型 | 分值区间 | 上游地区 | 中游地区 | 下游地区 |
|---|---|---|---|---|
| 边缘城市 | ≤0 | 德阳市（-0.277），绵阳市（-0.396），达州市（-0.412），曲靖市（-0.427），南充市（-0.450），遵义市（-0.490），宜宾市（-0.491），乐山市（-0.562），泸州市（-0.585），丽水市（-0.601），玉溪市（-0.604），资阳市（-0.618），广元市（-0.683），内江市（-0.686），毕节市（-0.704），广安市（-0.707），自贡市（-0.723），遂宁市（-0.724），眉山市（-0.725），巴中市（-0.736），昭通市（-0.783），思茅市（-0.796），雅安市（-0.824），铜仁市（-0.839），保山市（-0.850），临沧市（-0.861），安顺市（-0.916），丽江市（-0.957），攀枝花市（-0.688），六盘水市（-0.653） | 衡阳市（-0.060），郴州市（-0.112），常德市（-0.139），阜阳市（-0.141），株洲市（-0.151），安庆市（-0.159），九江市（-0.169），上饶市（-0.200），荆州市（-0.253），宜春市（-0.269），吉安市（-0.289），邵阳市（-0.303），蚌埠市（-0.310），宿迁市（-0.320），滁州市（-0.361），永州市（-0.375），十堰市（-0.383），娄底市（-0.407），益阳市（-0.416），宣城市（-0.431），湘潭市（-0.433），孝感市（-0.451），抚州市（-0.467），亳州市（-0.481），怀化市（-0.485），荆门市（-0.489），宿州市（-0.490），黄石市（-0.549），新余市（-0.584），淮南市（-0.606），萍乡市（-0.607），咸宁市（-0.609），铜陵市（-0.681），淮北市（-0.686），随州市（-0.727），池州市（-0.740），黄山市（-0.741），鹰潭市（-0.751），鄂州市（-0.833），张家界市（-0.847），马鞍山市（-0.300），景德镇市（-0.795） | 淮安市（-0.046），舟山市（-0.075），衢州市（-0.531），连云港市（-0.131） |

由表 5 - 2 可以得出：

（1）长江经济带可以划分为一类中心城市、二类中心城市、节点城市和边缘城市四类城市层级。中心城市共 15 个，其中一类中心城市 8 个，包括长江下游的上海市、苏州市、南京市、杭州市、宁波市，中游的武汉市以及上游的重庆市、成都市；二类中心城市共 7 个，包括长江下游的无锡市、南通市、合肥市，中游的长沙市、南昌市以及上游的昆明市、贵阳市；节点城市共 18 个，边缘城市 76 个。

（2）长江经济带的城市经济竞争力呈现"西弱东强"的空间特征。长江下游地区城市竞争力普遍较强，边缘城市仅有淮安市、舟山市、衢州市、连云港市四市，中心城市和节点城市占下游城市的绝大多数。长江上游城市的分布格局与下游相反，没有节点城市，边缘城市占绝大多数，两极分化。长江中游城市发展相对均衡，边缘城市比重较高。

（3）从城市经济竞争力来看，上海市（9.065）得分最高，是长江经济带的"龙头"城市，重庆市（5.066）是长江上游的领头城市，武汉市是长江中游的核心城市，但武汉市的竞争优势不如上海市和重庆市突出。在节点城市中，长江下游城市的竞争力得分普遍高于长江上游城市。在边缘城市中，城市竞争力得分普遍较低，且多为长江上中游城市。

# 第三节　长江经济带城市网络结构分析

## 一、长江经济带城市中心度

运用万有引力模型计算长江经济带城际经济联系强度，建立经济联系强度矩阵，将其转化为 0 ~ 1 矩阵，应用 Ucinet 6.0 软件进行中心度分析，得到 2012 年长江经济带城际经济联系网络中心度（见表 5 - 3）。

表 5-3 　　　　　　长江经济带城际经济联系网络中心度：
前 20 位和后 20 位城市　　　　　单位：%

| | 程度中心度 | | | 中介中心度 | | 接近中心度 | |
|---|---|---|---|---|---|---|---|
| | 城市 | 外向度 | 城市 | 内向度 | 城市 | 中介度 | 城市 | 中心度 |
| 前20位城市 | 上海市 | 64.815 | 合肥市 | 30.556 | 重庆市 | 27.860 | 上海市 | 18.815 |
| | 重庆市 | 62.963 | 南京市 | 29.630 | 武汉市 | 12.202 | 重庆市 | 18.750 |
| | 武汉市 | 61.111 | 杭州市 | 25.926 | 长沙市 | 9.410 | 武汉市 | 18.685 |
| | 杭州市 | 51.852 | 上海市 | 24.074 | 上海市 | 8.542 | 杭州市 | 18.367 |
| | 南京市 | 48.148 | 芜湖市 | 24.074 | 南京市 | 6.467 | 南京市 | 18.243 |
| | 合肥市 | 43.519 | 常州市 | 23.148 | 南昌市 | 5.965 | 合肥市 | 18.121 |
| | 苏州市 | 43.519 | 无锡市 | 22.222 | 成都市 | 5.905 | 苏州市 | 18.090 |
| | 长沙市 | 38.889 | 绍兴市 | 22.222 | 合肥市 | 5.830 | 长沙市 | 18.000 |
| | 无锡市 | 37.037 | 宣城市 | 22.222 | 杭州市 | 5.446 | 无锡市 | 17.910 |
| | 宁波市 | 34.259 | 六安市 | 22.222 | 徐州市 | 2.378 | 宁波市 | 17.822 |
| | 绍兴市 | 29.630 | 南通市 | 21.296 | 苏州市 | 2.336 | 绍兴市 | 17.734 |
| | 常州市 | 28.704 | 镇江市 | 21.296 | 贵阳市 | 1.843 | 南昌市 | 17.705 |
| | 南通市 | 26.852 | 金华市 | 21.296 | 昆明市 | 1.807 | 南通市 | 17.618 |
| | 南昌市 | 26.852 | 马鞍山市 | 21.296 | 金华市 | 1.741 | 成都市 | 17.561 |
| | 扬州市 | 25.926 | 重庆市 | 20.370 | 衡阳市 | 1.394 | 金华市 | 17.561 |
| | 成都市 | 25.926 | 宁波市 | 20.370 | 孝感市 | 1.380 | 徐州市 | 17.532 |
| | 镇江市 | 25.000 | 湖州市 | 20.370 | 襄阳市 | 1.252 | 嘉兴市 | 17.504 |
| | 泰州市 | 24.074 | 武汉市 | 19.444 | 芜湖市 | 1.140 | 六安市 | 17.419 |
| | 徐州市 | 24.074 | 长沙市 | 19.444 | 常州市 | 1.081 | 岳阳市 | 17.419 |
| | 盐城市 | 23.148 | 南昌市 | 19.444 | 上饶市 | 1.033 | 温州市 | 17.391 |
| 后20位城市 | 玉溪市 | 0.926 | 毕节市 | 3.704 | 丽水市 | 0 | 眉山市 | 16.024 |
| | 随州市 | 0.926 | 六盘水市 | 3.704 | 景德镇市 | 0 | 德阳市 | 16.024 |
| | 鹰潭市 | 0.926 | 昭通市 | 3.704 | 随州市 | 0 | 毕节市 | 16.000 |
| | 安顺市 | 0.926 | 达州市 | 2.778 | 雅安市 | 0 | 泸州市 | 16.000 |
| | 怀化市 | 0.926 | 遵义市 | 2.778 | 广安市 | 0 | 六盘水市 | 15.976 |
| | 十堰市 | 0.926 | 广安市 | 2.778 | 张家界市 | 0 | 遵义市 | 15.976 |
| | 攀枝花市 | 0 | 曲靖市 | 2.778 | 十堰市 | 0 | 达州市 | 15.976 |
| | 黄山市 | 0 | 玉溪市 | 2.778 | 六盘水市 | 0 | 曲靖市 | 15.976 |
| | 景德镇市 | 0 | 随州市 | 2.778 | 遵义市 | 0 | 玉溪市 | 15.953 |
| | 雅安市 | 0 | 雅安市 | 2.778 | 安顺市 | 0 | 雅安市 | 15.953 |
| | 巴中市 | 0 | 巴中市 | 2.778 | 巴中市 | 0 | 巴中市 | 15.953 |
| | 铜仁市 | 0 | 张家界市 | 2.778 | 铜仁市 | 0 | 广安市 | 15.953 |

| | 程度中心度 | | | 中介中心度 | | 接近中心度 | |
|---|---|---|---|---|---|---|---|
| | 城市 | 外向度 | 城市 | 内向度 | 城市 | 中介度 | 城市 | 中心度 |
| 后20位城市 | 广元市 | 0 | 安顺市 | 1.852 | 舟山市 | 0 | 铜仁市 | 15.929 |
| | 六盘水市 | 0 | 怀化市 | 1.852 | 池州市 | 0 | 安顺市 | 15.929 |
| | 张家界市 | 0 | 攀枝花市 | 1.852 | 玉溪市 | 0 | 攀枝花市 | 15.929 |
| | 保山市 | 0 | 铜仁市 | 1.852 | 保山市 | 0 | 随州市 | 15.906 |
| | 昭通市 | 0 | 保山市 | 0 | 昭通市 | 0 | 保山市 | 0 |
| | 丽江市 | 0 | 丽江市 | 0 | 丽江市 | 0 | 丽江市 | 0 |
| | 普洱市 | 0 | 普洱市 | 0 | 普洱市 | 0 | 普洱市 | 0 |
| | 临沧市 | 0 | 临沧市 | 0 | 临沧市 | 0 | 临沧市 | 0 |
| | 群体外向度 = 53.995 | | 群体内向度 = 19.419 | | 群体中介中心度 = 27.01 | | 非完全网络，无法计算群体紧密中心度 | |

对表 5 - 3 进行分析可以看出：

（1）从外向程度中心度来看，上海市（64.815%）、重庆市（62.963%）和武汉市（61.111%）分列前 3 位，表明上海市、重庆市和武汉市是长江经济带对外辐射能力最强的 3 个城市，分别在长江下游、上游、中游起着中心城市的辐射带动作用。长江经济带的群体外向度值为 53.995%，其对外辐射带动能力整体较强。下游城市外向程度中心度值相对较高，辐射能力较强，城市之间经济联系较为紧密，在外向度值前 20 名城市中，下游城市占到 17 个。攀枝花市、黄山市、景德镇市等 14 个城市的外向程度中心度值为 0，整体上处于长江经济带的边缘位置，自身对外辐射能力极弱。可见，长江经济带城市的对外辐射能力存在较大空间差异。

（2）从内向程度中心度来看，前三位城市分别为合肥市（30.556%）、南京市（29.630%）和杭州市（25.926%），拥有较强的凝聚力和吸引力。需要指出的是，重庆市与武汉市的内向程度中心度值相对较低，对外辐射能力远大于其凝聚力。宁波市的内向程度中心度也较低，主要因为其经济发展主要依靠出口贸易和海洋经济，因而受其他城市的影响相对较小。长沙市与南昌市的内向程度中心度也较低，则是因为长沙市与南昌市受长江上、下游城市的辐射影响有限，且在长江中游城市群中的吸引力相比武汉市更弱。尤其是长江上游地区的保山市、丽江市、普洱市和临沧市的内、外向程度中心度值均为 0，辐射力和凝聚力极弱，完全处于长江经济带城际联系网络体系的最外围。整体来看，长江经济带的群体内向程度中心度为 19.419%，和群体外向程度中心度相比明显偏低，可见长江经济带的内向凝聚吸引力较弱且分布相对均衡。

（3）从中介中心度来看，重庆市（27.860%）、武汉市（12.202%）和长沙市（9.410%）分列前 3 位。重庆市是连通长江上游与中下游的重要中心城市，上游其余城市的中介中心度值均不高。南昌市和成都市的中介中心度排名较之程度中心度排名大幅上升，说明南昌市、成都市尽管辐射力和凝聚力不突出，但充当着较为重要的联系中介角色。与程度中心度相比，长三角地区城市的中介中心度整体偏低，这是其程度中心性较高，城市联系直接而紧密，较少依赖中介城市，其中介中心度值偏低。长江上游城市的重庆市、成都市、贵阳市、昆明市等中介中心度比程度中心度排名靠前，这是因为其较低的程度中心性使长江上游城市之间的经济联系整体上较为松散，需要这些区域性的中心城市发挥中介联系作用。长江经济带的群体中介中心度值较高，为 27.01%，表明长江经济带城市之间的联系对一些关键中介城市颇有依赖。

（4）从接近中心度来看，上海市（18.815%）、重庆市（18.750%）和武汉市（18.685%）位列前 3 位，除长江上游的保山市、丽江市、普洱市、临沧市其接近中心度为零之外，其他城市的接近中心度值均超过 15.900%。可以看出，长江经济带的城市接近中心度排名与外向程度中心度排名相近，可见对外辐射能力强的城市往往能辐射周边城市从而建立起直接的经济联系。

## 二、长江经济带城市网络空间结构

从图 5-1 来看，长江经济带城际联系网络的空间分布很不均衡，整体呈现"东密西疏"的空间结构特征，尤其是长江中下游地区已经形成以上海市、杭州市、合肥市、苏州市、南京市、武汉市、南昌市、常州市、无锡市等城市为中心的城市网络密集分布核心区域，而处于最外围的则是江、浙、皖、赣、湘、鄂交通物流竞争力低下的边缘城市。可以看出，以武汉市、南昌市、长沙市为中心城市的长江中游城市群已和长三角城市群在经济联系方面逐步连接和融合。长江上游严重依赖重庆市作为联系主"门户"城市，成都市为副中心。成都市和重庆市承担着长江上游和中下游城市交流联系的中介作用。保山市、丽江市、普洱市、临沧市则完全游离在长江经济带城际联系网络之外。

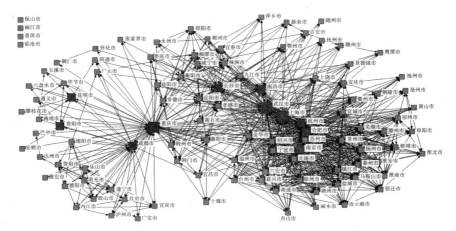

图 5-1　长江经济带城际经济联系网络空间结构

运用 Ucinet6.0 软件，将长江经济带城市之间经济联系强度的 0~1 矩阵做对称化处理，并进行派系分析，借助 Netdraw 工具绘制出长江经济带中具有较强紧密经济联系的城市群体，以此分析长江经济带上、中、下游城市群网络空间结构和区域差异（见图 5-2）。

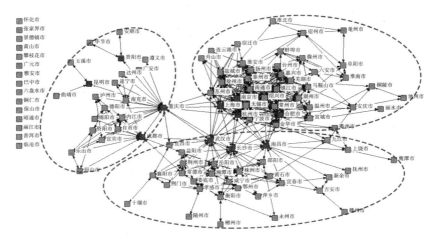

图 5-2　长江经济带城市小群体空间格局

对图 5-2 进行分析可以发现：
（1）长江经济带形成三大城市集群联系网络。

以重庆市、成都市为核心的"双核放射状"成渝城市群城际联系网络，以武汉市、长沙市、南昌市为核心的"三角放射状"长江中游城市群城际联系网络和以上海市为极，以南京市、杭州市、合肥市等为多中心的"一极多中心放射状"长三角城市群城际联系网络。此外，还有以贵阳市为中心的黔中区域性城市群和以昆明市为中心的滇中城市群城际联系网络。比较而言，长三角城市群网络最为密集。怀化市、张家界市、景德镇市、黄山市等15个城市游离于长江经济带联系网络之外，处于边缘位置。

（2）长江上游城市网络以重庆市和成都市为双核。

由图5-2可见，长江上游城市小群体在长江经济带的对外联系完全依赖重庆市和成都市，昆明市和贵阳市在长江上游地区的地位比重庆市和成都市差很多。

（3）长江中游城市群的网络结构较为紧密，围绕中心城市已形成较为密集的城市群空间网络结构。

和上游相比，长江中游城市群的联系网络更为密集。以武汉市、南昌市、长沙市为中心城市的长江中游城市群的凝聚力较强，处于该网络最外围的城市有湖北的十堰市、随州市，湖南的郴州市、永州市以及江西的赣州市、鹰潭市。

（4）长三角城市群的空间网络结构十分密集。

由图5-2可知，以上海国际大都市为龙头，已形成"沪宁杭合""杭湖宁""杭绍甬"等联系轴带。安徽省与长三角之间的经济联系已经十分密切，合肥市、芜湖市、马鞍山市、淮安市等城市已经完全融入长江下游城市小群体经济联系网络，但安徽省的宿迁市、淮北市、宿州市、亳州市、池州市等城市却处于长江下游城市小群体的最外围。

# 第四节　长江经济带城市集群空间合作路径

通过图5-3可以看出：

（1）长江经济带上、中、下游城市群分别在其中心城市引领下，由中心城市构成主要牵引力，其他城市辅助牵引，依托各级城市的辐射力与吸引力趋向融合。整个长江经济带的上、中、下游主要由重庆市、武汉市、长沙市、上海市、杭州市和南京市等中心城市的辐射、吸引、中介等作用而串联起来。中心城市在城市空间互动中较为活跃，节点城市与边缘城市参与度较低。

（2）长江上游成渝城市群与长三角城市群之间主要通过重庆市与"沪苏宁杭"等城市进行联系，合作路径见图5-3的三角标示区。成渝城市群与长三角城市群之间空间距离较远，且主要依托重庆市进行经济联系。因此，进一步完善长江上游与下游之间的交通物流网络，减少上、下游城市联系的运输成本，缩短其时间距离，使长三角城市群的经济影响更多地辐射上游城市，有助于更好地实现长江上、下游城市群之间、城市之间的互动合作。

（3）长江中游城市群与长三角城市群主要依赖"汉长昌"与"沪宁杭甬""苏锡常合"进行经济联系，合作路径见图5-3大椭圆标示区。值得注意的是，长江中游城市群还通过九江市与下游的衢州市以及合肥市、安庆市、金华市等城市发生经济联系，合作区域如图5-3的小椭圆标示区。九江市是长江重要的沿岸城市，虽不是中心城市，但其与下游城市小群体保持着较好的经济联系，在促进长江中下游城市小群体的互动融合中起着不可忽视的作用。

（4）长江上游成渝城市群与长江中游城市群之间主要依赖上游的重庆市、成都市与中游的武汉市、宜昌市进行经济联系，合作路径见图5-3标示的矩形区域。需要指出的是，长江上游的重庆市主要通过武汉市、宜昌市与长江中游城市群联系，而成都市还可通过益阳市、常德市与长株潭城市群联系。

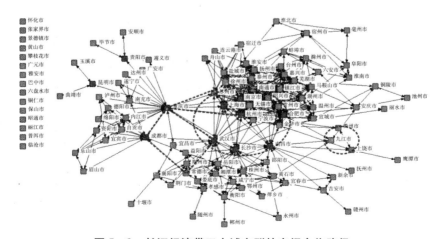

图5-3　长江经济带三大城市群的空间合作路径

# 第五节　本章小结

**1. 长江经济带的城市按交通物流竞争力可分为一类中心城市、二类中心城市、节点城市和边缘城市四个层级**

上海市、重庆市与武汉市是长江经济带对外辐射能力和交通物流竞争力最强的三个中心城市，是长江经济带城市集群联系网络的重要区域支点。长江经济带城市交通物流竞争力和城际联系网络空间分布不均衡，呈现"西弱东强""东密西疏"空间特征。下游地区城市交通物流竞争力较强且城际空间网络结构密集。长江经济带城市集群以沿江综合交通运输大通道为轴线，分为三大城市群体：长江上游成渝城市群及滇中、黔中城市群，长江中游城市群和长三角城市群。成渝城市群空间网络结构以重庆市、成都市为核心呈放射状，重庆市和成都市在上游与中下游互动联系中起着关键的桥梁媒介作用。

**2. 要着力提升长江经济带中心和节点城市交通物流竞争力，通过上、中、下游城市优势互补、合作互动和梯度辐射，形成直接高效的上、中、下游城市关联网络，推动长江经济带上、中、下游城市群组团集群发展、互动协作与协调发展**

长江上游应加强城市小群体内部经济联系和交通物流网络建设。尤其要提升滇中城市群与黔中城市群城市交通物流竞争力，扩大区域联系。重庆市应发挥长江上游城市群中心枢纽作用，增强对丝绸之路经济带的战略支撑。发挥成都市的战略支点作用，把成渝城市群培育成为长江经济带连接丝绸之路经济带的重要纽带。滇中城市群既要和成渝城市群加强经济联系形成上游经济带合力，又要提升云南面向西南开放的桥头堡功能；长江中游城市小群体要充分发挥区位优势和桥梁作用，积极加强与下游城市小群体相互沟通，扩大与上游城市小群体的经济联系。主要依赖"汉长昌"与"沪宁杭甬""苏锡常合"，以九江市、上饶市等中介城市与长三角城市群联系为辅，应加强九江市与南昌市、合肥市之间的经济联系，尤其要加快推进昌九一体化进程。

**3. 优化长江经济带综合交通运输网络，降低交通物流成本，促进上、中、下游互动合作**

要充分发挥长江黄金水道作用，以沿江综合运输通道和基础设施建设为支撑，建立和优化长江经济带综合交通运输网络，减少交通物流成本，促进上、中、下游"交通物流产业－城市区域"复合系统的互动合作，推进长江经济带一体化发展；要借鉴发达国家流域经济带在跨流域多边合作机制构建方面的经验，加强国家层面的协调指导，形成"市场机制＋政府治理"协调发展机制。以降低交易成本、资源高效配置、要素合理流动和区域分工合作为着力点，破解流域内部的规划冲突、产业趋同以及市场分割等问题。在促进长江经济带一体化发展和城市化进程的过程中，既要发挥长江黄金水道的巨大潜力，也要务必保护好长江流域的生态环境，促进长江经济带可持续发展。

# 第六章

# 长江中游城市群物流
# 网络空间组织

　　运输成本、物流网络和社会网络分析法是城市区域经济联系和网络结构研究的新视角和新方法。为此，采用包含公路和铁路的运输成本方法计算长江中游城市集群的运输成本空间影响范围，应用社会网络分析方法重点探究长江中游城市集群的物流—经济网络结构，在此基础上提出促进长江中游城市集群化发展的空间组织战略，对于进一步调控并优化长江中游城市集群的空间组织联系与网络结构具有一定的理论指导和实践参考意义。

## 第一节　长江中游城市群发展态势

### 一、长江中游城市集群发展的政策背景

　　"十一五"以来，我国城市群进入了蓬勃发展的新时代，城市群成为我国推进城镇化的主体形态。世界城市化发展历史已经证明，大城市仍是区域发展中有效的空间形态，而城市群则是城市区域中更为有效的空间组织形态。2006 年 3 月，《中华人民共和国国民经济和社会发展第十一个五年规划纲要》提出：要把城市群作为推进城镇化的主体形态，逐步形成以沿海及京广京哈线为纵轴，长江及陇海线为横轴，若干城市群为主体，其他城市和小城镇点状分布，高效协调可持续的城镇化空间格局。还指出在具备城市群发展条件的区域，形成若干用地少、就业多、要素集聚能力强、人口分布合理的新城市群。2011 年 3 月，《中华人民共和国国民经济

和社会发展第十二个五年规划纲要》提出：要以大城市为依托，以中小城市为重点，逐步形成辐射作用大的城市群，促进大中小城市和小城镇协调发展。构建以陆桥通道、沿长江通道为两条横轴，以沿海、京哈京广、包昆通道为三条纵轴，以轴线上若干城市群为依托、其他城市化地区和城市为重要组成部分的城市化战略格局，促进经济增长和市场空间由东向西、由南向北拓展。在中西部有条件的地区培育壮大若干城市群。从我国"十一五"到"十二五"城市化发展战略格局来看，依照中国经济的空间格局，在一些有条件的地区重点培育和壮大城市群是我国城市化发展的一个重要战略导向。

2009年，国务院批复的《促进中部地区崛起规划》提出：加快形成长江、陇海、京广和京九"两横两纵"经济带，积极培育充满活力的城市群。2016年国家在《促进中部地区崛起"十三五"规划》中再次强调培育经济轴带，推动形成多轴多极多点的网络化空间开发格局。2010年，国家发改委出台了《关于促进中部地区城市群发展的指导意见》，指导和推动了中部地区城市群发展。目前，中部地区已初步形成了以武汉城市圈、中原城市群、长株潭城市群、皖江城市带、环鄱阳湖城市群和太原城市圈六大城市群为主的发展格局，并在长江中游地区出现了跨省区的城市联合体——长江中游城市集群①。2010年国务院颁布的《全国主体功能区规划——构建高效、协调、可持续的国土空间开发格局》把由武汉都市圈、长株潭城市群和环鄱阳湖城市群为主体构成的长江中游地区被列入国家层面的重点开发区，这是内陆地区唯一跨三省的重点开发区域。长江中游城市群是全国主体功能区规划中被列为重点发展的八个大城市群之一，具有巨大的发展潜力。

## 二、长江中游城市集群的地理范围和经济发展状况

长江中游西起湖北宜昌，东至江西湖口，经湖北、湖南、江西三省，起着承南启北，沟通东西的重要作用。湘鄂赣三省地缘接近，城市密集。长江中游城市集群位于全国"两横三纵"城市化战略格局中沿长江通道横轴和京哈、京广通道纵轴的交汇处，是以武汉城市圈、长株潭城市群、环

---

① 长江经济带是中国经济宏观格局的重要横轴，湘鄂赣三省兼受长江文明的长期影响，由于"江湖关系"的地缘优势而联系在一起。长江中游城市集群表面上着眼于湘鄂赣三省城市群发展，但在更广泛的区域协调背景下，其意义在于带动长江中游地区的整体崛起。

鄱阳湖城市群为主体形成的特大型城市群，范围包括湖北省武汉市、黄石市、鄂州市、黄冈市、孝感市、咸宁市、仙桃市、潜江市、天门市、襄阳市、宜昌市、荆州市、荆门市，湖南省长沙市、株洲市、湘潭市、岳阳市、益阳市、常德市、衡阳市、娄底市，江西省南昌市、九江市、景德镇市、鹰潭市、新余市、宜春市、萍乡市、上饶市及抚州市、吉安市的部分县（区），国土面积约 31.7 万平方公里。

　　长江中游地区正处于工业化和城市化的快速发展阶段，据统计，2010年长江中游城市集群总人口数为 9 487.98 万人，实现地区生产总值 2.78万亿元，固定资产投资总额为 19 206.86 亿元，实际利用外资 1 217 477 万美元，财政收入总量为 3 699.44 亿元，社会消费品零售总额为 10 616.92亿元，分别占当年全国相应指标的 7.08%、6.88%、6.91%、11.51%、4.45%、6.76%，在全国经济格局中具有举足轻重的地位（见表 6 - 1）。2014 年实现地区生产总值 6 万亿元，年末总人口 1.21 亿人，分别约占全国的 8.8%、8.8%①。

**表 6 - 1　　　　长江中游城市集群经济发展指标（2010 年）**

| 指标 | 总人口数 | GDP | 固定资产投资额 | 实际利用外资总额 | 财政收入 | 社会消费品零售总额 |
|---|---|---|---|---|---|---|
| 单位 | 万人 | 亿元 | 亿元 | 万美元 | 亿元 | 亿元 |
| 武汉城市圈 | 3 174.32 | 9 635.77 | 6 765.87 | 431 601 | 1 796.03 | 4 303.17 |
| 长株潭城市群 | 4 008.36 | 12 558.80 | 7 540.19 | 410 831 | 1 168.21 | 4 476.55 |
| 环鄱阳湖城市群 | 2 305.30 | 5 569.50 | 4 900.80 | 375 045 | 735.20 | 1 837.20 |
| 长江中游城市集群 | 9 487.98 | 27 764.07 | 19 206.86 | 1 217 477 | 3 699.44 | 10 616.92 |
| 全国 | 134 091 | 403 260 | 278 121.9 | 10 574 000 | 83 101.5 | 156 998.4 |

# 第二节　长江中游地区中心城市辐射空间

　　城市之间的空间距离、经济距离往往被高速发展的交通联系所缩短，城市间的交通物流联系强度是城市群发展的活力所在。交通基础设施建设是城市群构建的前提条件，城市之间密集的交通联系能激发城市之间交流

---

　　①　长江中游城市群发展规划［EB/OL］. http：//finance. eastmoney. com/news/1344，20150416497456422. html.

和交易的经济活力。就长江中游城市集群化发展而言，随着长江中游城市集群一体化趋势不断加强，这一地区交通网络日趋完善，交通可达性不断增强，城市之间的交通联系时间大幅降低，运输成本明显下降，中心城市对周边城市的货流运输具有明显吸引力，提高了中心城市的空间辐射能力，拓展了中心城市的空间辐射范围。城市集群物流网络的发展因运输成本变化而显著地影响着城市区域的空间组织和网络结构。

## 一、基于加权平均旅行时间模型的城市可达性

假设同等条件下相同的运输工具运输成本不变，则运输成本主要取决于运输时间，因此，采用加权平均旅行时间来测度交通运输成本。加权平均旅行时间是评价某个节点到其他物流中心的时间测度，指标值越小，说明该节点可达性越高，与物流中心的联系越紧密，反之亦然。具体公式为：

$$A_i = \frac{\sum_{j=1}^{n}(T_{ij} \times M_{ij})}{\sum_{j=1}^{n} M_{ij}}$$

式中，$A_i$ 为交通网络中节点 $i$ 的加权平均旅行时间，$T_{ij}$ 为节点 $i$ 与节点 $j$ 之间的最短时间距离，$M_j$ 为节点 $j$ 的某种社会经济要素流的流量，可以是节点 $j$ 的人口或地区生产总值（GDP），$n$ 为除节点 $i$ 以外的节点总数，$M_j$ 为地区生产总值。

## 二、基于潜力模型的城市辐射范围

潜力模型反映各城市在空间上受中心城市的空间"合力"。分值高低与中心城市的规模成正比，与评价节点到中心城市的距离、时间或费用成反比。采用栅格范围划分的方法，通过计算每个栅格到达中心城市的最短时间距离，选用潜力模型来划分城市辐射范围：

$$P_i = \sum_{j=1}^{n} \frac{M_j}{D_{ij}^{a}}$$

式中：$P_i$ 表示归属于节点 $i$ 的优势潜力值，值越高，归属于节点 $i$ 的潜力越大；$D_{ij}$ 表示交通网络中节点 $i$ 到节点 $j$ 的时间距离；$a$ 为距离摩擦系数，一般取 1。$M_j$ 表示节点的人口或地区生产总值（GDP），$M_j$ 取 GDP × 人口。

## 三、基于栅格法的交通运输成本

选用网络分析法计算交通运输成本。地理空间数据来源于国家基础地理信息系统 1:100 万数据库（2002 年最新），采用 GCS Beijing 1954 坐标系，在 ArcGIS 软件中提取各省份面状、交通网络、城市点状数据。将各省 2011 年道路交通图矢量化，并配准到以上地理空间数据中，以补充和完善交通网络。

处理过程如下，将研究区域分割为若干个 5km×5km 大小的栅格，区分不同的道路交通等级，建立交通网络拓扑关系。对高速公路和铁路封闭化处理，只保留高速路口、铁路站点与其他道路的联系。将有交通网络通过的栅格赋予相应速度值，如果同一个栅格有多种道路通过时，该栅格值取最高等级道路速度值，没有交通网络通过的栅格赋予默认速度值。利用 ArcGIS 软件提取每个栅格的几何中心点坐标，计算每个栅格到轴心的运行时间成本，确定轴心辐射范围，构建地区物流网络（见图 6-1）。因为测度的是时间距离，首先需要设定不同等级道路的行车速度。根据《中华人民共和国行业标准（JTGB01-2003）：公路工程技术标准》《铁路车站及枢纽设计规范（GB50090-99）》规定的公路、铁路设计速度，考虑实际的车速行驶情况，设定各类公路、铁路的行驶速度为：有高速公路通过的栅格速度值为 100km/h，国家级和省级公路为 70km/h，县乡级公路为 30km/h，没有等级公路通过的栅格设定速度为 15km/h，有铁路通过的栅格速度值为 140km/h。每个栅格值基本反映了该栅格的通达能力（见图 6-1）。

## 四、交通物流轴心城市的确定

长江中游城市集群的空间范围大概由长江中游地区的武汉城市圈、长株潭城市群和环鄱阳湖城市群组合而成。首先选取 GDP 总量、全社会固定资产投资总额、工业总产值、社会消费品零售总额、工业企业数、货运总量、货物周转量、载货汽车拥有量、等级公路总里程、交通运输与仓储及邮政业从业人员数、邮电业务总量、移动电话用户数、国际互联网用户数 13 项具体评价指标，以此综合评价长江中游城市集群各城市交通物流竞争力。其次，借助 SPSS19.0 软件操作，运用主成分分析法，通过正交旋转，得到 2 个主成分，累计方差贡献率达到 91.702%（见表 6-2）。

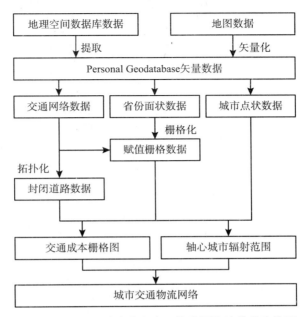

**图6-1　城市运输成本和交通物流网络的技术路线图**

表6-2　　　　　　　　　　　　　　　　解释的总方差

| 成分 | 初始 | | | 旋转后 | | |
|---|---|---|---|---|---|---|
| | 特征值 | 贡献率（%） | 累积贡献率（%） | 特征值 | 贡献率（%） | 累积贡献率（%） |
| 1 | 10.891 | 83.778 | 83.778 | 7.100 | 54.614 | 54.614 |
| 2 | 1.030 | 7.924 | 91.702 | 4.821 | 37.088 | 91.702 |
| 3 | 0.567 | 4.358 | 96.060 | | | |
| 4 | 0.240 | 1.846 | 97.906 | | | |
| 5 | 0.121 | 0.929 | 98.834 | | | |
| 6 | 0.073 | 0.560 | 99.394 | | | |
| 7 | 0.042 | 0.323 | 99.717 | | | |
| 8 | 0.019 | 0.149 | 99.866 | | | |
| 9 | 0.009 | 0.069 | 99.935 | | | |
| 10 | 0.005 | 0.036 | 99.971 | | | |
| 11 | 0.002 | 0.014 | 99.985 | | | |
| 12 | 0.001 | 0.009 | 99.994 | | | |
| 13 | 0.001 | 0.006 | 100.000 | | | |

计算得到各城市交通物流竞争力得分（见表6-3）。

表6-3  长江中游城市集群各城市交通物流竞争力得分

| 城市 | 得分 | 城市 | 得分 |
|------|------|------|------|
| 武汉市 | 2.923 | 益阳市 | -0.218 |
| 长沙市 | 0.993 | 孝感市 | -0.233 |
| 南昌市 | 0.671 | 抚州市 | -0.244 |
| 岳阳市 | 0.038 | 鄂州市 | -0.278 |
| 株洲市 | 0.010 | 仙桃市 | -0.338 |
| 衡阳市 | -0.034 | 潜江市 | -0.360 |
| 黄石市 | -0.097 | 景德镇市 | -0.378 |
| 常德市 | -0.100 | 天门市 | -0.380 |
| 九江市 | -0.138 | 咸宁市 | -0.391 |
| 湘潭市 | -0.148 | 黄冈市 | -0.441 |
| 上饶市 | -0.201 | 鹰潭市 | -0.441 |
| 娄底市 | -0.214 | | |

从表6-4可以看出，长江中游城市集群交通物流竞争力可以划分为3个级别：（1）武汉市、长沙市、南昌市作为第一层次，得分为0.5~3.0，武汉市得分为2.923，遥遥领先于长沙市和南昌市。武汉市远远领先于其他城市，优势比较明显，其他城市无法企及其轴心城市的地位，其辐射范围包括整个长江中游地区。因此，武汉市作为一级轴心城市，而长沙市、南昌市虽然和武汉市的物流综合水平有一定差距，但其得分也远高于其他地级城市，具有明显的比较优势，将其作为二级轴心城市。（2）第二层次为中心城市，包括岳阳市（0.038）、株洲市（0.010）、衡阳市（-0.034）、黄石市（-0.097）、常德市（-0.100）、九江市（-0.138）、湘潭市（-0.148）。其中，在平均水平以上的有湖南的岳阳市和株洲市，其余五个城市尽管排在第二层次，但处于平均水平以下。第二层次的7个城市中，环鄱阳湖城市群有九江市，武汉城市圈有黄石市，其余5个均属于长株潭城市群。（3）第三层次为边缘城市，包括其余13个城市。

表 6 - 4 长江中游城市集群交通物流竞争力分类

| 级别 | 得分区间 | 城市个数 | 城市 |
|---|---|---|---|
| 一级轴心城市 | 1.0 ~ 3.0 | 1 | 武汉市（2.923） |
| 二级轴心城市 | 0.5 ~ 1.0 | 2 | 长沙市（0.993）、南昌市（0.671） |
| 中心城市 | - 0.2 ~ 0.5 | 7 | 岳阳市（0.038）、株洲市（0.010）、衡阳市（-0.034）、黄石市（-0.097）、常德市（-0.100）、九江市（-0.138）、湘潭市（-0.148） |
| 边缘城市 | - 0.5 ~ - 0.2 | 13 | 上饶市（-0.201）、娄底市（-0.214）、益阳市（-0.218）、孝感市（-0.233）、抚州市（-0.244）、鄂州市（-0.278）、仙桃市（-0.338）、潜江市（-0.360）、景德镇市（-0.378）、天门市（-0.380）、咸宁市（-0.391）、黄冈市（-0.441）、鹰潭市（-0.441） |

# 五、轴心城市的辐射范围

根据运输成本模型和潜力模型，长江中游城市集群的每一城市都可绘出运输成本影响的空间辐射范围图。具体来看，选用网络分析法计算运输成本，将长江中游城市集群地域范围分割为若干个 5km×5km 大小的栅格，每个栅格内部的影响忽略。首先，区分不同的道路交通等级，并建立交通网络的拓扑关系。将有交通网络通过的栅格赋予相应的速度值，如果同一个栅格有多种道路通过时，该栅格值取最高等级道路速度值，没有交通网络通过的栅格赋予默认速度值。其次，设置区域内网格的通达可行性，利用 ArcGIS 软件提取每个栅格的几何中心点坐标。最后，进行 Arc-GIS 平台的二次开发，计算每个栅格到中心城市的运行时间成本，确定每个中心城市的辐射范围。

（1）长江中游城市集群呈现"三中心"的运输成本空间格局。基本形成以武汉、长沙、南昌为中心的环状运输成本空间格局，说明湘鄂赣一体化程度还较为低下，交通联系尚未达到高度密集，但各省内部均已经形成了大致均匀和联系相对紧密的运输成本空间结构。

（2）武汉的交通物流枢纽地位十分突出，在长江中游城市集群的三个中心城市中"一枝独秀"，是长江中游地区交通物流发展的"龙头"，是引领长江中游城市集群交通物流联系的"轴心"。尽管将长沙、南昌和武汉列为同一等级，但和武汉存在较大差距。武汉市作为一级轴心城市，是整个中部中游地区"轴—辐"物流网络的重心，各地区到武汉市的交通运行成本较为均匀，没有明显的规律。

（3）长株潭城市群的节点城市分布均匀，交通物流联系网络较为密集。从表6-4、图6-1可以看出，在7个节点城市中，长株潭城市群有5个。而武汉城市圈和环鄱阳湖城市群都只有1个城市，长江中游城市集群交通物流网络具有明显的地区差异。

以武汉为中心的低运输成本空间辐射范围最大，可达性最好，表明武汉在长江中游城市集群中的空间影响力最强。以南昌为中心的低运输成本空间辐射范围最小，可达性最差。武汉城市圈和环鄱阳湖城市群存在的问题都是"一城独大"，空间辐射范围不均衡。而长株潭城市群的长沙、株洲、湘潭的运输成本处于同一等级，空间辐射范围相对均衡。以武汉为中心的武汉城市圈物流辐射范围朝向西南，表明武汉城市圈与长株潭城市群之间的可达性较好。以南昌为中心的环鄱阳湖城市群通过九江市，其物流辐射朝向湖北，这表明江西有主动融入武汉城市圈的空间发展趋势，但环鄱阳湖城市群的物流辐射空间范围较小，在某种程度上制约了江西经济空间扩展。

三级轴心是二级轴心的腹地，且具有联系二级及以上轴心城市与广阔腹地的作用，其运行成本很大程度上受到二级轴心的影响，三级轴心的建设与空间布局直接影响到区域内物流网络的协调发展；其他边缘城市作为物流网络广阔的腹地，其运行成本受轴心城市空间布局的影响最大。由于篇幅所限，只列举出二级轴心的运行成本图，并以中部地区的省份作为参照。

# 第三节　长江中游地区物流网络空间布局

区域经济发展依赖于交通物流产业的带动，构建结构稳定、高效运作的物流网络将是长江中游地区经济社会发展的总体趋势。如何综合运用各种物流资源，降低物流运输成本，提高物流效率，构建布局合理的物流交通网络，对区域经济发展十分重要。区域"轴—辐"物流网络不仅在现代物流业，而且在区域经济发展中逐渐显示出其独特的优势。在轴辐系统中，根据空间影响力和辐射范围将区域内的节点划分为若干个等级，将处于支配地位的大型综合枢纽节点作为轴心，而"辐网"是指网络中的非中心节点与轴心的联系，整个网络由轴心、腹地、连接线路以及各等级层次的节点等要素组成。通过构建区域"轴—辐"物流网络，将货物的流转集中在几个大型综合枢纽上，以此实现规模效益，降低运输成本。通过对长江中游地区公路和铁路运输成本的轴—辐物流网络研究，进而可以提出适合自身区域经济发展的物流网络，进而对长江中游的物流产业发展加以引导，提高网络效率和经济效益。

结合二级轴心的运行成本，运用潜力模型，得到各轴心城市的辐射范围，进而构建长江中游地区"轴—辐"交通物流网络体系。其中，一级轴心城市为轴，二级轴心城市为辐，三级轴心城市为支节点，其他地级市（州）和县级市为腹地。可以看出：

（1）交通物流辐射范围与行政区域范围基本吻合。各省范围内"轴—辐"交通物流网络以二级轴心城市为中心，三级轴心城市为次中心，省内其他区域为广阔的腹地，各分支节点和腹地的交通物流发展基本上依靠于本省更高级别的交通物流轴心，这说明各省内部交通基础设施相对均匀，区域内节点与轴辐之间联系紧密，其通达性不需要长距离的运行。

（2）湖北的三级轴心城市分布均匀，交通物流网络较为密集，"轴—辐"交通物流网络较为合理，区域交通物流水平相对发达。武汉市作为一级轴心城市，经计算，其到长沙市、南昌市的交通成本在 5.08 小时以内，所以，武汉市交通物流综合实力远远领先于其他城市，交通物流辐射能力覆盖了整个中部地区。自 2007 年国务院正式批准武汉城市圈为改革实验区以来，武汉市作为武汉城市圈的增长极，承担着促进中部地区交通物流业发展、构建承东启西、贯穿南北的全国性交通物流基地的重任。但湖北省其他地区的交通物流水平与武汉相差较大，导致交通物流发展水平的不平衡。

（3）江西省交通物流水平整体较弱，交通物流业发展呈现明显的南北差异。全省交通物流业发展重心集中在北部和中西部，南部地区交通物流水平差，省内区域间交通物流企业间联系不紧密，交通物流信息和咨询业落后，导致产业发展不协调。江西省以南昌市为中心，九江市为次中心，新余市、萍乡市为三级轴心，构成了全省的交通物流体系。北部的九江市地处长江腹地，依靠良好的港口优势，且位于武汉市、合肥市、南昌市三个交通物流轴心围成的三角形的几何中心地带，其交通物流业的发展在江西省的经济建设中起着具有举足轻重的作用；新余市、萍乡市作为连接南昌市和长沙市的纽带，在交通物流网络中起着中转枢纽的作用，由于萍乡市在地理位置上靠近湖南，因此，在受到南昌市的辐射作用的同时，也受到长沙市的辐射作用。江西省在中部六省中经济实力较弱，制约江西省交通物流业的发展。作为一个农业大省，依靠优良的自然资源，借助快速发展的道路体系和基础设施，在东临浙江、南连广东、西接湖南、北毗湖北、安徽的区位条件下，江西省交通物流业具有很好的发展潜力和迫切的发展需求。

（4）湖南省交通物流轴心集中在长株潭城市群地区，极化趋势明显。具体来看，湖南省交通物流网络是以长沙市为二级轴心，湘潭市、株洲市和衡阳市为三级轴心，均匀分布在长沙市 4.80 小时时间圈内，省内西部和南部地区无轴心点，交通物流业集聚化发展趋势明显。据有关资料显示，到 2010 年末，湖南省全省公路总里程 227 998 公里，物流企业 3 100多家，随着铁路、公路、航运、航空等交通网络的逐步完善，以及长株潭"3＋5"城市群城际交通一体化，交通物流企业和设施等要素逐步向长株潭综合交通枢纽汇集的趋势愈加明显。

# 第四节　长江中游城市群经济空间网络组织

网络中心度分析：中心度是一个衡量一个区域中城市节点地位优越性或重要性的指标。描述中心度有点度中心度、紧密中心度和中介中心度三种指标。其中，点度中心度指标衡量城市在区域内的中心地位；紧密中心度指标描述城市节点与其他城市节点的相互作用程度；中介中心度指标衡量一个城市作为城市之间相互联系媒介的作用和能力。

小团体分析：城市区域网络中某些城市节点之间联系特别紧密，集结成一个次级小团体的现象。小团体是一个区域网络的总体结构指标，研究小团体可以揭示城市区域网络的结构特征。在小团体分析之前，需要把联系矩阵转化为只有强联系即拥有双向联系的矩阵。

角色分析：从分析一个区域网络的结构同型性入手，将结构同型的节点城市归为一类，把不同的类型归纳为若干个角色，即将区域网络内所有节点城市都映射到相应的角色中去，形成区块矩阵，然后分别计算角色内以及角色间的关系密度，列出密度表，并选择一项判断标准，形成印象矩阵与精简图形，使所有节点的角色被分类且定义清晰，可发现角色与角色之间的相互关系。网络中心度、小团体分析、角色分析等具体计算公式由

于篇幅关系略。

## 一、长江中游城市集群经济联系的空间网络

在社会网络分析方法（SNA）中，关系是网络分析的基础。社会网络分析方法可以较好地描述组织间的关系特征及网络结构，目前较少应用于城市空间经济联系网络的研究。城市集群具有开放性的稳定结网关系，应用社会网络分析法正好可以对城市之间空间经济联系进行可视化的分析。应用 Ucinet 6.0 软件对经济联系矩阵进行 SNA 分析，长江中游城市集群的整体网络如图 6 - 2 所示。

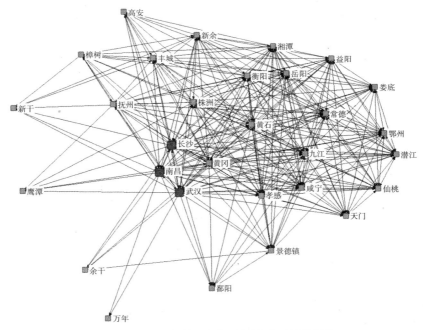

**图 6 - 2 长江中游城市集群经济联系整体网络**

使用万有引力公式计算城市间经济联系。应用 Ucinet 6.0 软件对经济联系矩阵进行 SNA 分析。长江中游城市集群的整体网络如图 6 - 2 所示，可见除环鄱阳湖城市群内的新干、鹰潭、余干、万年、鄱阳等城市外，其余城市间的经济联系整体上比较紧密。

可以发现，长江中游城市集群整体经济联系比较紧密，已经形成一个较密集的经济联系空间网络。尤其是武汉城市圈的武汉、黄冈、黄石、孝感、咸宁，长株潭城市群的长沙、株洲、衡阳、岳阳、常德以及环鄱阳湖城市群的南昌、九江等城市处于整体网络的中部位置且密集程度较高，体现出这些城市在长江中游城市集群网络中的重要地位；处于网络相对边缘位置的湘潭、益阳、娄底、鄂州、潜江、仙桃、天门、景德镇、高安、樟树、抚州等城市虽然比上述城市的经济联系差，但也比较密切。可以明显看出，环鄱阳湖城市群内的新干、鹰潭、余干、万年、鄱阳等城市间的经济联系整体上比较松散，处于长江中游城市集群经济联系网络的外围，尤其是万年，仅和南昌、武汉有明显的经济联系，这些城市和长江中游城市集群经济网络联系中的地位有待提升。整体来看，武汉城市圈和长株潭城市群之间的经济联系相对更为频繁和密切，而环鄱阳湖城市群的一些城市有"被边缘化"的趋势。

# 二、长江中游城市集群经济联系的空间结构特征

在社会网络分析中，中心度是衡量一个区域中城市节点地位优越性或重要性的一个指标。在城市经济联系网络分析中，衡量中心度先要计算城市间的经济联系强度，并据此绘制城市之间的经济联系网络图，可以科学、直观地揭示出城市区域空间结构特征。在社会网络分析方法（SNA）中，描述中心度通常使用点度中心度指标。使用万有引力公式计算城市间经济联系，并应用 Ucinet 6.0 软件对长江中游城市集群城市经济联系矩阵进行中心度分析（见表 6 - 5）。

## 1. 城市网络中心度分析

应用 Ucinet 6.0 软件对长江中游城市集群各城市的经济联系矩阵进行中心度分析（见表 6 - 5）。

表 6 - 5　　　　　　长江中游城市集群网络中心度　　　　　单位：%

| 点度中心度 | | | | 紧密中心度 | | | | 中介中心度 | |
|---|---|---|---|---|---|---|---|---|---|
| 城市 | 点出度 | 城市 | 点入度 | 城市 | 内向 | 城市 | 外向 | 城市 | 中心度 |
| 武汉 | 5.809 | 鄂州 | 4.343 | 鹰潭 | 21.168 | 南昌 | 100 | 南昌 | 12.546 |
| 黄冈 | 4.421 | 黄冈 | 3.301 | 余干 | 21.168 | 武汉 | 100 | 黄冈 | 4.020 |

续表

| 点度中心度 | | | | 紧密中心度 | | | | 中介中心度 | |
|---|---|---|---|---|---|---|---|---|---|
| 城市 | 点出度 | 城市 | 点入度 | 城市 | 内向 | 城市 | 外向 | 城市 | 中心度 |
| 长沙 | 3.433 | 湘潭 | 2.411 | 新干 | 21.014 | 长沙 | 96.667 | 景德镇 | 3.783 |
| 株洲 | 1.946 | 株洲 | 2.193 | 万年 | 20.280 | 黄冈 | 93.548 | 武汉 | 3.305 |
| 鄂州 | 1.847 | 孝感 | 1.952 | 黄石 | 19.333 | 株洲 | 90.625 | 黄石 | 2.971 |
| 湘潭 | 1.315 | 黄石 | 1.548 | 南昌 | 19.333 | 黄石 | 87.879 | 新余 | 2.104 |
| 黄石 | 0.982 | 咸宁 | 1.071 | 黄冈 | 19.333 | 岳阳 | 85.294 | 长沙 | 1.770 |
| 孝感 | 0.594 | 益阳 | 0.898 | 九江 | 19.205 | 湘潭 | 85.294 | 九江 | 1.560 |
| 岳阳 | 0.547 | 长沙 | 0.890 | 岳阳 | 19.079 | 衡阳 | 85.294 | 株洲 | 1.311 |
| 常德 | 0.350 | 武汉 | 0.828 | 孝感 | 19.079 | 孝感 | 82.857 | 丰城 | 0.780 |
| 衡阳 | 0.337 | 岳阳 | 0.623 | 武汉 | 19.079 | 咸宁 | 82.857 | 岳阳 | 0.564 |
| 咸宁 | 0.281 | 仙桃 | 0.563 | 株洲 | 19.079 | 常德 | 80.556 | 咸宁 | 0.490 |
| 益阳 | 0.274 | 常德 | 0.399 | 咸宁 | 19.079 | 益阳 | 78.378 | 孝感 | 0.490 |
| 南昌 | 0.163 | 天门 | 0.395 | 天门 | 18.954 | 鄂州 | 74.359 | 衡阳 | 0.477 |
| 仙桃 | 0.158 | 衡阳 | 0.386 | 长沙 | 18.954 | 娄底 | 74.359 | 湘潭 | 0.477 |
| 娄底 | 0.138 | 娄底 | 0.325 | 湘潭 | 18.954 | 新余 | 74.359 | 抚州 | 0.387 |
| 潜江 | 0.114 | 潜江 | 0.323 | 益阳 | 18.954 | 仙桃 | 72.500 | 樟树 | 0.196 |
| 天门 | 0.108 | 南昌 | 0.127 | 鄂州 | 18.954 | 九江 | 70.732 | 常德 | 0.195 |
| 九江 | 0.036 | 九江 | 0.104 | 潜江 | 18.954 | 潜江 | 70.732 | 益阳 | 0.194 |
| 新余 | 0.019 | 新余 | 0.046 | 娄底 | 18.954 | 天门 | 69.048 | 鄂州 | 0.127 |
| 丰城 | 0.013 | 丰城 | 0.040 | 衡阳 | 18.954 | 丰城 | 55.769 | 娄底 | 0.103 |
| 樟树 | 0.006 | 抚州 | 0.031 | 仙桃 | 18.954 | 樟树 | 54.717 | 仙桃 | 0.081 |
| 景德镇 | 0.005 | 景德镇 | 0.027 | 丰城 | 18.954 | 抚州 | 53.704 | 潜江 | 0.065 |
| 抚州 | 0.004 | 樟树 | 0.025 | 新余 | 18.831 | 景德镇 | 52.727 | 天门 | 0.058 |
| 高安 | 0.002 | 高安 | 0.022 | 抚州 | 18.831 | 高安 | 51.786 | 鹰潭 | 0 |
| 鄱阳 | 0.001 | 鄱阳 | 0.011 | 常德 | 18.831 | 鄱阳 | 34.940 | 高安 | 0 |
| 鹰潭 | 0 | 余干 | 0.006 | 景德镇 | 18.710 | 鹰潭 | 3.333 | 鄱阳 | 0 |
| 余干 | 0 | 鹰潭 | 0.006 | 樟树 | 18.239 | 余干 | 3.333 | 余干 | 0 |
| 万年 | 0 | 新干 | 0.006 | 高安 | 18.125 | 新干 | 3.333 | 万年 | 0 |
| 新干 | 0 | 万年 | 0.002 | 鄱阳 | 18.012 | 万年 | 3.333 | 新干 | 0 |
| 群体点出度=5.219 群体点入度=3.703 | | | | 非完全网络，无群体紧密中心度 | | | | 群体中介度=11.67 | |

　　由表 6 - 5 可知，长江中游城市集群的点出中心度均大于点入中心度，且两者数值较低，群体点出度为 5.219%，群体点入度为 3.703%，表明长江中游城市集群的整体对外辐射力强于内在凝聚力。此外，三个中心城市武汉、长沙和南昌的点出度也高于其点入度，尤其是南昌，这一趋势更为明显，点出度为 0.163%，点入度为 0.127%，但点出度和点入度都很低，说明南昌尽管对外辐射力明显强于内在凝聚力，差异较大，但其中心度与其他中心城市的地位相比还是偏低的。就长株潭城市群而言，长沙的点入度（0.890%）明显低于其点出度（3.433%），而湘潭和株洲的点入度则分别为 2.411% 和 2.193%，点出度分别为 1.315% 和 1.946%，得分较高且比较协调，说明湘潭和株洲在长株潭城市群中具有比较重要的空间组织功能。长沙虽然对外联系功能更强，但对内的凝聚力在湘潭和株洲的竞争之下有所下降。武汉城市圈中武汉的点出度为 5.809%，是长江中游城市集群中得分最高的城市，但其点入度仅为 0.828%，排在第 10 位，也存在和长沙相似的情况。由此可知，武汉、长沙和南昌这三个长江中游城市集群的中心城市在扩大对外联系和经济辐射的同时，如何进一步增强其内在的凝聚力也是需要重视的空间组织问题。更值得注意的是，江西的新干、万年、余干、鹰潭、鄱阳、高安、抚州、景德镇、樟树、丰城、新余等城市的点出中心度和点入中心度都很低，在 0 和 0.1 之间，尤其是新干、万年、余干、鹰潭 4 个城市的点出度均为 0，点入度介于 0.002 和 0.006 之间，是得分最低的，这说明环鄱阳湖城市群中的一些城市与武汉城市圈、长株潭城市群相比，在长江中游城市集群中的经济联系地位有待提高。

　　紧密中心度指标则显示出长江中游城市集群各城市内向紧密中心度数值偏低且分布均匀；而外向紧密中心度则呈两极分化，中心城市、节点城市的外向紧密中心度数值很高，在 80% 以上，而环鄱阳湖城市群内的鹰潭、余干、新干、万年 4 个城市数值则特别低，为 3.333，这反映出长江中游城市集群中心城市和节点城市的对外经济联系是比较紧密的，而环鄱阳湖城市群内一些城市在长江中游城市集群中的对外联系能力较为有限。

　　关于中介中心度指标，南昌为 12.546，远高于其他城市，这表明南昌在长江中游城市集群的发展中发挥着比较重要的经济联系媒介作用，由此可以使环鄱阳湖城市群获得更多的资源与信息；但由于长江中游城市集群整体网络中介度仅为 11.67%，说明长江中游城市集群在相互联系过程中，发挥的交流媒介作用有待提高。根据网络中心度的分析，大致可以看出：长江中游城市集群城市之间的内部联系不够紧密，资源和信息交流不够通畅。相对而言，武汉城市圈和长株潭城市群之间的经济联系更为频繁和密切，而环鄱阳湖城市群则处于"被边缘化"的境地。

**2. 城市小团体分析**

研究小团体的特征可以反映长江中游城市集群空间网络联系的结构特征。在只有强连带关系的关系矩阵中，用 Ucinet 6.0 中的 Draw 方法画出关系网络图。长江中游城市集群划分出 4 个小团体，分别是：团体 1（九江、新余、南昌、衡阳、湘潭、孝感、武汉、岳阳、娄底、益阳、长沙、常德、咸宁、株洲、黄冈、黄石、鄂州、潜江、天门、仙桃）；团体 2（樟树、抚州、丰城、高安）；团体 3（景德镇、鄱阳）；团体 4（鹰潭、余干、万年、新干）（见图 6 – 3）。

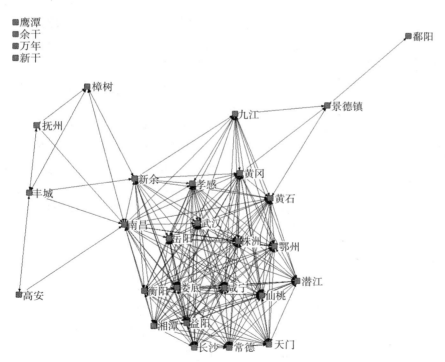

图 6 – 3　长江中游城市集群的小团体划分

由图 6-3 可见，武汉城市圈和长株潭城市群已经组合成一个联系紧密、较为匀质的核心小团体，而环鄱阳湖城市群的一些城市则游离在其外围，形成另外 3 个小团体。小团体 1 的密度是 42.463，远远大于其他 3 个小团体，长江中游城市集群小团体密度差异明显。其中，团体 4 的密度为 0，这一团体可被视为相互之间几乎没有联系。南昌、新余和景德镇是通往核心小团体 1 的有效桥梁，这表明环鄱阳湖城市群需积极融入长江中游城市集群，景德镇是鄱阳在融入小团体 1 的对外门户，南昌和新余是团体 1 和团体 2 相互沟通的纽带，更准确地说南昌和新余是引导团体 2 响应团体 1 经济决策的组织者。

### 3. 角色分组分析

将相关系数作为反映结构同型的指标，使用强关系网络探寻城市之间强关系连带中所对应的角色分组。利用 Ucinet 6.0 软件的 Concor 法对经济联系矩阵处理后得出角色定位结果："领跑"角色 A：（武汉，黄石，鄂州，孝感，黄冈，咸宁，仙桃，潜江，天门，长沙，株洲，湘潭，衡阳，岳阳，常德，益阳，娄底，九江）；"辅助"角色 B：（南昌，新余，景德镇）；"游离"角色 C：（鹰潭，新干，鄱阳，余干，万年）；"跟随"角色 D：（丰城，樟树，高安，抚州）。为了进一步简便分析，得到简化矩阵和印象矩阵和角色分析图（见图 6-4）。

角色分析可以发现，在强关系下，角色 C 与其他角色脱离了关系，游离在长江中游城市集群系统之外。角色 A 是长江中游城市集群中的核心领跑者，是带动经济发展的核心力量。而角色 A 有赖于角色 B 的支撑方以有效展开。角色 B 是为角色 A 提供辅助支持的对象。角色 D 则是扮演了跟随者，主要针对角色 B 的城市的经济政策进行跟进式响应，和角色 B 之间有着较好的经济联系和相互影响。

$$\begin{array}{c}
\quad\quad A \quad\quad\quad B \quad\quad\quad C \quad\quad\quad D \\
\begin{array}{c} A \\ B \\ C \\ D \end{array}
\begin{pmatrix}
0.954 & 0.806 & 0.028 & 0.000 \\
0.806 & 1.000 & 0.000 & 0.750 \\
0.028 & 0.000 & 0.067 & 0.000 \\
0.000 & 0.750 & 0.000 & 0.667
\end{pmatrix}
\end{array}$$

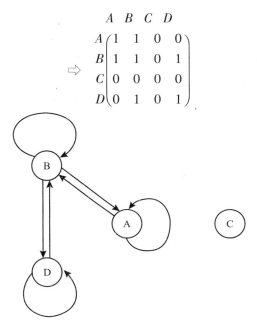

$$\Rightarrow \quad \begin{array}{c} \\ A \\ B \\ C \\ D \end{array} \begin{array}{cccc} A & B & C & D \\ \left( \begin{array}{cccc} 1 & 1 & 0 & 0 \\ 1 & 1 & 0 & 1 \\ 0 & 0 & 0 & 0 \\ 0 & 1 & 0 & 1 \end{array} \right) \end{array}$$

图 6-4　长江中游城市集群的印象矩阵和角色图

# 第五节　本 章 小 结

**1. 长江中游城市按交通物流竞争力可以划分为三个层级**

　　武汉市、长沙市、南昌市是第一层次，但武汉市遥遥领先。第二层次有岳阳市、株洲市、衡阳市、黄石市、常德市、九江市、湘潭市 7 个城市。其中，环鄱阳湖城市群有九江市、武汉城市圈有黄石市，另 5 个属于长株潭城市群，长江中游的其余 13 个城市是第三层次。

**2. 长江中游城市集群呈现出以武汉、长沙、南昌为中心的运输成本空间格局**

　　三个城市群围绕中心城市各自形成环状运输成本空间结构。长江中游城市集群一体化程度较为低下，交通联系尚未达到高度密集的程度，但湘鄂赣三省内部均已初步形成大致均匀和相对紧密的空间联系格局。比较而言，长株潭城市群的节点城市分布更为均匀，交通物流联系网络更为密集。武汉的交通物流枢纽地位十分突出，在三个中心城市中"一枝独秀"，是长江中游地区交通物流发展的"龙头"。

**3. 武汉城市圈和长株潭城市群之间的经济联系更为频繁和密切，环鄱阳湖城市群则处于"被边缘化"的境地**

长江中游城市集群除环鄱阳湖城市群内的新干、鹰潭、余干、万年、鄱阳等城市外，其余城市间的经济联系整体上较为紧密。长江中游城市集群中心城市和节点城市的对外经济联系比较紧密，而环鄱阳湖城市群内其他一些城市在长江中游城市集群中的对外联系能力则较为有限。整体来看，长江中游城市集群城市之间的内部联系不够紧密，资源和信息交流不够通畅。

**4. 环鄱阳湖城市群在长江中游城市集群中的地位有待尽快提高，积极融入长江中游城市集群，是环鄱阳湖城市群在更大区域范围内进行空间重组、拓展城市群外向联系的重要战略方向**

要充分发挥南昌、新余和景德镇的桥梁和联系媒介作用，主动加强同武汉城市圈、长株潭城市群的经济社会联系，促进三圈融合。南昌、新余是环鄱阳湖城市群融入长江中游城市集群的重要支撑城市，丰城、樟树、高安、抚州则主要通过对南昌、新余的发展战略进行跟进式响应。一些和长江中游城市集群联系十分松散的城市在长江中游城市集群构建中不宜优先考虑。

**5. 南昌、新余和景德镇是江西融入长江中游城市集群的有效桥梁，景德镇是鄱阳融入长江中游城市集群的门户**

鄱阳湖城市群与武汉城市圈、长株潭城市群相比较，在长江中游城市集群中的地位有待提高。环鄱阳湖城市群需尽早积极融入长江中游城市集群，南昌、新余和景德镇是江西融入长江中游城市集群的有效桥梁，景德镇是鄱阳融入长江中游城市集群的门户。环鄱阳湖城市群的南昌、新余、景德镇是长江中游城市集群重要的辅助支撑城市，丰城、樟树、高安、抚州则应跟随南昌、新余等辅助支撑城市积极响应形成向长江中游城市集群集聚的空间合力。鹰潭、新干、鄱阳、余干、万年是游离角色。

**6. 长江中游地区已形成以武汉为一级轴心城市，长沙市、南昌市为二级轴心城市，其他城市为边缘城市的"轴－辐"交通物流网络**

虽然长江中游地区公路、铁路、水运、航空等交通物流体系已基本形成，但与我国交通物流水平发达的长江下游地区相比，还有一定的差距，主要表现在交通基础设施较为薄弱、地区发展水平差距较大、物流信息共享平台未能实现共享等方面。改进和优化长江中游地区交通物流网络，解决长江中游地区物流业存在的问题，可以提高长江中游地区交通物流网络运行效率和经济效益。湖北省物流水平较为发达，应协调发展各地区的物流业，以提高整体水平；江西省物流水平整体较弱，要在发展物流业基础设施的同时，重点建设南部地区的物流中转中心，并加强区域内南北地区物流企业间的联系；湖南省物流业集聚化发展趋势明显，在发展以长株潭为和核心的物流区的同时，应努力发展环洞庭湖、大湘西和泛湘南等的交通物流产业。

**7. 长江中游城市集群事关我国区域协调发展大局，长江中游跨省区的城市集群是我国十分重要的城市区域组织**

湘鄂赣三省共同打造长江中游城市集群是实现中部崛起的关键所在和重要引擎。长江中游城市化发展必须走跨省区的城市群联合发展道路，通过分工协作，逐步建立空间一体化、具有较强竞争力的城市组群，长江中游城市集群有望成为中国第四大城市密集地区。

**8. 长江经济带城市集群通过它所具有的全国性的、高密集的交流和交易功能给城市合作带来活力**

交通基础设施建设是构建长江中游城市集群的前提条件。随着长江中游城市集群区域一体化趋势不断加强，长江中游城市之间的交通联系时间大幅降低，运输成本明显下降，增强了中心城市的空间辐射能力，城市集群内各城市之间的交通物流联系对长江中游城市区域的空间组织和网络结构具有显著影响。

# 第七章

# 长江中游城市群城际
# 联系网络动态演化

当前，长江中游城市群是推动和引领长江中游地区乃至中部崛起的重要增长极。具有巨大发展潜力的长江中游城市群进入新的发展机遇期，成为推动国土空间均衡开发、引领长江中游地区乃至中部地区全面崛起的重要引擎。关于城市空间联系网络，目前学界主要从城市间相互作用视角，应用重力模型或网络法分析城市群空间格局演变；或基于拓扑图论方法分析城市群网络结构演变；或基于社会网络方法分析城市群空间网络结构。应用社会网络理论与技术，分析城市群网络结构动态演变有助于从动态视角解释城市群空间经济联系及其网络结构，对于构建长江中游城市群空间结构及其调控和优化具有理论指导和实践参考意义。为此，采用城市经济竞争力确定长江中游城市群各城市作为网络节点的等级衡量指标，构建城市之间经济联系强度模型，重点应用社会网络分析方法和技术对1990年、2000年和2012年长江中游城市群空间网络结构及其动态演化特征进行分析和比较。

## 第一节　长江中游城市经济竞争力动态演变

本章基本采取第五章中的长江中游城市经济竞争力综合评价指标体系和计算方法。需要指出的是，由于本章侧重于从时空演变视角揭示长江中游城市群网络结构的演化过程，考虑到时序的可比性，1990年的移动电话用户数、国际互联网用户数、进出口总额等指标由于没有统计或数据缺失，因而选取了GDP总量、人均GDP、全社会固定资产投资总额、社会消费品零售总额、地方财政预算内收入、货运总量、客运总量、工业总产值、工业企业数、第二产业比重、第三产业比重、进出口总额、实际利用外资总额、非农人口数 14 项指标，构建了长江中游城市群经济竞争力评价指标体系。采用标准差标准化的方法对原始数据进行标准化处理：

$$x_{ij} = (x_{ij} - \bar{x}_{ij})/\sigma \quad \sigma = \sqrt{\dfrac{\sum\limits_{i=1}^{j}(x_{ij} - \bar{x})^2}{n-1}}$$

式中，$x_{ij}$ 为原始数据，$\sigma$ 为标准差，$n$ 为城市，$\bar{x}$ 为指标平均值。

借助 SPSS19.0 软件，运用主成分分析法，1990 年、2000 年、2012 年累计贡献率分别达到 81.800%、89.571%、88.141%，选取三个主成分，计算长江中游城市群各市经济竞争力得分（见表 7－1）。

表 7－1　　　　　长江中游城市经济竞争力评价的方差分析
（1990 年、2000 年、2012 年）

| 年份 | 主成分 | 初始特征值 | | | 提取平方和载入 | | | 旋转平方和载入 | | |
|---|---|---|---|---|---|---|---|---|---|---|
| | | 特征根 | 贡献率（%） | 累计贡献率（%） | 特征根 | 贡献率（%） | 累计贡献率（%） | 特征根 | 贡献率（%） | 累计贡献率（%） |
| 1990 | 1 | 7.898 | 56.412 | 56.412 | 7.898 | 56.412 | 56.412 | 7.487 | 53.479 | 53.479 |
| | 2 | 2.165 | 15.465 | 71.877 | 2.165 | 15.465 | 71.877 | 2.164 | 15.456 | 68.935 |
| | 3 | 1.389 | 9.923 | 81.800 | 1.389 | 9.923 | 81.800 | 1.801 | 12.865 | 81.800 |
| 2000 | 1 | 9.821 | 70.148 | 70.148 | 9.821 | 70.148 | 70.148 | 8.777 | 62.696 | 62.696 |
| | 2 | 1.623 | 11.590 | 81.738 | 1.623 | 11.590 | 81.738 | 1.886 | 13.468 | 76.164 |
| | 3 | 1.097 | 7.833 | 89.571 | 1.097 | 7.833 | 89.571 | 1.877 | 13.407 | 89.571 |
| 2012 | 1 | 9.358 | 66.845 | 66.845 | 9.358 | 66.845 | 66.845 | 9.244 | 66.032 | 66.032 |
| | 2 | 2.075 | 14.819 | 81.664 | 2.075 | 14.819 | 81.664 | 1.960 | 14.002 | 80.034 |
| | 3 | 0.907 | 6.477 | 88.141 | 0.907 | 6.477 | 88.141 | 1.135 | 8.106 | 88.141 |

注：提取方法为主成分法。

长江中游城市群各城市经济竞争力计算公式：

$$zF = \sum_{i=1}^{m}(FAC_i \times W_i), \quad W_i = \lambda i / \sum_{i=1}^{m}\lambda m$$

式中，$zF$ 为城市经济竞争力得分，$FAC_i$ 为第 $i$ 个主成分得分，$W_i$ 为各主成分权重，$m$ 为主成分个数，$\lambda$ 为特征值。

将各城市经济竞争力得分以 0 和 0.5 为界限，可将长江中游城市群各城市划分为中心城市、节点城市和边缘城市三类，由于边缘城市数目较多，限于篇幅略去（见表7-2）。

表7-2　　长江中游城市经济竞争力类型划分（1990年、2000年、2012年）

| 年份 | 等级 | 得分区间 | 城市个数 | 城市名（竞争力得分） |
|---|---|---|---|---|
| 1990 | 中心城市 | >0.5 | 2 | 武汉市（2.433）、长沙市（0.852） |
| | 节点城市 | [0，0.5] | 12 | 岳阳市（0.479）、南昌市（0.471）、襄阳市（0.462）、十堰市（0.378）、常德市（0.280）、衡阳市（0.238）、株洲市（0.229）、宜昌市（0.160）、湘潭市（0.094）、邵阳市（0.038）、九江市（0.011）、郴州市（0.001） |
| 2000 | 中心城市 | >0.5 | 2 | 武汉市（3.088）、长沙市（1.051） |
| | 节点城市 | [0，0.5] | 10 | 南昌市（0.390）、宜昌市（0.325）、襄阳市（0.262）、岳阳市（0.224）、郴州市（0.164）、株洲市（0.163）、衡阳市（0.064）、孝感市（0.055）、常德市（0.044）、黄石市（0.013） |
| 2012 | 中心城市 | >0.5 | 3 | 武汉市（2.924）、长沙市（1.776）、南昌市（0.661） |
| | 节点城市 | [0，0.5] | 7 | 襄阳市（0.136）、赣州市（0.115）、岳阳市（0.106）、衡阳市（0.095）、宜昌市（0.083）、株洲市（0.024）、郴州市（0.024） |

通过对比表7-2，1990年、2000年和2012年三个时间截面城市经济竞争力计算结果可以发现：

（1）1990年，中心城市仅有武汉市和长沙市，南昌市尚为节点城市。

（2）2000年，长江中游的中心城市格局和1990年相似，城市群空间格局仍呈现武汉市和长沙市为中心的双中心结构，但一些城市经济竞争力格局出现了变化：如湖北的黄石市、孝感市在1990年为边缘城市，到2000年成为节点城市；湖北的十堰市、江西的九江市等却由1990年节点城市退为2000年的边缘城市，经济竞争力综合得分滑落均值之下。节点城市由1990年的12个减少为2000年的10个，表明长江中游城市群经济竞争力趋向集中。

（3）2012年，长江中游城市群表现为"三中心"空间结构，南昌市、武汉市和长沙市经济竞争力共居第一等级，构成长江中游城市群的三大中心城市；此外，2012年江西的赣州市由2000年的边缘城市跃升为节点城市，重要性提升，可以看出，以南昌市为中心的环鄱阳湖城市圈积极融入长江中游城市群构建的步伐明显加快。

（4）武汉市、长沙市在长江中游城市群中较早成为中心城市，在长江中游城市群中的历史地位相对突出，尤其是武汉市，其经济竞争力和长沙市相比强很多，是长江中游城市群中经济竞争力最强的城市，是引领长江中游城市群化发展的"龙头"。中心城市逐渐增多、节点城市逐渐减少表明长江中游城市群城市间经济发展呈现两极分化趋势。

从1990年到2000年、2012年，长江中游城市群经济联系逐渐加强。1990年，城市之间的经济联系整体较弱。大多数城市之间的经济联系强度得分在10 000以下，经济联系强度10 000以上城市仅有武汉、长株潭四个；2000年，长江中游城市群经济联系进一步加强。经济联系强度100 000以上有武汉、长株潭等城市，但处于边缘位置城市的经济联系强度还较低。到2012年，城市之间经济联系强度明显加强。武汉、长株潭等城市又升级为1 000 000以上经济联系强度，而且大多数城市的经济联系强度都超过100 000。

需要指出的是，江西一些城市的经济联系强度较低。2012年南昌的经济联系强度为559 277.2，排第10位，主要原因在于南昌在1990年时的经济联系强度基础低。当1990年武汉和长沙的经济联系强度总量都已超过20 000，南昌的经济联系强度才刚突破4 000。与武汉、长沙相比，南昌的经济联系强度总量增速最快，从1990年到2012年翻了139.5倍。此外，九江的经济联系总量从1990年的第5位滑落到2012年的第19位，下降幅度最大，与其在长江经济带中应有的地位是不相符的。景德镇和襄阳的经济联系强度总量排名下降幅度也较大。与此相对，排名升幅较大的城市有益阳、宜春、孝感，分别上升了10位、9位、9位。再从经济联系强度得分来看，提升最快的城市有上饶、赣州、吉安、宜春，分别翻了695.2倍、539.8倍、483.8倍、380.4倍，可以看出江西大多数城市的经济联系强度总量提升速度很快，无疑加快了长江中游城市群经济一体化进程。

# 第二节　长江中游城市群空间网络结构时空演化

## 一、1990年长江中游城市群空间网络结构特征

运用万有引力模型计算长江中游城市群中各城市间的经济联系强

度，统计得出不同范围经济联系强度下的城市数目，根据对 1990 年、2000 年、2012 年经济联系强度范围的统计分析选定分界值，将长江中游城市群经济联系强度矩阵转化为 0 ~ 1 矩阵，应用 Ucinet 6.0 软件对其进行中心性分析，计算 1990 年、2000 年、2012 年长江中游城市群网络中心度（见表 7 - 3）。

表 7 - 3　　　　　　　长江中游城市群网络中心度（1990 年）

| 程度中心度（%） | | | | 中介中心度（%） | | 接近中心度（%） | | | |
|---|---|---|---|---|---|---|---|---|---|
| 城市 | 外向度 | 城市 | 内向度 | 城市 | 中心度 | 城市 | 内向度 | 城市 | 外向度 |
| 武汉市 | 25.806 | 长沙市 | 12.903 | 长沙市 | 5.161 | 益阳市 | 4.258 | 武汉市 | 6.043 |
| 长沙市 | 19.355 | 湘潭市 | 9.677 | 武汉市 | 3.011 | 萍乡市 | 4.229 | 黄石市 | 5.882 |
| 株洲市 | 9.677 | 株洲市 | 6.452 | 岳阳市 | 2.581 | 邵阳市 | 4.223 | 鄂州市 | 5.720 |
| 黄石市 | 6.452 | 黄石市 | 6.452 | 黄石市 | 1.613 | 长沙市 | 4.128 | 长沙市 | 4.155 |
| 湘潭市 | 6.452 | 岳阳市 | 6.452 | 衡阳市 | 0.86 | 岳阳市 | 4.122 | 株洲市 | 4.133 |
| 衡阳市 | 6.452 | 鄂州市 | 6.452 | 株洲市 | 0.86 | 湘潭市 | 4.106 | 湘潭市 | 4.128 |
| 岳阳市 | 3.226 | 九江市 | 6.452 | 湘潭市 | 0.645 | 株洲市 | 4.101 | 岳阳市 | 4.117 |
| 鄂州市 | 3.226 | 武汉市 | 3.226 | 襄阳市 | 0 | 衡阳市 | 4.095 | 常德市 | 4.117 |
| 常德市 | 3.226 | 衡阳市 | 3.226 | 赣州市 | 0 | 常德市 | 4.090 | 衡阳市 | 4.111 |
| 南昌市 | 3.226 | 常德市 | 3.226 | 郴州市 | 0 | 九江市 | 3.559 | 南昌市 | 3.226 |
| 襄阳市 | 0 | 南昌市 | 3.226 | 常德市 | 0 | 咸宁市 | 3.437 | 益阳市 | 3.125 |
| 九江市 | 0 | 襄阳市 | 3.226 | 九江市 | 0 | 孝感市 | 3.437 | 萍乡市 | 3.125 |
| 赣州市 | 0 | 邵阳市 | 3.226 | 宜昌市 | 0 | 南昌市 | 3.437 | 邵阳市 | 3.125 |
| 郴州市 | 0 | 益阳市 | 3.226 | 孝感市 | 0 | 襄阳市 | 3.437 | 九江市 | 3.125 |
| 宜昌市 | 0 | 萍乡市 | 3.226 | 邵阳市 | 0 | 黄石市 | 3.333 | 咸宁市 | 3.125 |
| 上饶市 | 0 | 咸宁市 | 3.226 | 上饶市 | 0 | 鄂州市 | 3.333 | 孝感市 | 3.125 |
| 荆门市 | 0 | 孝感市 | 3.226 | 荆门市 | 0 | 武汉市 | 3.33 | 襄阳市 | 3.125 |
| 娄底市 | 0 | 赣州市 | 0 | 娄底市 | 0 | 郴州市 | 3.125 | 郴州市 | 3.125 |
| 邵阳市 | 0 | 郴州市 | 0 | 南昌市 | 0 | 荆门市 | 3.125 | 荆门市 | 3.125 |
| 宜春市 | 0 | 宜昌市 | 0 | 宜春市 | 0 | 宜春市 | 3.125 | 宜春市 | 3.125 |
| 益阳市 | 0 | 上饶市 | 0 | 益阳市 | 0 | 宜昌市 | 3.125 | 宜昌市 | 3.125 |
| 吉安市 | 0 | 荆门市 | 0 | 吉安市 | 0 | 娄底市 | 3.125 | 娄底市 | 3.125 |
| 十堰市 | 0 | 娄底市 | 0 | 十堰市 | 0 | 十堰市 | 3.125 | 十堰市 | 3.125 |
| 萍乡市 | 0 | 宜春市 | 0 | 萍乡市 | 0 | 上饶市 | 3.125 | 上饶市 | 3.125 |
| 咸宁市 | 0 | 吉安市 | 0 | 咸宁市 | 0 | 赣州市 | 3.125 | 赣州市 | 3.125 |
| 怀化市 | 0 | 十堰市 | 0 | 怀化市 | 0 | 怀化市 | 3.125 | 怀化市 | 3.125 |
| 新余市 | 0 | 怀化市 | 0 | 新余市 | 0 | 新余市 | 3.125 | 新余市 | 3.125 |
| 永州市 | 0 | 新余市 | 0 | 永州市 | 0 | 永州市 | 3.125 | 永州市 | 3.125 |

续表

| 程度中心度（%） | | | | 中介中心度（%） | | 接近中心度（%） | | | |
|---|---|---|---|---|---|---|---|---|---|
| 城市 | 外向度 | 城市 | 内向度 | 城市 | 中心度 | 城市 | 内向度 | 城市 | 外向度 |
| 景德镇市 | 0 | 永州市 | 0 | 景德镇市 | 0 | 景德镇市 | 3.125 | 景德镇市 | 3.125 |
| 孝感市 | 0 | 景德镇市 | 0 | 鄂州市 | 0 | 吉安市 | 3.125 | 吉安市 | 3.125 |
| 鹰潭市 | 0 | 鹰潭市 | 0 | 鹰潭市 | 0 | 鹰潭市 | 3.125 | 鹰潭市 | 3.125 |
| 张家界市 | 0 | 张家界市 | 0 | 张家界市 | 0 | 张家界市 | 3.125 | 张家界市 | 3.125 |
| 群体外向度 = 23.829% | | 群体内向度 = 10.510% | | 群体中介度 = 4.850% | | 非完全网络，无法计算 | | | |

通过对表7-3长江中游城市群网络中心度分析可以看出：

（1）1990年，武汉市和长沙市的外向程度中心性相对较高，分别为25.806%和19.355%，武汉是最为中心的城市，其中心度值大于次中心城市长沙。株洲市中心度值较好，其余城市度值更小。表明1990年长江中游城市群中的武汉市和长沙市对周边城市的经济影响力较大，但整体网络群体外向度为23.829%，整体外向中心性较弱。长沙市（12.903%）、湘潭市（9.677%）和株洲市（6.452%）内向程度中心度分列长江中游城市群前三位，表明1990年的长江中游城市群中，长株潭城市群内部联系相对紧密。但整体网络群体内向度值较低，为10.510%。群体中介度也很低，仅为4.85%，程度中心度和中介中心度数据表明1990年长江中游城市群整体上仍是一种结构稀疏的网络组织关系。

（2）武汉市的外向中心度值位列首位，而内向中心度相对偏低，排在长江中游城市群的第8位，表明武汉市对外辐射能力很强，但吸引能力较弱。九江市、益阳市、邵阳市、襄阳市、孝感市、咸宁市、萍乡市的内向中心度值为正，而外向中心度值为0，可见从经济联系方向来看，这几个城市在1990年长江中游城市群中的吸引力超过了辐射力，尤其是九江市的吸引力更强，扮演了"接受者"角色。此外大多数外、内向程度中心度均为0的城市在长江中游城市群网络中地位相对孤立。

（3）从接近中心度来看，度值高的城市往往在与其他城市交流联系时更有效率。益阳市（4.258%）、邵阳市（4.229%）和萍乡市（4.223%）的内向接近中心度位列前三，表明其能更为广泛、快捷的接受其他城市的影响；武汉市（6.043%）、黄石市（5.882%）和鄂州市（5.720%）外向接近中心度分列前三，结合图7-1表明这三个城市联系更为紧密且对外联系效率更高。南昌的接近中心度值相对偏低，表明南昌需依赖一些城市的中介作用与其他城市发生联系。再从中介中心度来看，长江中游城市群中能发挥联系中介作用的城市仅有 7 个，尤以长沙、武汉、岳阳三市的联系中介作用显著。发挥中介作用的城市均属于湖南省和湖北省，也说明 1990 年以长沙为首的城市群体和以武汉为首的城市群体互动较为频繁。

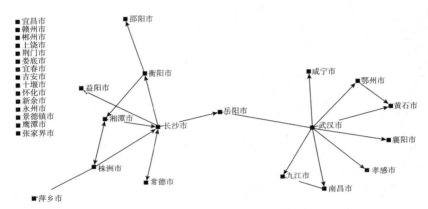

**图 7 - 1  1990 年长江中游城市群空间网络**

（4）从图 7 - 1 长江中游城市群空间网络分析也可看出和中心度计算结果相似的空间联系特征：1990 年长江中游城市群空间结构网络尚未形成完备，基本呈现出线形结构，多数城市处于游离状态。整体形成两个分别以武汉市和长沙市为中心城市的星形城市群体，这两个小群体之间由岳阳市联接。具体来看，株洲、衡阳、湘潭、益阳、常德、岳阳围绕长沙市形成星形网络结构，其中又以"长沙——株洲——湘潭——衡阳"之间的联系更为密集；还有以武汉市为中心，由南昌、九江、黄石、鄂州、襄阳、咸宁、孝感和岳阳环绕而成的另一星形城市小群体，其中，又以"武汉——鄂州——黄石"这个三角形网络结构更为显要。需要指出的是，武汉市、南昌市和九江市也形成了三角形网络，但南昌市尚未成为城市群体网络结构的中心城市，以其为中心城市的网络结构也尚未形成。

## 二、2000 年长江中游城市群空间网络结构特征

2000 年长江中游城市群网络中心度如表 7 - 4 所示，2000 年长江中游城市群空间网络如图 7 - 2 所示。

表 7 - 4　　　　　　长江中游城市群网络中心度（2000 年）

| 程度中心度（%） | | | | 中介中心度（%） | | 接近中心度（%） | | | |
|---|---|---|---|---|---|---|---|---|---|
| 城市 | 外向度 | 城市 | 内向度 | 城市 | 中心度 | 城市 | 内向度 | 城市 | 外向度 |
| 武汉市 | 93.548 | 长沙市 | 48.387 | 武汉市 | 19.222 | 长沙市 | 28.440 | 武汉市 | 93.939 |
| 长沙市 | 80.645 | 岳阳市 | 48.387 | 长沙市 | 13.279 | 岳阳市 | 28.440 | 长沙市 | 83.784 |
| 南昌市 | 64.516 | 株洲市 | 45.161 | 南昌市 | 12.484 | 湘潭市 | 28.182 | 岳阳市 | 72.093 |
| 岳阳市 | 61.290 | 衡阳市 | 45.161 | 岳阳市 | 7.313 | 衡阳市 | 28.182 | 南昌市 | 72.093 |
| 常德市 | 54.839 | 湘潭市 | 45.161 | 常德市 | 6.733 | 株洲市 | 28.182 | 株洲市 | 68.889 |
| 株洲市 | 54.839 | 武汉市 | 41.935 | 株洲市 | 4.934 | 鹰潭市 | 27.928 | 常德市 | 67.391 |
| 衡阳市 | 48.387 | 常德市 | 38.71 | 宜春市 | 4.716 | 武汉市 | 27.679 | 衡阳市 | 59.615 |
| 湘潭市 | 35.484 | 宜春市 | 38.71 | 襄阳市 | 3.665 | 张家界市 | 27.679 | 宜春市 | 57.407 |
| 宜春市 | 32.258 | 邵阳市 | 38.71 | 衡阳市 | 3.405 | 宜春市 | 27.434 | 宜昌市 | 57.407 |
| 邵阳市 | 32.258 | 娄底市 | 35.484 | 九江市 | 3.194 | 常德市 | 27.193 | 孝感市 | 56.364 |
| 孝感市 | 29.032 | 永州市 | 32.258 | 邵阳市 | 1.539 | 南昌市 | 26.957 | 湘潭市 | 55.357 |
| 宜昌市 | 29.032 | 益阳市 | 32.258 | 湘潭市 | 1.452 | 邵阳市 | 26.957 | 黄石市 | 55.357 |
| 永州市 | 25.806 | 南昌市 | 29.032 | 孝感市 | 1.154 | 娄底市 | 26.724 | 襄阳市 | 55.357 |
| 娄底市 | 25.806 | 孝感市 | 29.032 | 娄底市 | 1.151 | 萍乡市 | 26.724 | 荆门市 | 55.357 |
| 益阳市 | 25.806 | 咸宁市 | 29.032 | 吉安市 | 1.075 | 赣州市 | 26.496 | 邵阳市 | 54.386 |
| 襄阳市 | 22.581 | 萍乡市 | 29.032 | 永州市 | 0.977 | 孝感市 | 26.496 | 九江市 | 54.386 |
| 荆门市 | 22.581 | 襄阳市 | 25.806 | 上饶市 | 0.848 | 益阳市 | 26.496 | 咸宁市 | 53.448 |
| 郴州市 | 22.581 | 郴州市 | 25.806 | 宜昌市 | 0.672 | 郴州市 | 26.496 | 娄底市 | 52.542 |
| 黄石市 | 22.581 | 黄石市 | 25.806 | 黄石市 | 0.536 | 咸宁市 | 26.496 | 益阳市 | 52.542 |
| 九江市 | 19.355 | 九江市 | 25.806 | 郴州市 | 0.533 | 永州市 | 26.496 | 永州市 | 51.667 |
| 咸宁市 | 19.355 | 吉安市 | 25.806 | 咸宁市 | 0.521 | 吉安市 | 26.496 | 郴州市 | 50.820 |
| 吉安市 | 16.129 | 赣州市 | 25.806 | 荆门市 | 0.439 | 黄石市 | 26.271 | 鄂州市 | 50.820 |
| 赣州市 | 12.903 | 宜昌市 | 22.581 | 萍乡市 | 0.295 | 九江市 | 26.271 | 萍乡市 | 48.438 |
| 萍乡市 | 12.903 | 荆门市 | 22.581 | 赣州市 | 0.261 | 新余市 | 26.05 | 吉安市 | 44.928 |
| 怀化市 | 9.677 | 怀化市 | 19.355 | 益阳市 | 0.157 | 襄阳市 | 25.833 | 上饶市 | 43.662 |
| 上饶市 | 9.677 | 鄂州市 | 19.355 | 景德镇市 | 0.09 | 宜昌市 | 25.620 | 赣州市 | 42.466 |
| 鄂州市 | 9.677 | 新余市 | 19.355 | 十堰市 | 0 | 荆门市 | 25.62 | 新余市 | 37.349 |
| 新余市 | 6.452 | 景德镇市 | 12.903 | 怀化市 | 0 | 怀化市 | 25.62 | 景德镇市 | 36.905 |
| 景德镇市 | 6.452 | 十堰市 | 12.903 | 新余市 | 0 | 鄂州市 | 24.031 | 怀化市 | 36.471 |
| 十堰市 | 3.226 | 上饶市 | 9.677 | 鄂州市 | 0 | 景德镇市 | 23.664 | 十堰市 | 36.047 |
| 鹰潭市 | 0 | 鹰潭市 | 6.452 | 鹰潭市 | 0 | 上饶市 | 23.485 | 鹰潭市 | 3.125 |
| 张家界市 | 0 | 张家界市 | 3.226 | 张家界市 | 0 | 十堰市 | 22.794 | 张家界市 | 3.125 |
| 群体外向度 = 67.222% | | 群体内向度 = 20.604% | | 群体中介度 = 16.92% | | 非完全网络，无法计算 | | | |

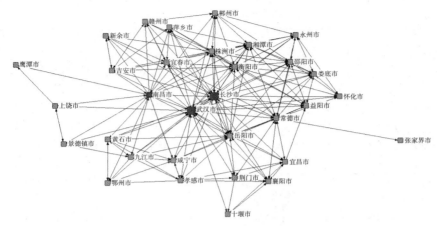

图 7 - 2　2000 年长江中游城市群空间网络

通过对表 7 - 4 长江中游城市群网络中心度分析可以看出：

（1）2000 年，武汉市的外向中心度值最高，为 93.548%。然后分值由高到低依次为长沙市（80.645%）、南昌市（64.516%）、岳阳市（61.290%）。南昌市的外向程度中心度和 1990 年相比迅速上升，紧随武汉市与长沙市。长沙市的内向中心度值最高，为 48.387%，岳阳市、株洲市、衡阳市、湘潭市紧随其后，南昌市相对靠后，表明湖南东部一些城市的内部联系相对紧密。南昌市的对内吸引能力相对对外联系能力偏弱。和 1990 年相比，2000 年武汉市的外向程度中心度、中介中心度、外向接近中心度均跃居首位，长沙市的内向程度中心度、内向接近中心度位居第一，表明武汉市与长沙市在长江中游城市群中的重要地位得到进一步加强。南昌市的外向程度中心度和中介中心度位列第二，在长江中游城市群中网络中心性明显增强，其中经济联系效率有大幅提高，和1990 年相比，南昌市须依赖中介城市与其他城市发生联系的不利局面得到改变。

（2）整体来看，2000 年长江中游城市群网络的群体外向度为 67.22%，群体内向度为 20.604%，群体中介度为 16.920%。与 1900 年相比，2000 年长江中游城市群的程度中心度、中介中心度与亲近中心度总体上均有所提高，表明长江中游城市之间经济发展差距逐渐扩大。武汉市、长沙市、南昌市三市之间的经济联系相对密集，形成联系相对紧凑的"汉长昌""中三角"空间结构。其中，以武汉市与长沙市之间的经济联系更为密集。从图 7 - 2 的网络密度来看，尽管"汉长昌"是最密集区域，但湖南的长沙、株洲、衡阳、湘潭、邵阳、娄底、常德、岳阳等城市区域，即长江中游城市群的东北区域网络也是经济联系网络密集地区。从省际比较可以发现，湖南的一些城市发展相对均衡，以长沙市为中心城市的长株潭城市群发展相对成熟。宜昌市等长江沿江城市尽管经济竞争力排名处于节点城市等级，但其在长江中游城市群网络处于被边缘化的地位（见表7-4）。

（3）南昌市的内向程度中心度排名第13，和外向中心度相比明显滞后，表明南昌市在长江中游城市群中具有较强的辐射带动能力，但由于环鄱阳湖城市群整体对外辐射能力较弱，仅有较少的城市承认其对南昌市有影响，因而导致内向中心度明显落后。和1990年相比，2000年长江中游城市群的程度中心度已无内、外向中心度值均为0的孤立城市，仅鹰潭市、张家界市两个城市的外向中心度为0，内向中心度也很低，表明这两个城市在长江中游城市群中的吸引力超过了辐射力，在相互交流联系中扮演了"接受者"角色。

（4）武汉市、长沙市、南昌市的中介中心度值位列前三，发挥重要的经济联系桥梁作用。长江中游城市群开始形成明显的"三"空间网络格局，但网络结构有待进一步发育发展。从图7-3也可看出一些与中心度计算结果相似的空间网络特征：2000年长江中游城市群网络结构逐步发育，基本形成以武汉市、长沙市、南昌市为中心城市的三个城市小群体所构成的城市群网络结构。其中，以武汉市为中心城市的武汉城市圈，辐射带动了咸宁、黄石、孝感、襄阳等市发展；以长沙市为中心城市的长株潭城市群，辐射带动了岳阳、株洲、衡阳、湘潭、常德等城市发展；以南昌市为中心城市的环鄱阳湖城市群，辐射带动九江、吉安、宜春、抚州、上饶、景德镇等城市发展。

## 三、2012年长江中游城市群空间网络结构特征

2012年长江中游城市群网络中心度如表7-5所示，2012年长江中游城市群空间网络如图7-3所示。

通过对表7-5长江中游城市群网络中心度分析可以看出：

（1）2012年，武汉市、长沙市、南昌市、宜春市、衡阳市、岳阳市、株洲市和孝感市的外向中心度值均达到最高值1，和2000年相比，外向中心度均大幅提高，表明相较于1990年、2000年，长江中游城市群城市对

表 7 – 5　　　　　　　长江中游城市群网络中心度（2012 年）

| 程度中心度（％） | | | 中介中心度（％） | | 接近中心度（％） | | | |
|---|---|---|---|---|---|---|---|---|
| 城市 | 外向度 | 城市 | 内向度 | 城市 | 中心度 | 城市 | 内向度 | 城市 | 外向度 |
| 武汉市 | 100.000 | 南昌市 | 96.774 | 南昌市 | 1.393 | 南昌市 | 96.875 | 武汉市 | 100.000 |
| 长沙市 | 100.000 | 宜春市 | 96.774 | 宜春市 | 1.393 | 宜春市 | 96.875 | 长沙市 | 100.000 |
| 南昌市 | 100.000 | 武汉市 | 93.548 | 九江市 | 1.208 | 武汉市 | 93.939 | 南昌市 | 100.000 |
| 宜春市 | 100.000 | 孝感市 | 93.548 | 益阳市 | 0.933 | 孝感市 | 93.939 | 株洲市 | 100.000 |
| 衡阳市 | 100.000 | 九江市 | 93.548 | 吉安市 | 0.914 | 益阳市 | 93.939 | 岳阳市 | 100.000 |
| 岳阳市 | 100.000 | 益阳市 | 93.548 | 武汉市 | 0.808 | 九江市 | 93.939 | 衡阳市 | 100.000 |
| 株洲市 | 100.000 | 咸宁市 | 93.548 | 孝感市 | 0.808 | 咸宁市 | 93.939 | 宜春市 | 100.000 |
| 孝感市 | 100.000 | 长沙市 | 90.323 | 常德市 | 0.797 | 长沙市 | 91.176 | 孝感市 | 100.000 |
| 宜昌市 | 96.774 | 岳阳市 | 90.323 | 邵阳市 | 0.712 | 邵阳市 | 91.176 | 益阳市 | 96.875 |
| 赣州市 | 96.774 | 株洲市 | 90.323 | 宜昌市 | 0.691 | 娄底市 | 91.176 | 九江市 | 96.875 |
| 常德市 | 96.774 | 常德市 | 90.323 | 黄石市 | 0.678 | 常德市 | 91.176 | 常德市 | 96.875 |
| 九江市 | 96.774 | 黄石市 | 90.323 | 上饶市 | 0.651 | 株洲市 | 91.176 | 黄石市 | 96.875 |
| 益阳市 | 96.774 | 邵阳市 | 90.323 | 娄底市 | 0.649 | 黄石市 | 91.176 | 宜昌市 | 96.875 |
| 郴州市 | 96.774 | 娄底市 | 90.323 | 长沙市 | 0.576 | 岳阳市 | 91.176 | 襄阳市 | 96.875 |
| 黄石市 | 96.774 | 吉安市 | 90.323 | 株洲市 | 0.576 | 吉安市 | 91.176 | 赣州市 | 96.875 |
| 襄阳市 | 96.774 | 衡阳市 | 83.871 | 岳阳市 | 0.576 | 湘潭市 | 86.111 | 郴州市 | 96.875 |
| 湘潭市 | 93.548 | 湘潭市 | 83.871 | 咸宁市 | 0.517 | 衡阳市 | 86.111 | 邵阳市 | 93.939 |
| 邵阳市 | 93.548 | 永州市 | 83.871 | 怀化市 | 0.442 | 萍乡市 | 86.111 | 湘潭市 | 93.939 |
| 娄底市 | 90.323 | 萍乡市 | 83.871 | 衡阳市 | 0.354 | 永州市 | 86.111 | 娄底市 | 91.176 |
| 吉安市 | 90.323 | 鄂州市 | 83.871 | 襄阳市 | 0.348 | 鄂州市 | 86.111 | 吉安市 | 91.176 |
| 咸宁市 | 87.097 | 宜昌市 | 80.645 | 新余市 | 0.285 | 荆门市 | 83.784 | 咸宁市 | 88.571 |
| 永州市 | 87.097 | 赣州市 | 80.645 | 赣州市 | 0.274 | 宜昌市 | 83.784 | 永州市 | 88.571 |
| 荆门市 | 83.871 | 郴州市 | 80.645 | 郴州市 | 0.227 | 新余市 | 83.784 | 荆门市 | 86.111 |
| 上饶市 | 83.871 | 襄阳市 | 80.645 | 荆门市 | 0.213 | 襄阳市 | 83.784 | 上饶市 | 86.111 |
| 新余市 | 80.645 | 荆门市 | 80.645 | 湘潭市 | 0.202 | 赣州市 | 83.784 | 新余市 | 83.784 |
| 怀化市 | 77.419 | 新余市 | 80.645 | 景德镇市 | 0.189 | 郴州市 | 83.784 | 怀化市 | 81.579 |
| 萍乡市 | 70.968 | 怀化市 | 80.645 | 永州市 | 0.159 | 怀化市 | 83.784 | 萍乡市 | 77.5 |
| 十堰市 | 64.516 | 上饶市 | 74.194 | 鄂州市 | 0.111 | 十堰市 | 79.487 | 十堰市 | 73.81 |
| 鄂州市 | 45.161 | 十堰市 | 74.194 | 十堰市 | 0.046 | 上饶市 | 79.487 | 鄂州市 | 64.583 |
| 景德镇市 | 38.71 | 景德镇市 | 70.968 | 萍乡市 | 0.044 | 景德镇市 | 77.5 | 景德镇市 | 62.000 |
| 鹰潭市 | 19.355 | 张家界市 | 64.516 | 鹰潭市 | 0 | 张家界市 | 73.81 | 鹰潭市 | 55.357 |
| 张家界市 | 19.355 | 鹰潭市 | 48.387 | 张家界市 | 0 | 鹰潭市 | 64.583 | 张家界市 | 54.386 |
| 群体外向度 = 16.129% | | 群体内向度 = 12.799% | | 群体中介度 = 0.90% | | 群体内向度 = 20.68% | | 群体外向度 = 23.11% | |

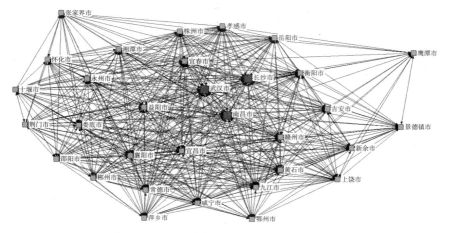

图7-3 2012年长江中游城市群空间网络

外辐射影响能力有大幅度提升。再从外向中心度、外向接近度、内向中心度、内向接近度、中介中心度、接近中心度来看，武汉市、长沙市、南昌市、宜春市、衡阳市、岳阳市、株洲市和孝感市的外向中心度、外向接近度均为1；内向中心度值由高到低，分别是南昌市、宜春市武汉市；中介中心度值由高到低，分别是南昌市、宜春市、九江市；内向接近度值由高到低，分别是南昌市、宜春市、武汉市。可见，武汉市的对外辐射能力最强，南昌市的内聚吸引地位最高，长株潭城市群内在联系最为紧密。2012年长江中游城市群已经形成以武汉市为中心的武汉城市圈、以长沙市为中心的长株潭城市群和以南昌市为中心的环鄱阳湖城市群紧密联系的"三中心"空间结构。

（2）2012年长江中游城市群网络的群体外向度为16.129%，和2000年的67.222%相比有大幅下降，2012年城市群网络的异质性比2000年更低，换言之，2000年和2012年相比城市群网络扩散更为均匀。2012年长江中游城市群网络的群体内向度为12.799%，和2000年的20.604%相比有所降低，表明2012年相比2000年城市群内部城市间内向程度中心性的差距逐步缩小。2012年长江中游城市群网络的中介中心度为0.90%，和2000年的16.92%相比降幅很大，可见2012年相比2000年城市群网络联系效率整体提高很快，即不需要依赖过多的中介城市即可进行大范围便捷经济联系。整体而言，长江中游城市群空间联系网络比2000年更为密集，空间结构网络发育也更为成熟。

（3）需要指出的是 2012 年孝感市相比 2000 年内向程度中心度值及排名均较大提升，原因在于武汉市带动周边城市迅速发展，其影响力增强。与 1990 年、2000 年相比，长沙市、株洲市和湘潭市的中介中心度排名明显大幅下降，说明长株潭城市群内在联系更为高效，对外联系也更为广泛，因而其中介角色逐渐被弱化。2012 年，中介中心度前三位依次是南昌市、宜春市、九江市，可以看出，与武汉城市圈、长株潭城市群相比，以南昌为中心的环鄱阳湖城市群经济联系效率有待进一步提高。

（4）值得一提的是随着经济联系不断增强，2012 年长江中游城市群空间网络已逐步形成完全网络，因而可测度其群体接近中心度。群体内向接近度与群体外向接近度分别为 20.68% 和 23.11%。表明越来越多的城市融入长江中游城市群，边缘城市数目减少。

（5）从图 7-3 也可看出与中心度结果相似的一些空间网络特征：2012 年，武汉市、长沙市、南昌市的程度中心度、中介中心度和接近中心度排名均靠前，表明长江中游城市群已形成"三中心"紧密空间网络结构。与 2000 年相比，2012 年长江中游城市群的群体外向中心度、内向中心度、中介中心度均有所降低，表明长江中游城市群呈现明显的多中心空间结构，城市联系网络多元完善，经济联系网络对个别城市的依赖程度逐渐降低。从上可知，1990 年到 2000 年再到 2012 年，长江中游城市群空间联系网络结构演变模式呈现出由"星形小群体串接的线形结构→中三角为核心的松散结构→中三角为核心的紧密结构"的动态演变特征。1990 年、2000 年长江中游城市群网络演变轨迹受偶得过程的驱动，并不存在明确的共同目标。2000 年之后长江中游城市群网络演变轨迹则可能受目标引导过程的驱动。

# 第三节　本章小结

**1. 中心城市带动长江中游城市群发展，武汉市是引领长江中游城市群一体化发展的龙头城市**

武汉市与长沙市较早成为中心城市，在长江中游城市群发展中起着重要的带头作用，2000 年后长江中游集群网络呈现明显稳定的双中心结构。长江中游城市群经济联系强度整体提高，城市的经济竞争力分布趋向集中。2012 年，南昌市由节点城市等级提升为中心城市，长江中游城市群形成明显的三中心结构，武汉市经济竞争力最强，是引领长江中游城市群发展的龙头城市。

### 2. 长江中游地区城市之间的直接交流联系增多，而城市的联系桥梁作用有弱化趋势

接近中心度总体持续上升，反映出越来越多的城市融入长江中游城市群网络结构，边缘城市数目减少。因此，长江中游城市群在构建和发展过程中应通过加强交通基础设施建设、开展经济合作等方式加强城市之间的直接联系，避免城市群化发展过程中经济实力过分集中或对个别城市的强依赖关系。

### 3. 长江中游城市群空间网络结构趋向密集、成熟和高效

1990 年长江中游城市群空间网络形态尚不完备，多数城市游离于网络之外，仍是一种稀疏网络空间结构。分别以武汉市和长沙市为中心形成两个星形城市小群体构成的线型关系结构。到 2000 年，城市群网络结构日趋完整，武汉城市圈、长株潭城市群之间联系紧密，在南昌市的带领下环鄱阳湖城市群也积极融入其中，"汉长昌"中三角结构趋势逐渐显现。到 2012 年，长江中游城市群呈现出明显的"汉长昌"三中心空间网络结构，城市群网络异质性降低，网络扩散更为均匀，联系效率整体提高。城市群内城市间的联系更加紧密、直接和成熟，联系效率整体提高。

### 4. 加强长江中游城市群之间的交流联系，发展多中心的城市群网络是实现长江中游地区和中部崛起的关键

走跨省区城市群联合发展道路，通过分工协作和交流联系，逐步推进长江中游地区空间一体化，逐步建立具有较强竞争力的长江中游城市群，将长江中游城市群打造为长江中游经济支撑带和中国第四大城市密集带。

# 第八章

# 长江中游城市群人口与
# 经济空间均衡分析

区域发展过程伴随着人口流动和经济集聚与扩散，人口与经济的均衡与非均衡发展，不断促进区域系统从低级向高级演化。人口与经济分布不平衡会造成空间效率损失及区域差异加剧等问题。实现区域协同发展，就要促进人口分布与经济分布均衡。为此，运用地理集中指数和区域重心方法，借助于 GIS 技术，分析 1990～2010 年长江中游城市群人口与经济空间分布关系。为科学、合理引导长江中游城市群人口流动和经济集聚，促进区域人口－经济协同发展提供理论和实践指导。

## 第一节　重心模型与空间自相关模型

### 一、区域重心模型

区域重心计算是假定某个次级区域属性（区域人口数、地区生产总值）意义下的重力的合力都通过点坐标（$x_i$、$y_i$），在计算过程中，选取地级市的坐标为合力都通过的点坐标，计算公式如下[①]：

$$\bar{x} = \frac{\sum\limits_{i=1}^{n} P_i x_i}{\sum\limits_{i=1}^{n} P_i}, \quad \bar{y} = \frac{\sum\limits_{i=1}^{n} P_i y_i}{\sum\limits_{i=1}^{n} P_i}$$

---

① 向云波，张勇，赵会丽. 湘江流域人口分布空间演化特征分析［J］. 西北人口. 2011，32（2）.

式中，$\bar{x}$ 和 $\bar{y}$ 表示区域分布的重心坐标，$p_i$ 表示区域属性，$x_i$、$y_i$ 表示区域属性分布重心的坐标。

## 二、空间自相关模型

为了说明长江中游城市群人口与经济空间的整体相关性以及区域内各相邻地域单元人口和经济的相关程度，引入空间自相关模型。

全局自相关系数（Moran's I）公式如下：

$$I = \frac{n \sum_{i=1}^{n} \sum_{j=1}^{n} W_{ij}(x_i - \bar{x})(x_j - \bar{x})}{n \sum_{i=1}^{n} \sum_{j=1}^{n} W_{ij} \sum_{i=1}^{n} (x_i - \bar{x})^2}$$

式中，$I$ 是莫兰指数，$x_i$ 是区域观测值，$w_{ij}$ 是权重矩阵。在 Moran's I 散点图中，Moran 指数 $I \in [-1, 1]$，$I < 0$ 为负相关，$I = 0$ 说明两个变量空间不相关，相互独立，$I > 0$ 说明两个变量为正相关；$I$ 值趋近于 $-1$ 说明研究区域空间趋异性显著，$I$ 值趋近于 1 说明研究区域空间集聚性显著；第一象限、第三象限的点为空间正相关，分布于第二象限、第四象限的点为负相关[1]。

局域空间自相关 LISA 计算公式如下：

$$I_i = \frac{x_i - \bar{x}}{S^2} \sum_j W_{ij}(x_j - \bar{x})$$

$$\bar{x} = \frac{1}{n} \sum_{i=1}^{n} x_i \ ; \ S^2 = \frac{\sum_{i=1, j\neq 1} x_i^2}{n-1} - \overline{x^2}$$

式中，$I_i$ 是局部空间自相关系数，$x_i$ 是空间单元属性值，$W_{ij}$ 是空间两个单元之间的影响程度[2]。

数据来源于湖北省、湖南省和江西省人口普查数据和社会经济统计数据。人口数据来源于湖北省、湖南省和江西省第四次（1990 年）人口普查数据、第五次（2000 年）人口普查数据和第六次（2010 年）人口普查数据；经济数据来源于1991 年、2001 年和2011 年湖北省统计年鉴、湖南

① 刘娜，石培基，李博. 甘肃省人口经济空间分异与关联研究 [J]. 干旱区地理. 2014，37 (1).
② 卢亚灵，颜磊，许学工. 环渤海地区生态脆弱性评价及其空间自相关分析 [J]. 资源科学. 2010，32 (2).

省统计年鉴和江西省统计年鉴。

## 第二节　长江中游城市群人口与
经济空间分布关系

### 一、人口地理集中度与经济地理集中度分析

　　为了刻画长江中游城市群人口和经济地理空间集聚状态及其相互关系，引入人口地理集中度和经济地理集中度两个概念。人口地理集中度即各区域人口在长江中游城市群的百分比与各区域国土面积在长江中游城市群的百分比的比值；经济地理集中度即各区域地区生产总值在长江中游城市群的百分比与各区域国土面积在长江中游城市群的百分比的比值；人口与经济集聚不平衡性指数计算公式为：不平衡性指数（$I$）＝人口地理集中度/经济地理集中度①。

　　将长江中游城市群31个区域人口地理集中度和经济地理集中度数据输入 ArcGIS10.1 软件中，建立数据库，采用自然断裂点分类方法（Jenks），将其划分为4个基本类型。

#### 1. 长江中游城市群人口地理集中度特征

　　1990～2010 年长江中游城市群人口集中度具有东北—西南高，东南低，并形成了武汉、长沙和南昌三大人口集聚区域的空间分布特征。

　　从人口地理集中度变化过程看，人口地理集中度第一等级区域由1990 年武汉、鄂州、天门、仙桃和湘潭5 个，减少为 2010 年的 1 个，即武汉市；第二等级区域由 1990 年长沙、益阳、荆州、黄石、萍乡等 8个，增加为 2010 年长沙、南昌、湘潭、孝感等 12 个。第三等级区域由1990 年的 8 个，增加至 2010 年 11 个。第四等级区域由 1990 年的 8 个，减少为 2010 年的 7 个。其中，环鄱阳湖城市群南昌、宜春、上饶、鹰潭、景德镇人口地理集中度的等级得到提升，说明其人口集聚能力、集聚程度上升较快。主要是因为近些年环鄱阳湖城市群积极融入长江中游

---

　　①　杨振. 中国人口与经济空间分布关系研究 [D]. 兰州大学博士学位论文. 2006.

城市群建设，使其社会经济发展能力提升。长株潭城市群的湘潭、娄底、益阳人口集聚度的等级下降。近年来湘潭、娄底、益阳的社会经济发展滞后于长沙、株洲等城市，造成其人口集聚能力有所减弱。武汉城市圈出现人口向武汉集聚的发展趋势，但其周边地区的人口集聚能力下降。

**2. 长江中游城市群经济地理集中度特征**

1990～2010年，长江中游城市群经济集中度由"东北–西南高，东南低"，逐步演变为武汉、长沙和南昌"三大极化区"的空间分布特征，武汉、长沙和南昌及其附近区域是长江中游城市群经济密度最大，经济集聚程度最高区域。

从经济集中度等级变化看，仅有经济集中度第一等级的区域保持稳定不变，（武汉市）。第二等级的区域由1990年的7个，减少为2010年的3个；第三等级区域由1990年的14个减少为2010年的7个；第四等级区域由1990年的8个增加至2010年的20个，由此说明1990～2010年长江中游城市群的经济进一步集聚，形成了武汉、长沙和南昌为核心的三大经济极化区域，而其他边缘地区经济集聚能力反而下降。武汉、长沙和南昌分别作为湖北、湖南和江西省省会，具有突出的区位条件优势、社会经济基础优势和政策优势，特别是在国家建设武汉城市群、长株潭城市群两型社会、鄱阳湖生态经济区等国际级区域规划战略支持下，长江经济带的区域中心城市区域经济得到快速发展，使其空间极化作用凸显。

# 二、人口与经济分布的空间关联性分析

**1. 人口与经济全局空间关联性分析**

以1990年和2010年人口、经济地理集中度作为变量，利用GeoDA 1.4.6软件进行全局自相关分析，结果见图8–1。

从图8–1可知，1990年和2010年长江中游城市群人口与经济空间分布的全局自相关系数Moran's I分别为0.1959和0.1468，具有正相关关系。说明长江中游城市群人口与经济具有空间集聚分布的特点。这表明长江中游城市群在经济发展的同时，也促进了人口的空间集聚。

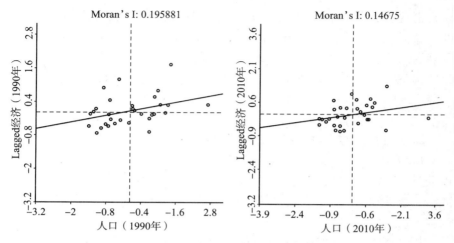

**图 8 - 1　长江中游城市群人口与经济 Moran's I 散点图**

### 2. 人口与经济局部空间关联性分析

对长江中游城市群人口与经济地理集中度作局部空间自相关分析，进行 Z 检验（P≤0.05）。高—高类型区集中分布武汉及其周边地区，如 1990 年武汉、仙桃和鄂州，2010 年为鄂州。但同时也可以清晰看见，距离稍远的黄冈、咸宁地区的人口与经济集聚能力就较低。这说明虽然武汉市具有较强辐射和带动作用，进而形成以武汉为核心的高值集聚区，但其辐射和带动作用还需强化，以便促进周边更多区域的发展。低—低类型区为新余和鹰潭，这些地区社会经济发展综合水平较低，人口与经济集聚能力弱。南昌为高—低类型区，这说明南昌人口和经济集聚能力一直高于周边地区，极化效应非常显著，但辐射能力相对较弱。

## 三、长江中游城市群人口与经济分布不平衡性分析

为了进一步揭示长江中游城市群人口与经济空间集聚关系，根据1990年和2010年的人口与经济集聚不平衡性指数（I），将长江中游城市群划分为三个基本类型①：滞后型（I≤0.75），即人口集聚程度滞后于经济集聚程度；协调型（0.75＜I≤1.25），即人口集聚程度与经济集聚程度同

---

① 钟业喜，陆玉麒. 鄱阳湖生态经济区人口与经济空间耦合研究［J］. 经济地理. 2011，31（2）.

步或两者之间不平衡程度较轻；超前型（$I > 1.25$），即人口集聚程度超前于经济集聚程度，结果表明：

（1）1990年，人口与经济集聚程度协调型包括武汉、长沙、荆州、宜春和新余5个区域，占总数量16.13%；超前型包括南昌、九江、上饶、景德镇、鹰潭、抚州、吉安，以及武汉城市圈的襄阳8个区域，占总数量25.81%，集中分布在环鄱阳湖城市群；滞后型集中分布在武汉城市圈和长株潭城市群，包括宜昌、荆门、黄石、湘潭、株洲等18个区域，占总数量58.06%，表明这一时期长江中游城市群经济集聚程度相对滞后，经济集聚能力弱于人口集聚能力。

（2）2010年，人口与经济集聚超前型包括武汉、长沙、南昌、鄂州、新余和宜昌6个区域，占总数量19.35%；协调型包括株洲、湘潭、荆门、襄阳、景德镇和鹰潭等12个区域，占总数量38.71%；滞后型包括荆州、孝感、咸宁、衡阳、娄底、益阳、九江、吉安、抚州等13个区域，占总数量41.94%，各类型相对均衡。

（3）从1990～2010年变化趋势看，长江中游城市群人口与经济集聚类型并不稳定。其中，武汉、长沙和南昌转变为超前型，这主要是因为三大中心城市凭借其良好的区域发展基础、区位条件，以及国家政策支持，吸引大量人员，人口集聚能力强，人口集聚程度远快于经济集聚程度。环鄱阳湖城市群多数区域由超前型转变为滞后型，说明该区域经济发展较快，人口集聚滞缓，这也是近些年江西省鄱阳湖生态经济区重点建设成就的体现，特别是2009年鄱阳湖生态经济区上升为国家战略，产业经济发展迅速，经济集聚能力不断强化。武汉城市圈和长株潭城市群的其他城市多转变为协调型或滞后型，这些地区都是湖北省、湖南省综合发展实力较强，发展较稳定的区域，其经济和人口集聚能力较强，因此两者之间速度差异不大。

## 第三节　长江中游城市群人口重心与经济重心演变

采用重心公式，计算1990年、2000年和2010年长江中游城市群人口重心和经济重心，研究其空间动态变化过程（表8-1，图8-2）。1990～2010年，长江中游城市群人口重心和经济重心主要在湖南岳阳与湖北咸宁交界地带移动。人口重心、经济重心均表现为向东南方向偏移的发展过程。

从人口重心偏移过程看，表现为一直向东南方向偏移过程。1990～

2000 年长江中游城市群人口重心向东南方向偏移了 58.45 公里；2001 ~ 2010 年人口重心偏移了 7.39 公里；1990 ~ 2010 年人口重心偏移了 64.75 公里。说明人口重心偏移速度逐渐放缓。从经济重心偏移过程看，表现为先向东北偏移，然后向东南偏移的变化过程。1990 ~ 2000 年长江中游城市群经济重心向东北方向偏移了 9.37 公里；2001 ~ 2010 年经济重心向东南方向偏移了 20.29 公里；1990 ~ 2010 年经济重心偏移了 15.45 公里。说明经济重心偏移速度逐渐加快。从人口重心与经济重心关系变化过程看，1990 ~ 2000 年人口重心与经济重心之间的距离由 39.08 公里，缩小为 16.51 公里；2001 ~ 2010 年人口重心与经济重心之间的距离由 16.51 公里，缩小为 12.46 公里。说明人口重心与经济重心之间距离逐步缩小。近年来环鄱阳湖城市群综合发展实力上升较快，其人口、经济规模不断扩大，从而导致人口、经济重心向西南方向偏移。同时，随着武汉城市圈、长株潭城市群和环鄱阳湖城市群综合实力提升，人口与经济集聚空间关系日趋紧密，两者之间互动加强，人口与经济重心距离缩小。

表 8 - 1　　　　　　　　　人口与经济重心经纬度

| 年份 | 人口重心 | | 经济重心 | |
|---|---|---|---|---|
| | 经度（E°） | 纬度（N°） | 经度（E°） | 纬度（N°） |
| 1990 | 113.25 | 29.32 | 113.65 | 29.28 |
| 2000 | 113.83 | 29.18 | 113.68 | 29.36 |
| 2010 | 113.88 | 29.13 | 113.78 | 29.20 |

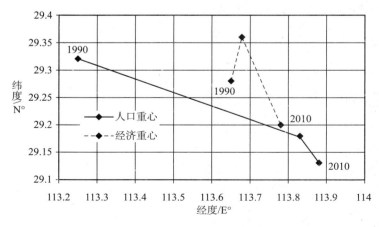

图 8 - 2　1990 ~ 2010 年长江中游人口重心演变轨迹

# 第四节　本章小结

长江中游城市群人口与经济集聚具有"东北－西南高、东南低"的空间分布特征。人口与经济空间分布的自相关性看，人口和经济具有空间集聚的分布特征，形成高值或低值簇。经济集聚程度高于人口集聚程度。根据人口与经济集聚协调程度，将长江中游城市群31个区域划分为3个基本类，即人口与经济集聚协调型，人口滞后于经济集聚型和人口超前于经济集聚型。长江中游城市群人口与经济重心大致向东南方向偏移。区位条件、区域政策以及区域发展基础是影响长江中游人口与经济空间分布关系的主要因素。

1990～2010年长江中游城市群人口与经济集聚呈现以武汉、长沙和南昌为极化中心的非均衡空间分布特征。其中，环鄱阳湖城市群人口与经济集聚能力相对较弱，武汉城市圈和长株潭城市群人口和经济集聚能力较强。这主要是因为武汉和长株潭区域发展基础较好，区位条件优越，交通便利，加上湖北、湖南省人口、经济实力较强，也是长江中游城市群人口与经济集聚空间分异的主要原因。

1990～2010年长江中游城市群人口集聚与经济集聚有一定的关联性，呈现较弱的正相关。人口和经济在整个区域的集聚程度越来越高，以省会城市为中心的极化效应越来越显著，这将对长江中游城市群发展产生深刻的影响，特别是随着区域产业结构调整和产业转移，一些新兴产业出现，可能会重新塑造长江中游城市群人口与经济空间分布格局。

1990～2010年长江中游城市群经济集聚程度明显高于人口集聚程度。主要原因是近些年作为长江中游城市群主体的武汉城市圈、长株潭城市群和鄱阳湖生态经济区，在国家发展战略的支持下，产业经济发展迅速，经济集聚能力提升较快，明显快于人口集聚能力的提升。

长江中游城市群人口与经济重心大致呈现向东南方向偏移的演变过程。江西省综合实力相对较弱，人口和经济规模小于湖北省和湖南省，但近些年通过鄱阳湖生态经济区等建设其社会经济发展迅速，人口和经济集聚能力加强，从而导致长江中游城市群人口与经济中心出现向江西鄱阳湖生态经济区方向偏移的态势。随着长江中游城市群上升为国家发展战略，特别是在长江经济带建设战略背景下，区域产业结构调整、产业跨区域转移，以及一些新兴产业经济的形成，可能会重新塑造长江中游城市群人口与经济空间分布关系。

# 第九章

# 长江经济带生态足迹
# 与生态承载格局

贯彻落实长江经济带"共抓大保护，不搞大开发"的指导方针，坚持生态优先、绿色发展，建设生态文明先行示范带和长江经济带绿色生态廊道，对长江经济带的生态压力和生态承载力进行客观、科学的评估和测算，对长江经济带建设具有基础性价值和重要的意义。本章运用生态足迹模型计算长江经济带的生态足迹需求和生态承载力，以此定量评估长江经济带 11 省市的生态经济潜力和发展的可持续性。

## 第一节　长江经济带生态足迹与生态承载力测算

### 一、生态足迹理论和假设

可持续性发展关系到一个国家和地区未来的发展潜力，目前关于区域可持续发展能力的测度方法有很多，生态足迹模型是最常用的用于评估可持续发展的经典方法。该方法的优势在于既紧扣可持续发展理论思想，又将人类与其赖以生存的生态系统紧密结合在一起，相比于能值分析、物质流核算与净初级生产力的人类占用等方法，在可持续发展生态评估和衡量方法中的应用更为广泛。生态足迹概念最早由加拿大生态经济学家 Rees W. E. 于 1992 年提出的，之后与 Wackernagel M. 等于 1996 年将这一概念完善和发展为生态足迹模型。在我国，生态足迹模型最早由徐中民等人于2000 年将其作为可持续发展定量研究的方法，并首次应用于甘肃省。

生态足迹模型是一种定量测量人类对自然利用程度的方法，通过将区域内的资源和能源消费转化为提供这种物质所必须的各种生物生产土地的面积（生态足迹需求），并同区域能提供的生物生产型土地面积（生态足迹供给）进行比较，定量判断一个区域的发展是否处于生态承载能力的范围内。

任何已知人口（某一地区、国家）的生态足迹是指生产这些人口所消费的所有资源和吸纳这些人口所产生的所有废弃物所需要的生物生产性土地面积。生物生产性土地面积是指具有生物生产能力的土地或水域。在生态足迹账户核算中，生物生产面积主要考虑以下六大类：耕地、草地、林地、水域、建筑用地和化石燃料土地。生态足迹模型的一个基本假设是这六类生物生产性土地在空间利用上是互斥的，这个假设能使我们对各类生物生产性土地面积进行加和。

生态足迹的计算是基于以下两个基本事实：一是人类可以确定自身消费的绝大多数资源及其所产生的废弃物的数量；二是这些资源和废弃物流能转换成相应的生物生产面积。此外，还基于以下五个基本假设：资源的消费量和废物的排放量可得；资源消费量和废物排放量可以折算为相应的土地面积；可以对不同类型的土地面积赋予权重，将其转化成为标准化的全球公顷单位；各种土地具有排他性，因此总需求等于各种资源利用和废物吸收的面积加总；总需求可以超过总供给。

## 二、生态足迹模型构建

生态足迹需求的计算公式是：

$$EF_i = N \times (ef_i) = N \times \left(\sum r_i \times A_i\right) = N \times \sum r_i((P_i + I_i - E_i)/N)/Y_i$$

其中，$EF_i$ 是区域总人口的生态足迹需求量；$N$ 是区域总人口数；$r_i$ 为某类生物生产性土地的均衡因子；$A_i$ 为消费项目 $i$ 折算的生物生产性土地面积；$P_i$ 是消费项目 $i$ 的年生产量；$I_i$ 是消费项目 $i$ 的年进口量；$E_i$ 是消费项目 $i$ 的年出口量；$Y_i$ 是消费项目 $i$ 的年（世界）平均产量，单位是 $kg/hm^2$。

生态足迹供给（生态承载力）的计算公式是：

$$EC_i = N \times (ec_i) = N \times a_j \times r_j \times y_j$$

其中，$EC_i$ 为区域生态足迹总供给量；$a_j$ 是人均生物生产性土地面积，$hm^2/cap$；$r_j$ 是均衡因子；$y_j$ 是产量因子。

基于生态足迹模型的一个基本假设，即六类生物生产性土地在空间利用上是互斥的，因此在计算的过程中，为避免重复计算，消费项目选取表征大类的指标，如谷物、豆类、薯类等。此外，将猪肉划分到耕地类型，使用的全球平均产量是养殖的全球平均产量。生态足迹模型在实际测算过程中，根据区域特征的差异，选取不同的消费项目，具体生态足迹指标选取见表 9 - 1。

表 9 - 1　　　　　　　　　　　生态足迹选取指标

| 账户 | 指标类型 | 消费项目 |
|---|---|---|
| 生物资源账户 | 耕地 | 谷物、豆类、薯类、棉花、油料、麻类、甘蔗、烟叶、瓜果、猪肉 |
| | 林地 | 茶叶、水果、木材、油桐籽、油茶籽、松脂、竹笋干 |
| | 草地 | 牛肉、羊肉、奶类、禽蛋、禽肉、羊毛 |
| | 水域 | 水产品 |
| 能源资源账户 | 化石燃料用地 | 煤炭、焦炭、石油、汽油、煤油、柴油、燃料油、液化石油气、天然气 |
| | 建设用地 | 电力 |

本章数据来源于 2015 年长江经济带 11 省（市）的统计年鉴，《中国能源统计年鉴（2015）》《中国农村统计年鉴（2015）》等，土地存量数据来源于各省（市）的国土资源厅。本章计算的生态足迹包含生物资源消费和能源消费，因年鉴给出的只有贸易金额数据，没有相应的贸易量数据，且贸易部分影响较小，所以未对贸易部分数据进行调整。根据世界环境与发展委员会（WCED）的报告，在区域生态足迹供给中至少要留出 12% 的生物生产性土地面积（生态承载力），用以保护区域内的生物多样性。

## 三、生态足迹模型参数确定

### 1. 均衡因子和产量因子

均衡因子和产量因子是生态足迹模型中两个重要的参数。均衡因子是将不同生态生产力的生物生产面积转化为具有相同生态生产力的系数，该系数等于全球该类生物生产面积的平均生态生产力除以全球所有各类生物生产面积的平均生态生产力。而产量因子表示的是在不同国家和地区，单位同类型的生物生产性面积的生态生产力也存在差异，因此需要用产量因子对其进行调整，产量因子是某个国家平均生产力与世界同类土地平均生产力的比率。本章采用世界自然研究基金会（WWF）研究报告中计算 2012 年的各国生态足迹时给出的均衡因子和产量因子。具体数据见表 9 – 2。

表 9 – 2                          均衡因子和产量因子

| 土地类型 | 均衡因子（$r_j$） | 产量因子（$y_j$） |
|---|---|---|
| 耕地 | 2.56 | 1.32 |
| 草地 | 0.43 | 1.93 |
| 林地 | 1.28 | 2.55 |
| 水域（内陆） | 0.35 | 1.00 |
| 化石能源地 | 1.00 | — |
| 建设用地 | 2.56 | 1.32 |

资料来源：Working Guidebook to the National Footprint Accounts：2016.

### 2. 世界平均产量

生物资源消费的生物生产性土地面积的折算采用世界平均产量。经过查阅 FAO 网站数据库①，计算出 2014 年谷物、豆类、薯类、棉花、油料、甘蔗、茶叶这 7 类农产品的全球平均产量，故使用最新数据。其他数据由于农产品统计口径的不同，或其他产品统计单位不同无法更新，这里大多数研究采用的全球平均产量数据，即来源于 1993 年联合国粮食及农业组织的统计数据。

表 9 – 3                          农产品世界平均产量

| 产品种类 | 世界平均产量（公斤/公顷） | 产品种类 | 世界平均产量（公斤/公顷） |
|---|---|---|---|
| 谷物 | 3 909 | 木材 | 1.99 *（立方米/公顷） |
| 豆类 | 2 620 | 油桐籽/油茶籽 | 1 600 * |
| 薯类 | 13 815 | 松脂 | 3 900 * |
| 棉花 | 2 292 | 竹笋干 | 945 * |
| 油料 | 1 283 | 牛肉 | 33 * |
| 麻类 | 1 500 * | 羊肉 | 33 * |
| 甘蔗 | 69 900 | 奶类 | 502 * |
| 烟叶 | 1 548 * | 禽蛋 | 400 * |

① http://faostat3.fao.org/download/Q.

| 产品种类 | 世界平均产量（公斤/公顷） | 产品种类 | 世界平均产量（公斤/公顷） |
|---|---|---|---|
| 瓜果 | 18 000 * | 禽肉 | 457 * |
| 猪肉 | 457 * | 羊毛 | 15 * |
| 茶叶 | 1 027 | 水产品 | 29 * |
| 水果 | 3 500 * | | |

注：带有 * 数据来源于《基于本地生态足迹的湖南省可持续发展评价》。

### 3. 能源折算系数

能源的消费根据统计资料选取了煤炭、焦炭和电力等能源种类，其消费量转化为化石燃料生产土地面积时，采用世界上单位化石能源土地面积的平均发热量为标准，将当地能源消费所消耗的热量折算成一定的化石燃料土地面积。具体的能源转换参数如表 9 – 4 所示。

表 9 – 4　　　　　　　　　各种能源转换参数

| 能源种类 | 全球平均能源足迹/（吉焦/公顷） | 折算系数/（吉焦/吨） |
|---|---|---|
| 煤炭 | 55 | 20.93 |
| 焦炭 | 55 | 28.47 |
| 原油 | 71 | 41.87 |
| 汽油 | 71 | 43.12 |
| 煤油 | 71 | 10.43 |
| 柴油 | 71 | 42.71 |
| 燃料油 | 71 | 50.20 |
| 液化石油气 | 93 | 50.20 |
| 天然气 | 93 | 38.98 |
| 热力 | 1 000 | 29.34 |
| 电力 | 1 000 | 36 * |

注：电力折算系数单位为 GJ/$10^4$ 千瓦时，数据来源于《基于本地生态足迹的湖南省可持续发展评价》。

## 四、生态足迹需求与生态足迹供给的计算

根据长江经济带 11 省（市）的统计数据，按照前述所介绍的生态足迹的计算方法，结合上述的均衡因子、产量因子、全球平均产量以及能源折算系数，可以计算得出 2014 年长江经济带 11 省（市）生态足迹和生态

承载力（见表 9 - 5、表 9 - 6）。

表 9 - 5 　　　　　 **2014 年长江经济带各功能区人均生态足迹** 　　单位：公顷/人

| 省市 | 土地类型 | | | | | | 总计 |
|---|---|---|---|---|---|---|---|
| | 耕地 | 林地 | 草地 | 水域 | 化石燃料用地 | 建筑用地 | |
| 上海 | 0.077 | 0.013 | 0.016 | 0.078 | 2.851 | 0.053 | 3.090 |
| 江苏 | 0.501 | 0.051 | 0.066 | 0.651 | 2.207 | 0.060 | 3.536 |
| 浙江 | 0.236 | 0.072 | 0.022 | 0.411 | 1.895 | 0.061 | 2.696 |
| 安徽 | 0.713 | 0.111 | 0.115 | 0.379 | 1.407 | 0.025 | 2.750 |
| 江西 | 0.691 | 0.098 | 0.068 | 0.605 | 1.033 | 0.021 | 2.515 |
| 湖北 | 0.749 | 0.094 | 0.111 | 0.856 | 1.475 | 0.030 | 3.315 |
| 湖南 | 0.752 | 0.110 | 0.083 | 0.425 | 1.024 | 0.021 | 2.415 |
| 重庆 | 0.550 | 0.053 | 0.080 | 0.171 | 1.194 | 0.027 | 2.076 |
| 四川 | 0.692 | 0.062 | 0.134 | 0.188 | 1.100 | 0.023 | 2.199 |
| 贵州 | 0.519 | 0.063 | 0.079 | 0.067 | 1.709 | 0.031 | 2.469 |
| 云南 | 0.675 | 0.116 | 0.158 | 0.137 | 1.080 | 0.030 | 2.197 |
| 长江经济带 | 0.593 | 0.080 | 0.090 | 0.401 | 1.494 | 0.035 | 2.693 |

注：生态足迹是乘以均衡因子后得到的。

表 9 - 6 　　　　　　 **2014 年长江经济带人均生态承载面积** 　　单位：公顷/人

| 省市 | 土地类型 | | | | | 总计 |
|---|---|---|---|---|---|---|
| | 耕地 | 林地 | 草地 | 水域 | 建筑用地 | |
| 上海 | 0.044 | 0.008 | 0.001 | 0.000 | 0.049 | 0.101 |
| 江苏 | 0.287 | 0.059 | 0.003 | 0.004 | 0.031 | 0.383 |
| 浙江 | 0.123 | 0.314 | 0.028 | 0.001 | 0.028 | 0.493 |
| 安徽 | 0.438 | 0.179 | 0.018 | 0.004 | 0.018 | 0.656 |
| 江西 | 0.364 | 0.634 | 0.062 | 0.005 | 0.015 | 1.079 |
| 湖北 | 0.415 | 0.352 | 0.064 | 0.004 | 0.023 | 0.858 |
| 湖南 | 0.387 | 0.431 | 0.061 | 0.004 | 0.013 | 0.896 |
| 重庆 | 0.351 | 0.303 | 0.046 | 0.001 | 0.023 | 0.724 |
| 四川 | 0.353 | 0.602 | 0.159 | 0.006 | 0.015 | 1.136 |
| 贵州 | 0.468 | 0.535 | 0.078 | 0.001 | 0.013 | 1.096 |
| 云南 | 0.453 | 1.166 | 0.185 | 0.002 | 0.013 | 1.819 |
| 长江经济带 | 0.344 | 0.416 | 0.067 | 0.003 | 0.021 | 0.852 |

注：生态承载面积是乘以均衡因子、产量因子后得到的，已扣除 12% 的生物多样性保护面积。

从人均生态足迹供需情况来看，2014 年长江经济带的人均生态足迹需求为 2.693 公顷，人均生态承载力仅为 0.852 公顷，出现了 1.841 公顷的生态赤字，表明人类对长江经济带生态系统的影响已超过了生态系统的承载力。可以认为长江经济带的人类经济活动对于生态环境的影响强度已高于其生态承载力，长江经济带开发必须选择一种可持续的经济发展模式。

## 第二节　长江经济带生态足迹与生态承载力分析

长江经济带 11 个省（市）均为生态足迹需求大于生态承载力，也即均处于生态赤字状态；同时，生态足迹的供需关系存在较为明显的地区差异。长江经济带从上游至下游人均生态足迹越来越高，上游地区的人均生态足迹较低，而下游地区的人均生态足迹较高；长江经济带的人均生态承载力上游地区较高，而下游地区较低，从上游至下游颜色越来越浅，生态承载力（生态足迹供给）越来越低。综上所述，长江经济带总体呈现生态足迹上游低下游高，生态承载力"上游高下游低"的空间不平衡现象。

从省市来看，人均生态足迹需求最高的省份是江苏，达到 3.536 公顷，是长江经济带人均生态足迹需求的 1.3 倍；人均生态足迹需求最低的省市是重庆，为 2.076 公顷。而人均生态承载力最高的身份是云南，为 1.819 公顷，是长江经济带人均生态承载力的 2.1 倍；人均生态承载力最低的是上海，仅为 0.101 公顷。

分别从长江经济带的上、中、下游来分析各省市生态足迹的需求结构（图 9 - 1、表 9 - 7）。颜色最浅到颜色最深分别表示耕地、林地、草地、水域、化石燃料地和建筑用地的生态足迹需求情况。可以看出，长江经济带上游、中游和下游省份各类土地生态足迹需求存在较大结构差异。在长江经济带的 11 个省市中，化石燃料地是主要的生态足迹需求类型，而下游地区对化石燃料用地的需求更大，构成生态足迹需求量的绝大部分。化石燃料用地对应的是煤炭、原油等化石燃料的消费，此类型的生态足迹需求大，说明该地区的能源消费量较大。上游、中游地区除化石燃料用地外，需求量第二的土地类型为耕地。中游地区一直以来都是中国的产粮大区，承担着国家粮食安全的重任，因而对于耕地的需求会比较大。此外，水域的生态足迹需求变化较大，占比从 2.53% 提高到 25.82%，这与长江经济带各省市水域利用强度有关。

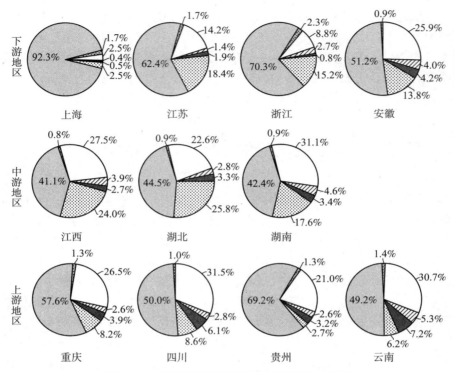

图 9 - 1　长江经济带各类型生态足迹需求饼状图

表 9 - 7　　　　　　　长江经济带各类型生态足迹需求占比　　　　　单位：%

| 面积占比<br>省市 | 耕地 | 林地 | 草地 | 水域 | 化石燃料地 | 建筑用地 |
|---|---|---|---|---|---|---|
| 上海 | 2.49 | 0.42 | 0.52 | 2.53 | 92.33 | 1.72 |
| 江苏 | 14.17 | 1.44 | 1.87 | 18.41 | 62.41 | 1.70 |
| 浙江 | 8.75 | 2.67 | 0.82 | 15.24 | 70.26 | 2.26 |
| 安徽 | 25.92 | 4.04 | 4.18 | 13.78 | 51.17 | 0.91 |
| 江西 | 27.46 | 3.89 | 2.70 | 24.05 | 41.06 | 0.83 |
| 湖北 | 22.59 | 2.84 | 3.35 | 25.82 | 44.50 | 0.90 |
| 湖南 | 31.14 | 4.56 | 3.44 | 17.60 | 42.40 | 0.87 |
| 重庆 | 26.50 | 2.55 | 3.85 | 8.24 | 57.55 | 1.30 |
| 四川 | 31.47 | 2.82 | 6.09 | 8.55 | 50.02 | 1.05 |
| 贵州 | 21.03 | 2.55 | 3.20 | 2.71 | 69.25 | 1.26 |
| 云南 | 30.74 | 5.28 | 7.20 | 6.24 | 49.18 | 1.37 |

从表 9 - 8 可以看出，生态赤字最为突出的省份位于下游地区，江苏的人均生态赤字超过 3 公顷，上海的人均生态赤字也接近 3 公顷；江苏和上海的生态足迹供需比也远超长江经济带其他省市，分别为 30.45 和9.24，超出平均值较多。而长江经济带中游三省的生态赤字在 1.4 ~ 2.5公顷之间，生态足迹供需比接近平均水平。下游四省的生态赤字则普遍低于 1.4 公顷，且生态足迹供需比远低于长江经济带的平均供需比。整体来看，以长江经济带平均水平为界限，生态赤字超过平均水平的省份有 5个，而低于平均水平的省份有 6 个。人均生态赤字的空间分布与人均生态足迹的空间分布相似，也呈现出自长江下游向上游方向呈递减的分布规律。

表 9 - 8　　　　　长江经济带省（市）的人均生态赤字比较

| 地区 | | 生态赤字（公顷/人） | 生态足迹供需比 | 万元 GDP 生态足迹（公顷/万元） |
|---|---|---|---|---|
| 下游地区 | 上海 | 2.99 | 30.45 | 0.32 |
| | 江苏 | 3.15 | 9.24 | 0.43 |
| | 浙江 | 2.20 | 5.47 | 0.37 |
| | 安徽 | 2.09 | 4.19 | 0.80 |
| 中游地区 | 江西 | 1.44 | 2.33 | 0.73 |
| | 湖北 | 2.46 | 3.87 | 0.70 |
| | 湖南 | 1.52 | 2.70 | 0.60 |
| 上游地区 | 重庆 | 1.35 | 2.87 | 0.43 |
| | 四川 | 1.06 | 1.94 | 0.63 |
| | 贵州 | 1.37 | 2.25 | 0.93 |
| | 云南 | 0.38 | 1.21 | 0.81 |
| 长江经济带 | | 1.84 | 3.16 | 0.55 |

需要指出的是，万元 GDP 的生态足迹需求却呈现出与生态赤字相反态势。万元 GDP 的生态足迹需求量表示每万元 GDP 的生态足迹占用情况，可以反映区域自然资源的利用效率。经济越发达的地区，万元 GDP 的生态足迹占用量就越小。姜绵峰等（2015）计算得出，2010 年上海的万元GDP 生态足迹需求为 0.364 公顷，安徽的万元 GDP 的生态足迹需求为0.910 公顷。

从图 9 - 2 可以看出，2014 年长江经济带万元 GDP 的生态足迹为 0.55

公顷/万元，仅有上海、江苏、浙江和重庆四省市的万元 GDP 生态足迹是
低于长江经济带平均水平，这是个省市是长江经济带经济较为发达的地
区，其自然资源利用效率相对较高。从万元 GDP 生态足迹这一指标来看，
上游地区（除重庆外）和中游地区差异较小，单位生物生产性土地面积的
生物生产力较低，资源利用效率整体低于长江经济带下游地区（图 9-1、
表 9-8）。

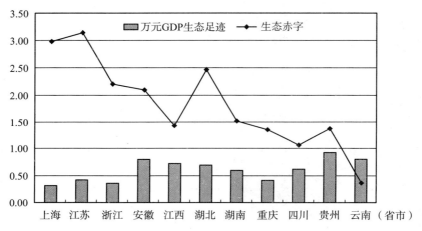

**图 9-2　长江经济带 11 省市生态赤字与万元 GDP 生态足迹的比较**

# 第三节　本 章 小 结

　　长江是我国重要的生态宝库，关系着全国的生态安全，目前已是超载
状态。长江流域的生态环境、生态压力和生态承载能力存在明显的地区差
异。下游地区是长江经济带生态赤字矛盾最突出的地区，江苏和上海的生
态足迹供需比远超长江经济带其他省市。中游地区湘鄂赣三省的生态足迹
供需比接近长江经济带平均水平。下游地区江浙沪皖四省的生态足迹供需
比远低于长江经济带的平均供需比。长江经济带人均生态赤字的空间分布
与人均生态足迹的空间分布相似，呈现自下游向中游再向上游的梯度递减
规律。

　　与此相反，反映区域自然资源利用效率的万元 GDP 生态足迹需求量
却呈与生态赤字相反趋势。经济越发达的省区，万元 GDP 的生态足迹占

用量越小。2014 年长江经济带的万元 GDP 的生态足迹为 0.55 公顷/万元，仅有上海、江苏、浙江和重庆四省市的万元 GDP 生态足迹低于长江经济带平均水平。

因此，要切实建设长江经济带绿色生态廊道，保育长江流域整体生态，加强流域环境综合治理，强化沿江生态保护和修复，尤其要构建中上游生态屏障，大力改善长江生态环境。

# 第十章

# 长江经济带城市协同
# 发展的决定因素

　　民生福祉是区域发展的出发点和落脚点，促进经济增长只是提高民生福祉的手段，提升民生福祉是区域发展的根本目标，因而以民生福祉为核心的区域发展观体现了从以经济增长为中心和重视"物"的传统发展观向以人为本且注重人的发展的新发展观转变。可见，在民生福祉为核心的区域发展观指导下，衡量区域协同发展状态或水平的基准就是福祉指标，通过分析城市福祉的决定因素即可反映推进城市协同发展的决定因素。

　　从城市发展经验来看，为什么一些城市具有较高的人类福祉，而一些城市的福祉水平却较低呢？对城市福祉的决定因素进行深入分析，既可以分析造成城市福祉差异的主要因素，更能揭示或得出一些推进城市协同发展的重要指标。就城市福祉决定因素研究而言，经济发展理论认为经济发展的根本目的在于提高人的福祉水平，促进经济发展是提升人民福祉的重要手段。经济增长阶段理论认为，经济增长最后将进入追求生活质量阶段，人均收入会进一步提高，人们会由对满足基本生活的需求转向对高生活质量的需求。依托城市福祉决定因素的相关理论，选取城市福祉决定因素指标，应用因子分析找寻长江经济带城市福祉的决定因素，既可以从理论上回答城市福祉空间差异的决定因素和原因，又为进一步提高长江经济带城市经济发展质量和人民福祉水平，为实现长江经济带城市之间的协同发展提供一定的决策依据。

# 第一节 决定因素的指标分析

## 一、城市福祉决定因素的相关理论

主要以现代化理论、全球化理论、可持续发展理论、消费理论、政府干预理论为长江经济带城市福祉水平决定因素指标选取的理论依据。现代化理论认为工业化是长江经济带经济快速发展的主要"引擎"。工业化促进了长江经济带发展，创造了就业机会，新创造的社会财富增强了发展的基础，改善了人们的居住条件，提高了人们的营养水平、健康状况和教育水平。全球化理论主要认为，长江经济带在同世界各国的相互联系中以及在外商直接投资之下取得了快速发展，进而提升了福祉水平。长江经济带是全国经济发展水平最高、综合经济实力最强的地区之一，也是开放型经济发展最快的一个地区。开放型经济推动了长江经济带的城市群形成，该地区通过积极融入全球产业链，以全球制造业基地为特征的全球区域正在形成。消费理论则认为，福祉水平决定于消费空间，只有经济发展和收入增长使人们有能力提高消费水平时才能得到更多的效用满足。政府干预理论认为政府主要是通过收入再分配和减少贫困等政策来减少不平等的，所以税收、消费支出、公共物品与服务、较好的卫生环境、医疗设施、教育设施等设施条件是影响福祉的重要决定因素。

## 二、城市福祉决定因素的指标选取

在指标选取时要甄别福祉组分与决定因素的区别。福祉组分反映福祉的存量含义，而决定因素反映福祉的流量含义。举例而言，福祉的健康组分常采用预期寿命指标，而反映福祉的健康决定因素则采用万人医生数等投入指标。对长江经济带城市福祉决定因素的指标选取即是后者。据现代化理论，工业化被视为人类福祉提高的引擎。为此，长江经济带城市福祉水平的决定因素包括经济规模指标，因为经济规模不仅对提升经济有重要作用，而且可以促进生活质量的提升。此外，还包括经济结构指标，用产业结构指标来表示。另外，反映信息化和物流发展水平的指标也是基于现代化理论选取的重要指标。因此，根据现代化理论选取了人均地区生产总值（元）、地区生产总值（万元）、规模以上工业总产值（万元）、第二产业占 GDP 比重（%）、第三产业占 GDP 比重（%）、货运总量（万吨）、互联网宽带接入用户数（万户）、人均电信业务收入（万元）等指标作为长江经济带城市福祉决定因素的指标；根据全球化理论选取当年实际使用外资金额（万美元）指标；根据消费理论选用人均社会消费品零售总额（万元）指标；根据政府干预理论选取了公共财政收入（万元）、公共财政支出（万元）、全社会固定资产投资总额（万元）、万人医生数（人）、百万人普通高等学校在校生（人）、人均城市道路面积（平方米）、每万人公共汽电车客运总量（万人次）、人均居民生活用电量（千瓦时）、职工人均平均工资（元）等指标①（见表 10 - 1），数据来源于《中国城市统计年鉴（2015）》，根据数据情况，选取城市共 110 个。

表 10 - 1　　　　　长江经济带城市福祉水平决定因素指标选取

| 理论依据 | 所选指标（单位） |
| --- | --- |
| 现代化理论 | 人均地区生产总值（元）、地区生产总值（万元）、规模以上工业总产值（万元）、第二产业占 GDP 比重（%）、第三产业占 GDP 比重（%）、货运总量（万吨）、互联网宽带接入用户数（万户）、人均电信业务收入（万元） |
| 全球化理论 | 当年实际使用外资金额（万美元） |
| 消费理论 | 人均社会消费品零售总额（万元） |
| 政府干预理论 | 公共财政收入（万元）、公共财政支出（万元）、全社会固定资产投资总额（万元）、万人医生数（人）、百万人普通高等学校在校生（人）、人均城市道路面积（平方米）、每万人公共汽电车客运总量（万人次）、人均居民生活用电量（千瓦时）、职工人均平均工资（元） |

## 第二节　长江经济带城市协同发展的决定因素识别

因子分析法可以在保证数据信息丢失最少的条件下对福祉决定因素进行降维处理，进而找寻影响长江经济带城市福祉的众多变量之间的潜在因素结构。通过对因子的合理解释和命名，既可以加深对城市福祉决定因素变量系统主要因素的认识，也是对城市福祉决定因素评价指标选取理论依

① 王圣云，史利江. 长三角城市群福祉决定因素及其空间分异 [J]. 城市问题，2014（6）.

据的一种思辨。

# 一、数据分析与检验

## 1. 数据标准化

建立原始数据矩阵，进行标准差标准化处理：

$$X_{ij} = \frac{x_{ij} - \bar{x}}{S} \qquad S = \sqrt{\frac{\sum_{i}^{m} (x_{ij} - \bar{x})^2}{n - 1}}$$

$x_{ij}$ 为原始数据，$X_{ij}$ 为标准化后数据，$S$ 为标准差，$\bar{x}_{ij}$ 为平均值。$i = 1$，$2$，$\cdots$，$m$ 表示各指标；$j = 1$，$2$，$\cdots$，$n$ 表示各城市。

## 2. 方差分析

应用 SPSS for windows13.0 统计分析软件进行因子分析，从表 10 - 2 可以看出，若取三个主因子，便可解释 80.18% 的原始信息，累积贡献率为 80.18%，故取三个主成分。

表 10 - 2　　　　　　　　　　　解释的总方差

| 成分 | 初始特征值 | | | 提取平方和载入 | | | 旋转平方和载入 | | |
|---|---|---|---|---|---|---|---|---|---|
| | 合计 | 方差的% | 累积% | 合计 | 方差的% | 累积% | 合计 | 方差的% | 累积% |
| 1 | 11.295 | 59.447 | 59.447 | 11.295 | 59.447 | 59.447 | 7.320 | 38.527 | 38.527 |
| 2 | 2.512 | 13.224 | 72.671 | 2.512 | 13.224 | 72.671 | 6.091 | 32.056 | 70.583 |
| 3 | 1.426 | 7.508 | 80.179 | 1.426 | 7.508 | 80.179 | 1.823 | 9.596 | 80.179 |
| 4 | 0.898 | 4.728 | 84.907 | | | | | | |
| 5 | 0.719 | 3.783 | 88.690 | | | | | | |
| 6 | 0.450 | 2.367 | 91.057 | | | | | | |
| 7 | 0.388 | 2.044 | 93.101 | | | | | | |
| 8 | 0.301 | 1.584 | 94.686 | | | | | | |
| 9 | 0.245 | 1.291 | 95.977 | | | | | | |
| 10 | 0.216 | 1.135 | 97.112 | | | | | | |
| 11 | 0.138 | 0.727 | 97.838 | | | | | | |
| 12 | 0.100 | 0.525 | 98.363 | | | | | | |
| 13 | 0.086 | 0.451 | 98.815 | | | | | | |
| 14 | 0.072 | 0.378 | 99.192 | | | | | | |

续表

| 成分 | 初始特征值 | | | 提取平方和载入 | | | 旋转平方和载入 | | |
|---|---|---|---|---|---|---|---|---|---|
| | 合计 | 方差的% | 累积% | 合计 | 方差的% | 累积% | 合计 | 方差的% | 累积% |
| 15 | 0.070 | 0.368 | 99.560 | | | | | | |
| 16 | 0.037 | 0.195 | 99.754 | | | | | | |
| 17 | 0.033 | 0.175 | 99.929 | | | | | | |
| 18 | 0.011 | 0.056 | 99.985 | | | | | | |
| 19 | 0.003 | 0.015 | 100.000 | | | | | | |

### 3. KMO 和 Bartlett 检验

从表 10-3 可见 KMO 值为 0.871，大于 0.8，适合进行因子分析。

**表 10-3　　　　　KMO 和 Bartlett 的检验**

| 取样足够度的 Kaiser – Meyer – Olkin 度量 | | 0.871 |
|---|---|---|
| Bartlett 的球形度检验 | 近似卡方 | 3 235.611 |
| | df | 171 |
| | Sig. | 0.000 |

### 4. 因子载荷分析

旋转前、旋转后成分矩阵如表 10-4、表 10-5 所示。

**表 10-4　　　　　旋转前成分矩阵**

| | 成分 | | |
|---|---|---|---|
| | 1 | 2 | 3 |
| Zscore（地区生产总值） | 0.946 | -0.257 | 0.096 |
| Zscore（当年实际使用外资金额） | 0.896 | -0.343 | 0.122 |
| Zscore（人均社会消费品零售总额） | 0.892 | 0.335 | -0.033 |
| Zscore（人均电信业务收入） | 0.890 | 0.168 | -0.079 |
| Zscore（规模以上工业总产值） | 0.886 | -0.114 | 0.199 |
| Zscore（互联网宽带接入用户） | 0.881 | -0.339 | 0.028 |
| Zscore（公共财政收入） | 0.876 | -0.400 | 0.084 |
| Zscore（人均居民生活用电量） | 0.855 | 0.225 | -0.125 |
| Zscore（固定资产投资） | 0.834 | -0.187 | 0.161 |
| Zscore（公共财政支出） | 0.811 | -0.534 | 0.125 |
| Zscore（职工人均平均工资） | 0.804 | 0.138 | -0.078 |

续表

| | 成分 | | |
|---|---|---|---|
| | 1 | 2 | 3 |
| Zscore（人均地区生产总值） | 0.783 | 0.464 | 0.131 |
| Zscore（万人医生数） | 0.743 | 0.496 | −0.047 |
| Zscore（百万人普通高等学校在校生） | 0.649 | 0.411 | −0.071 |
| Zscore（货运总量） | 0.634 | −0.437 | 0.207 |
| Zscore（每万人公共汽电车客运总量） | 0.607 | 0.479 | −0.015 |
| Zscore（人均城市道路面积） | 0.355 | 0.522 | 0.042 |
| Zscore（第二产业占 GDP 的比重） | −0.156 | 0.433 | 0.853 |
| Zscore（第三产业占 GDP 的比重） | 0.666 | 0.014 | −0.699 |

注：提取方法为主成分，已提取了 3 个成分。

表 10 − 5　　　　　　　　　　旋转后成分矩阵

| | 成分 | | |
|---|---|---|---|
| | 1 | 2 | 3 |
| Zscore（公共财政支出） | 0.961 | 0.101 | 0.155 |
| Zscore（公共财政收入） | 0.918 | 0.247 | 0.175 |
| Zscore（当年实际使用外资金额） | 0.910 | 0.301 | 0.130 |
| Zscore（地区生产总值） | 0.889 | 0.401 | 0.143 |
| Zscore（互联网宽带接入用户） | 0.869 | 0.301 | 0.216 |
| Zscore（货运总量） | 0.795 | 0.057 | 0.022 |
| Zscore（规模以上工业总产值） | 0.788 | 0.465 | 0.001 |
| Zscore（固定资产投资） | 0.781 | 0.379 | 0.044 |
| Zscore（万人医生数） | 0.244 | 0.858 | 0.067 |
| Zscore（人均地区生产总值） | 0.345 | 0.847 | −0.088 |
| Zscore（人均社会消费品零售总额） | 0.457 | 0.829 | 0.119 |
| Zscore（每万人公共汽电车客运总量） | 0.163 | 0.756 | 0.015 |
| Zscore（百万人普通高等学校在校生） | 0.218 | 0.734 | 0.092 |
| Zscore（人均居民生活用电量） | 0.468 | 0.726 | 0.225 |
| Zscore（人均电信业务收入） | 0.541 | 0.702 | 0.201 |
| Zscore（人均城市道路面积） | −0.034 | 0.625 | −0.096 |
| Zscore（职工人均平均工资） | 0.495 | 0.624 | 0.191 |
| Zscore（第二产业占 GDP 的比重） | −0.128 | 0.179 | −0.944 |
| Zscore（第三产业占 GDP 的比重） | 0.286 | 0.480 | 0.787 |

注：提取方法为主成分；旋转法：具有 Kaiser 标准化的正交旋转法。旋转在 4 次迭代后收敛。

## 二、因子解释与命名

因子旋转使得各主因子变量具有可解释性。由旋转后的因子载荷表（见表 10 - 5）可以看出，第一主因子在财政收入（万元）、财政支出（万元）、当年实际使用外资金额（万美元）、地区生产总值（万元）、货运总量（万吨）、规模以上工业总产值（万元）、互联网宽带接入用户数（万户）、全社会固定资产投资总额（万元）等指标上具有较大载荷，即使载荷值最小的全社会固定资产投资总额指标也为 0.781。第一主因子贡献率为 38.527%，是最主要的一个决定因子。因此，做大经济总量，促进经济发展可为人们生活质量的提高以及地区福祉水平提升提供经济基础，将第一主因子命名为经济规模和交通通信因子。

第二主因子在万人医生数（人）、人均地区生产总值（元）、人均社会消费品零售总额（万元）、每万人公共汽电车客运总量（万人次）、百万人普通高等学校在校生（人）、人均居民生活用电量（千瓦时）、人均电信业务收入（万元）、人均城市道路面积（平方米）、职工人均平均工资（元）等指标上有较大载荷，这些指标均为人均指标。其中，人均地区生产总值、职工人均平均工资两个指标反映人均收入水平，而万人医生数（人）、每万人公共汽电车客运总量（万人次）、百万人普通高等学校在校生（人）、人均居民生活用电量（千瓦时）、人均电信业务收入（万元）①、人均城市道路面积（平方米）、人均社会消费品零售总额（万元）反映的是生活条件。人均生活条件往往决定着生活质量的高低，公共服务为生活质量提供必要的支撑和保障，消费水平和文化休闲大致反映了人们的需求满足状况，将第二主因子概括为人均生活条件因子。

第三主因子在第二产业占 GDP 的比重上的载荷是负值（- 0.944），在第三产业占 GDP 的比重上的载荷却为 0.787，三产比重和主因子具有较高的正相关。产业结构影响城市居民福祉。第二产业的资源消耗大，环境污染高，从而恶化人们的生活环境，影响人们的身体健康。而第三产业是以服务为主要特征的产业，与人们的生活紧密关联。长江经济带城市经济是低"服务化"的，意味着长江经济带的产业发展仍处于高能耗、低效益、低技术的粗放型增长阶段，将第三主因子概括为产业结构因子。

---

① 该指标更能反映居民在电信业务方面的人均开支。

# 第三节　长江经济带城市协同
## 发展的决定因素评析

## 一、评价过程和计算

首先，计算衡量城市协同发展决定因素的主因子权重：

$$W_i = \lambda_i / \sum_{}^{m} \lambda_m$$

式中 $W_i$ 为主因子权重，$m$ 为主因子选取个数，$\lambda$ 为特征根值。计算得到三个主因子的权重分别为：$W_1 = 0.4805$，$W_2 = 0.3998$，$W_3 = 0.1197$。

其次，计算长江经济带城市福祉决定因子总得分（$DW$）：

$$DW = \sum W_i D_i$$

$W_i$ 表示第 $i$ 个主因子权重，$D_i$ 表示第 $i$ 个主因子得分，$D_i$ 根据表 10 – 6 成分得分系数矩阵计算，$i$ 为主因子数，$DW$ 为城市福祉决定因子总得分（表 10 – 7、图 10 – 1）。

表 10 – 6　　　　　　　　　　成分得分系数矩阵

|  | 成分 | | |
|---|---|---|---|
|  | 1 | 2 | 3 |
| Zscore（规模以上工业总产值万元） | 0.126 | 0.006 | – 0.108 |
| Zscore（地区生产总值） | 0.143 | – 0.029 | – 0.025 |
| Zscore（人均地区生产总值） | – 0.032 | 0.180 | – 0.118 |
| Zscore（当年实际使用外资金额） | 0.166 | – 0.059 | – 0.035 |
| Zscore（人均社会消费品零售总额） | – 0.027 | 0.154 | 0.006 |
| Zscore（公共财政支出） | 0.206 | – 0.123 | – 0.021 |
| Zscore（固定资产投资） | 0.132 | – 0.017 | – 0.077 |
| Zscore（第二产业占 GDP 的比重） | 0.060 | 0.085 | – 0.613 |
| Zscore（第三产业占 GDP 的比重） | – 0.102 | 0.073 | 0.477 |
| Zscore（职工人均平均工资元） | 0.004 | 0.091 | 0.053 |
| Zscore（货运总量） | 0.188 | – 0.107 | – 0.088 |

| | 成分 | | |
|---|---|---|---|
| | 1 | 2 | 3 |
| Zscore（人均城市道路面积平方米） | − 0.092 | 0.178 | − 0.071 |
| Zscore（每万人公共汽电车客运总量万人次） | − 0.077 | 0.181 | − 0.024 |
| Zscore（人均居民生活用电量千瓦时人） | − 0.022 | 0.122 | 0.077 |
| Zscore（人均电信业务收入） | 0.003 | 0.105 | 0.052 |
| Zscore（互联网宽带接入用户万户） | 0.145 | − 0.055 | 0.027 |
| Zscore（百万人普通高等学校在校生） | − 0.069 | 0.165 | 0.020 |
| Zscore（万人医生数） | − 0.079 | 0.196 | − 0.002 |
| Zscore（公共财政收入） | 0.170 | − 0.076 | − 0.005 |

注：提取方法为主成分；旋转法：具有 Kaiser 标准化的正交旋转法。

表 10 − 7　　　　　　长江经济带城市协同发展动力各因子得分与总得分

| 城市 | 经济规模与交通通讯因子 | 人均生活条件因子 | 产业结构优化因子 | 决定因素总得分 | 总得分排序 |
|---|---|---|---|---|---|
| 上海 | 6.999 | − 0.201 | 1.789 | 3.497 | 1 |
| 南京 | 0.507 | 2.773 | 1.476 | 1.529 | 6 |
| 无锡 | 0.446 | 2.211 | 0.060 | 1.105 | 9 |
| 徐州 | 0.616 | − 0.244 | 0.440 | 0.251 | 23 |
| 常州 | − 0.040 | 1.877 | 0.471 | 0.788 | 11 |
| 苏州 | 2.030 | 2.261 | − 0.310 | 1.842 | 2 |
| 南通 | 0.600 | 0.460 | − 0.055 | 0.466 | 17 |
| 连云港 | 0.047 | − 0.512 | 0.675 | − 0.101 | 39 |
| 淮安 | − 0.059 | − 0.236 | 0.835 | − 0.023 | 34 |
| 盐城 | 0.285 | − 0.294 | 0.249 | 0.049 | 30 |
| 扬州 | 0.084 | 0.433 | 0.115 | 0.227 | 24 |
| 镇江 | − 0.520 | 1.578 | 0.185 | 0.403 | 20 |
| 泰州 | 0.134 | 0.052 | 0.075 | 0.094 | 28 |
| 宿迁 | − 0.133 | − 0.551 | 0.294 | − 0.249 | 59 |
| 杭州 | 0.964 | 2.379 | 1.438 | 1.586 | 5 |
| 宁波 | 1.206 | 1.631 | − 0.240 | 1.203 | 8 |
| 温州 | − 0.055 | 0.899 | 0.966 | 0.449 | 18 |
| 嘉兴 | 0.069 | 1.154 | − 0.147 | 0.477 | 16 |

续表

| 城市 | 经济规模与交通通讯因子 | 人均生活条件因子 | 产业结构优化因子 | 决定因素总得分 | 总得分排序 |
|---|---|---|---|---|---|
| 湖州 | -0.464 | 0.894 | 0.213 | 0.160 | 26 |
| 绍兴 | 0.019 | 0.899 | 0.078 | 0.378 | 21 |
| 金华 | -0.328 | 0.783 | 0.942 | 0.269 | 22 |
| 衢州 | -0.588 | 0.283 | 0.510 | -0.108 | 40 |
| 舟山 | -0.794 | 1.589 | 1.404 | 0.422 | 19 |
| 台州 | -0.092 | 0.351 | 0.793 | 0.191 | 25 |
| 丽水 | -0.664 | 0.348 | 0.729 | -0.093 | 38 |
| 合肥 | 0.514 | 1.282 | -0.789 | 0.665 | 13 |
| 芜湖 | 0.081 | 0.820 | -1.772 | 0.155 | 27 |
| 蚌埠 | -0.028 | -0.188 | -0.559 | -0.156 | 46 |
| 淮南 | -0.282 | 0.042 | -0.434 | -0.171 | 47 |
| 马鞍山 | -0.146 | 0.257 | -1.332 | -0.127 | 41 |
| 淮北 | -0.150 | -0.150 | -1.326 | -0.291 | 67 |
| 铜陵 | -0.692 | 1.467 | -2.165 | -0.005 | 33 |
| 安庆 | -0.021 | -0.539 | -0.490 | -0.284 | 66 |
| 黄山 | -0.784 | 0.113 | 0.780 | -0.238 | 56 |
| 滁州 | -0.218 | 0.078 | -0.994 | -0.192 | 50 |
| 阜阳 | 0.569 | -1.609 | 0.263 | -0.338 | 75 |
| 宿州 | 0.139 | -1.304 | 0.598 | -0.383 | 88 |
| 六安 | 0.289 | -1.290 | -0.008 | -0.378 | 84 |
| 亳州 | -0.015 | -1.345 | 0.995 | -0.426 | 97 |
| 池州 | -0.569 | -0.413 | 0.512 | -0.377 | 82 |
| 宣城 | -0.136 | -0.431 | -0.084 | -0.248 | 58 |
| 南昌 | -0.138 | 1.482 | -0.293 | 0.491 | 15 |
| 景德镇 | -0.702 | 0.311 | -0.695 | -0.296 | 68 |
| 萍乡 | -0.373 | -0.154 | -0.674 | -0.322 | 71 |
| 九江 | -0.132 | 0.001 | -0.600 | -0.135 | 44 |
| 新余 | -0.464 | 0.429 | -0.633 | -0.128 | 42 |
| 鹰潭 | -0.415 | 0.058 | -1.314 | -0.334 | 74 |
| 赣州 | 0.232 | -1.017 | 0.499 | -0.236 | 55 |
| 吉安 | -0.074 | -0.739 | -0.319 | -0.369 | 78 |

续表

| 城市 | 经济规模与<br>交通通讯因子 | 人均生活<br>条件因子 | 产业结构<br>优化因子 | 决定因素<br>总得分 | 总得分<br>排序 |
|------|------|------|------|------|------|
| 宜春 | 0.234 | − 1.044 | − 0.608 | − 0.378 | 83 |
| 抚州 | − 0.060 | − 0.884 | − 0.280 | − 0.416 | 95 |
| 上饶 | − 0.113 | − 0.492 | − 0.203 | − 0.276 | 63 |
| 武汉 | 1.645 | 1.915 | 0.299 | 1.592 | 4 |
| 黄石 | − 0.499 | 0.358 | − 1.058 | − 0.223 | 52 |
| 十堰 | − 0.502 | 0.014 | 0.048 | − 0.230 | 54 |
| 宜昌 | 0.026 | 0.386 | − 1.430 | − 0.004 | 32 |
| 襄阳 | 0.458 | − 0.550 | − 1.181 | − 0.141 | 45 |
| 鄂州 | − 0.498 | 0.102 | − 1.033 | − 0.322 | 72 |
| 荆门 | − 0.398 | − 0.077 | − 0.667 | − 0.302 | 69 |
| 孝感 | − 0.215 | − 0.688 | − 0.108 | − 0.391 | 89 |
| 荆州 | − 0.164 | − 0.594 | 0.273 | − 0.284 | 65 |
| 黄冈 | − 0.697 | 0.096 | 0.473 | − 0.240 | 57 |
| 咸宁 | − 0.433 | − 0.374 | − 0.097 | − 0.369 | 79 |
| 随州 | − 0.491 | − 0.522 | 0.063 | − 0.437 | 98 |
| 长沙 | 0.606 | 2.161 | − 0.490 | 1.097 | 10 |
| 株洲 | − 0.178 | 0.512 | − 0.991 | 0.000 | 31 |
| 湘潭 | − 0.566 | 0.783 | − 0.648 | − 0.036 | 35 |
| 衡阳 | − 0.387 | 0.249 | 0.122 | − 0.072 | 36 |
| 邵阳 | − 0.207 | − 0.889 | 1.080 | − 0.326 | 73 |
| 岳阳 | 0.091 | − 0.270 | − 0.543 | − 0.129 | 43 |
| 常德 | − 0.131 | − 0.413 | 0.288 | − 0.194 | 51 |
| 张家界 | − 1.125 | − 0.429 | 3.816 | − 0.255 | 61 |
| 益阳 | − 0.301 | − 0.718 | 0.641 | − 0.355 | 77 |
| 郴州 | − 0.060 | 0.110 | − 0.895 | − 0.092 | 37 |
| 永州 | − 0.334 | − 0.937 | 1.309 | − 0.378 | 85 |
| 怀化 | − 0.626 | − 0.226 | 0.921 | − 0.281 | 64 |
| 娄底 | − 0.132 | − 0.720 | − 0.457 | − 0.406 | 94 |
| 重庆 | 5.668 | − 2.373 | − 1.051 | 1.649 | 3 |
| 成都 | 1.562 | 1.414 | 0.830 | 1.415 | 7 |
| 自贡 | − 0.339 | − 0.258 | − 0.941 | − 0.379 | 86 |

续表

| 城市 | 经济规模与交通通讯因子 | 人均生活条件因子 | 产业结构优化因子 | 决定因素总得分 | 总得分排序 |
|---|---|---|---|---|---|
| 攀枝花 | -0.171 | 1.217 | -2.688 | 0.083 | 29 |
| 泸州 | -0.108 | -0.406 | -1.174 | -0.355 | 76 |
| 德阳 | -0.165 | -0.020 | -1.154 | -0.226 | 53 |
| 绵阳 | -0.430 | 0.110 | -0.111 | -0.176 | 48 |
| 广元 | -0.423 | -0.629 | 0.407 | -0.406 | 93 |
| 遂宁 | -0.302 | -0.601 | -0.783 | -0.479 | 102 |
| 内江 | -0.064 | -0.839 | -1.425 | -0.537 | 108 |
| 乐山 | -0.169 | -0.282 | -0.969 | -0.310 | 70 |
| 南充 | -0.083 | -0.897 | -0.390 | -0.445 | 99 |
| 眉山 | -0.169 | -0.703 | -0.826 | -0.461 | 100 |
| 宜宾 | -0.018 | -0.627 | -1.104 | -0.392 | 90 |
| 广安 | -0.150 | -1.025 | -0.290 | -0.516 | 105 |
| 达州 | 0.144 | -1.298 | -0.507 | -0.510 | 103 |
| 雅安 | -0.373 | -0.304 | -0.665 | -0.380 | 87 |
| 巴中 | -0.349 | -1.044 | 0.621 | -0.510 | 104 |
| 资阳 | -0.046 | -0.952 | -1.032 | -0.527 | 107 |
| 贵阳 | -0.681 | 1.751 | 2.317 | 0.650 | 14 |
| 六盘水 | -0.354 | -0.193 | -0.166 | -0.267 | 62 |
| 遵义 | 0.070 | -0.701 | 0.578 | -0.177 | 49 |
| 安顺 | -0.592 | -0.942 | 2.008 | -0.421 | 96 |
| 毕节 | 0.157 | -1.472 | 1.181 | -0.372 | 81 |
| 铜仁 | -0.576 | -1.028 | 2.423 | -0.398 | 92 |
| 昆明 | -0.562 | 2.155 | 1.455 | 0.766 | 12 |
| 曲靖 | -0.265 | -0.518 | -0.303 | -0.371 | 80 |
| 玉溪 | -0.397 | 0.162 | -1.045 | -0.251 | 60 |
| 保山 | -0.506 | -1.143 | 1.487 | -0.522 | 106 |
| 昭通 | -0.170 | -1.249 | 0.083 | -0.571 | 109 |
| 丽江 | -0.939 | -0.126 | 0.870 | -0.397 | 91 |
| 普洱 | -0.596 | -0.857 | 1.309 | -0.473 | 101 |
| 临沧 | -0.308 | -1.161 | 0.259 | -0.581 | 110 |

## 二、长江经济带协同发展的评价结果分析

从经济规模与交通通讯因子来看（表 10 - 7），上海、重庆属于第一梯队，而苏州、武汉等属于第二梯队。仅有 31 个城市的得分为正，超过平均水平，长江经济带大多数城市在经济规模与交通通讯方面的得分均在平均水平以下。2014 年上海市的财政收入和财政支出分别为 4 585.55 亿元和 4 923.44 亿元，地区生产总值为 23 567.70 亿元，互联网宽带接入用户为 672 万户，远远领先长江经济带其他城市。此外，上海和重庆分别为 90 128 万吨和 97 287 万吨，也是长江经济带中货运的龙头省市。上海几乎在第一主因子所覆盖的所有指标上都保持领先优势，重庆在第一决定因子上也有较强的实力。在经济规模与交通通讯因子方面，长江经济带城市之间表现出很大的差异。

从人均生活条件因子来看（表 10 - 7），得分在 2.0 以上的城市有南京、杭州、苏州、无锡、长沙、昆明。得分在 1.0 ~ 2.0 之间的城市有武汉、常州、贵阳、宁波、舟山、镇江、南昌、铜陵、成都、合肥、攀枝花、嘉兴。由于采用的均为人均指标，上海和重庆市由于人口众多，其生活条件指标若按人均来计算的话，人均的生活条件水平低于长江经济带平均值。但若从生活条件的总量来看，上海和重庆两市的生活条件指标均具有明显优势。上海的 GDP 是南京的 2.67 倍，但人均 GDP 却是南京的 0.91。此外，长三角城市群、长江中游城市群、成渝城市群、滇中城市群、黔中城市群的生活条件较好，长江经济带各城市群的生活条件因子得分较高，显现出城镇化水平较高的城市，其生活条件也较好。此外，从上中下游格局来看，长江中下游地区，尤其是长三角城市群的生活条件因子得分普遍较高，而上游城市生活条件因子得分普遍较低。

从第三个决定因子即产业结构优化因子来看（表 10 - 7），得分在 1.0 以上的城市有上海、南京、杭州、舟山、张家界、铜仁、贵阳、安顺、毕节、昆明、普洱。张家界产业结构得分最高，其第二产业占 GDP 的比重为 24.31%，第三产业占 GDP 的比重为 64.09%，而攀枝花的产业结构得分最低，其第二产业占 GDP 的比重为 73.19%，第三产业占 GDP 的比重为 23.47%。根据因子载荷表和产业结构比例数据，可以看出，第二产业占比越高，产业结构因子得分越低；第三产业占比越高，产业结构因子得分越高。产业结构得分反映了产业结构高级化态势。可

以看出，除了下游地区的上海、南京、杭州、宁波等城市外，大多数中心城市的产业结构得分不尽理想，而中西部的一些中小城市的产业结构相对更好一些。长江中游地区由于产业同构，导致绝大多数城市产业结构因子得分较低。

从决定因子总得分来看（表10－7、图10－1），长江经济带形成了以"上海—南京—无锡—常州—苏州—南通—镇江—杭州—宁波—温州—嘉兴—舟山—合肥—南昌—武汉—长沙—重庆—成都—贵阳—昆明"等城市节点连接而成的城市高协同发展轴线。总得分最高的是上海，为3.497，远超出排名第2的苏州（1.842）。前10名城市总得分由高到低依次为上海、苏州、重庆、武汉、杭州、南京、成都、宁波、无锡、长沙，这也是总得分在1以上的所有城市。第11名到第20名城市即为总得分为0.4~1的城市，依次为常州、昆明、合肥、贵阳、南昌、嘉兴、南通、温州、舟山和镇江。总体来看，长三角城市群、长江中游城市群、成渝城市群、滇中城市群、黔中城市群的一些中心城市的总得分较高。

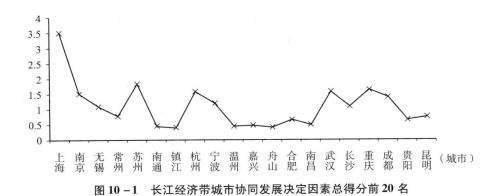

图10－1　长江经济带城市协同发展决定因素总得分前20名

# 第四节　本 章 小 结

经济发展与交通通讯因子、人均生活条件因子及产业结构因子是影响长江经济带城市协同发展的主要因素。因此，不断促进长江经济带城市经济发展和产业结构优化调整，整体扩大经济联系和交通通讯联系，持续推进民生工程建设，切实提高城市生活基础设施和公共服务水平，是提升长江经济带城市协同发展的重要途径。

　　长江经济带城市协同发展具有明显的空间非均衡性。以"上海—南京—无锡—常州—苏州—南通—镇江—杭州—宁波—温州—嘉兴—舟山—合肥—南昌—武汉—长沙—重庆—成都—贵阳—昆明"连线构成了长江经济带城市福祉"隆起带"。提升福祉决定因素是促进长江经济带城市协同发展的有效调控方向，即根据长江经济带城市福祉决定因素的空间差异特征和各市福祉决定因子情况，有针对性地做大经济发展总量，提高人均生活条件，促进产业结构升级是协调长江经济带城市协同发展的重要着力点。

　　工业化、城市化和信息化是长江经济带城市协同发展水平提升的主要驱动力。提升城市居民福祉是城市经济社会发展的最终目标，有效缩小福祉水平地区差距是政府关注的重点。加快长江经济带工业化、城市化和信息化不断融合，缩小长江经济带城市福祉决定因素差距，是促进长江经济带城市协同发展的主要导向。

# 第十一章

# 长江经济带区域协同发展能力综合评估

　　十八届五中全会提出了"创新发展、协调发展、绿色发展、开放发展、共享发展"五个新的发展理念。从发展观演变来看，五大发展理念的提出是由"经济增长发展观——经济社会协调发展观——人本发展观——可持续发展观"演变的产物，五大发展新理念为分析区域协同发展能力提供了一种新的范式和理论指导①。本章主要基于五大发展理念，构建了区域协同发展能力的"五力模型"，对长江经济带 11 省市区域协同发展能力进行评价和比较研究。

## 第一节　基于"五力模型"的区域
## 协同发展能力分析框架

### 一、基于"五大发展"理念的区域协同发展能力内涵解析

　　从区域发展视角来看，创新发展是区域经济社会发展的关键驱动力，也是增强区域经济竞争力的内生动力。协调发展是维持地区和谐发展的内在要求，也是促进区域公平和正义的基本要求。生态环境优势是决定一个地区在未来发展潜力的核心因素，绿色发展方面的竞争力是区域可持续发展能力的重要支撑。开放发展关系着一个地区能否面向更广阔的市场和发

---

　　① 樊杰，郭锐，陈东. 基于五个新发展理念对"十三五"空间规划重点趋向的探讨 [J]. 城市规划学刊. 2016（2）：10－17.

展机遇，开放发展是促进地区经济走向繁荣和发展的关键路径。共享发展是区域发展的最终目标，发展的一切都是为了人民，建设民生福祉普惠的全面小康社会是我国区域发展的核心目标。

在区域五大发展方面，创新发展动力无疑是首要的，因为创新发展能力是推动区域发展的内生动力，某种意义上即决定着未来区域发展的竞争力所在。在协调发展维度方面，长期以来区域发展一味追求经济增长，忽视了城乡之间、区域之间的协调发展，出现经济与社会、城市与农村以及区域与区域之间的过度失衡以及由此造成的区域发展不协调问题。绿色发展旨在改变区域经济粗放式发展模式和以消耗资源为代价换取经济增长的发展方式，形成人与自然和谐发展的格局。开放发展是扩大对外开放程度，发展更高层次的开放型经济，形成宽领域、多层次、高水平的开放格局。共享发展是通过优化收入分配制度、健全公共服务体制机制、实施精准扶贫脱贫政策、以增进人民福祉为出发点和落脚点，使发展成果真正惠及广大人民群众，真正实现发展为了人民、发展依靠人民、发展成果由人民共享的全面小康社会。

因此，区域协同发展是指一个地区在区域竞争和合作发展的过程中，在资源环境约束下，在创新与开放等多因素协同驱动下，创新能力和经济绩效不断提高，不断促进地区繁荣和提升国民福祉，实现协调发展、共享发展和绿色发展的综合能力。

# 二、区域协同发展能力综合评价的"五力模型"体系构建

## 1. 指标体系

根据"五大发展"理念的内涵要求，从创新发展动力、协调发展合力、绿色发展潜力、开放发展活力、共享发展实力五个维度构建长江经济带区域协同发展能力的"五力模型"体系（见图 11 - 1），包含目标层（A）、维度层（B）和指标层（C）3 个层次，区域协同发展能力（A）包括创新发展动力（B1）、协调发展合力（B2）、绿色发展潜力（B3）、开放发展活力（B4）、共享发展实力（B5）五个维度。

其中，创新发展动力方面选有 9 个指标，协调发展合力方面选有 11 个指标，绿色发展潜力方面选有 17 个指标，开放发展活力方面选有 9 个指标，共享发展实力方面选有 24 个指标，共 70 个指标（C1 ~ C70）（见表 11 - 1）。

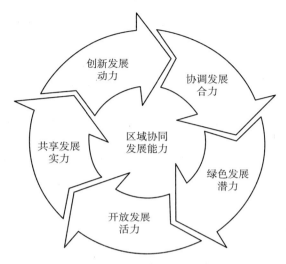

**图 11 -1 区域协同发展能力综合评价的"五力模型"**

表 11 -1 区域协同发展能力综合评价指标体系

| 目标层 | 维度层 | 指标层 |
|---|---|---|
| 区域协同<br>发展能力（A） | 创新发展动力（B1） | C1 每万人拥有专业技术人员数 |
| | | C2 每万人拥有科学家和工程师数 |
| | | C3 R&D 活动人员全时当量 |
| | | C4 R&D 经费占 GDP 比重 |
| | | C5 每万人拥有专利授权量 |
| | | C6 高新技术市场成交额 |
| | | C7 高新技术产业主营业务收入 |
| | | C8 科学经费占财政支出的比例 |
| | | C9 每百家企业拥有网站数 |
| | 协调发展合力（B2） | C10 人均 GDP |
| | | C11 人均 GDP 增长率 |
| | | C12 第三产业占 GDP 比重 |
| | | C13 工业化率 |
| | | C14 城镇化率 |
| | | C15 消费占 GDP 比重 |
| | | C16 劳动力数量占总人口比重 |
| | | C17 人均粮食产 |
| | | C18 人均耕地面积 |
| | | C19 城乡收入比 |
| | | C20 城镇消费水平比 |

续表

| 目标层 | 维度层 | 指标层 |
|--------|--------|--------|
| 区域协同<br>发展能力（A） | 绿色发展潜力（B3） | C21 森林覆盖率 |
| | | C22 森林储蓄量 |
| | | C23 人均林地面积 |
| | | C24 人均公共绿地面积 |
| | | C25 绿化覆盖率 |
| | | C26 环保投入占 GDP 比重 |
| | | C27 万元 GDP 能耗 |
| | | C28 万元 GDP 能耗降低率 |
| | | C29 万元 GDP 水耗 |
| | | C30 万元 GDP 水耗降低率 |
| | | C31 万元 GDP 电耗 |
| | | C32 万元 GDP 电耗降低率 |
| | | C33 万元 GDP 二氧化硫排放量 |
| | | C34 人均能源消费量 |
| | | C35 农村改厕情况 |
| | | C36 城镇生活污水集中处理率 |
| | | C37 空气质量指数 |
| | 开放发展活力（B4） | C38 进出口总额 |
| | | C39 实际利用外资总额 |
| | | C40 进出口总额增长率 |
| | | C41 实际利用外资总额增长率 |
| | | C42 外贸依存度 |
| | | C43 外商投资企业年底注册企业数 |
| | | C44 国际旅游外汇收入 |
| | | C45 外国留学生在校生人数 |
| | | C46 人均外汇储蓄存款余额 |
| | 共享发展实力（B5） | C47 城镇居民人均可支配收入 |
| | | C48 农村居民人均纯收入 |
| | | C49 居民储蓄存款 |
| | | C50 六岁以上人口平均受教育年限 |
| | | C51 人均居住面积 |
| | | C52 恩格尔系数 |
| | | C53 CPI 指数 |
| | | C54 贫困发生率 |

续表

| 目标层 | 维度层 | 指标层 |
|---|---|---|
| 区域协同<br>发展能力（A） | 共享发展实力（B5） | C55 博物馆文物藏品数 |
| | | C56 公共图书馆图书外借册次 |
| | | C57 每万人公共文化机构数 |
| | | C58 广播人口覆盖率 |
| | | C59 电视人口覆盖率 |
| | | C60 互联网普及率 |
| | | C61 每万人公共汽车数 |
| | | C62 每千人医院卫生院床位数 |
| | | C63 万人高速公路占有量 |
| | | C64 城镇登记失业率 |
| | | C65 城镇新增就业人数 |
| | | C66 城镇基本养老保险参保率 |
| | | C67 城镇基本医疗保险参保率 |
| | | C68 农村新农合参合率 |
| | | C69 民政事业经费占 GDP 比重 |
| | | C70 财政性卫生支出占 GDP 比重 |

注：工业化率、城乡收入比、城乡消费比、万元 GDP 能耗、万元 GDP 水耗、万元 GDP 电耗、万元 GDP 二氧化硫排放量、人均能源消费量、恩格尔系数、CPI 指数、贫困发生率和城镇登记失业率指标均为负向指标，其余指标为正向指标。

## 2. 指标解释

（1）创新发展动力指标。从创新发展的投入和产出两方面选取指标。以每万人拥有专业技术人员数、每万人拥有科学家和工程师数、R&D 活动人员全时当量三个指标反映创新发展投入；以 R&D 经费占 GDP 比重、科学经费占财政支出的比例两个指标反映创新投资；以每万人拥有专利授权量、高新技术市场成交额、高新技术产业主营业务收入、每百家企业拥有网站数四个指标反映创新发展产出。

（2）协调发展合力指标。协调发展可以细分为城乡区域协调发展，经济社会协调发展以及工业化、城镇化、农业现代化协调发展等方面，主要反映经济结构协调程度。选取人均 GDP、人均 GDP 增长率指标反映地区经济社会发展水平，选取城乡收入比、城乡消费水平比指标反映地区城乡协调发展水平，选取第三产业占 GDP 比重指标反映地区产业结构，选取消费占 GDP 比重指标反映地区居民消费结构，选取城镇化率、工业化率指标反映城镇化、工业化发展水平，选取人均粮食产量、人均耕地面积反映人地关系协调状况；选取"劳动力数量占总人口比重"指标反映地区人口结构。

（3）绿色发展潜力指标。选取森林覆盖率、森林储蓄量、绿化覆盖率、人均林地面积、人均公共绿地面积等指标反映地区生态优势，选取环保投入占 GDP 比重反映地区环境保护经费投入力度，选取万元 GDP 能耗、万元 GDP 水耗、万元 GDP 电耗等指标分别反映地区能耗强度、水耗强度和电耗强度，选取万元 GDP 能耗降低率、万元 GDP 水耗降低率、万元 GDP 电耗降低率等指标反映资源节约利用水平，选取万元 GDP 二氧化硫排放量指标反映地区生态经济水平，选取人均能源消费量指标反映人均能耗水平，选取农村改厕情况指标反映农村厕所治理情况，选取污水集中处理率指标反映污水处理效率，选取空气质量指数反映地区空气质量达标状况。

（4）开放发展活力指标。选取进出口总额、实际利用外资总额指标反映地区对外开放的经济总量，选取净出口总额增长率、实际利用外资总额增长率指标反映地区对外开放的经济增长速度，选取反映地区贸易结构的外贸依存度指标，选取反映地区旅游资源对外开放程度的国际旅游外汇收入指标，选取反映地区教育资源对外开放程度的外国留学生在校生人数指标，选取反映地区人民对外往来的人均外汇储蓄存款余额指标，选取反映地区外商注册企业数量的外商投资企业年底注册企业数指标。

（5）共享发展实力指标。选取城镇居民人均可支配收入、农村居民人均纯收入指标反映城乡居民收入水平；选取人均居住面积指标反映居住条件，选取恩格尔系数、居民消费价格指数（CPI）两个指标反映居民消费水平，选取贫困发生率指标反映贫困人口占比以及贫困人口保障情况；选取人均受教育年限指标反映地区人力资本；选取城镇登记失业率、城镇新增就业人数反映地区就业安全和增加就业的能力，选取城镇基本养老保险参保率、城镇基本医疗保险参保率、农村新农合参合率三个指标反映城乡居民社会保障情况；选取民政事业经费占 GDP 比重、财政性卫生支出占 GDP 比重两个指标反映地区财政对于地区共享发展的支持力度；选取每万人公共文化机构数、广播人口覆盖率、电视人口覆盖率、互联网普及率、每万人公共汽车数、每万人医院卫生床位数、万人高速公路占有量、博物馆文物藏品数、公共图书馆图书外借册次等指标反映地区公共服务水平。

# 三、区域协同发展能力综合评价模型构建

数据来源于《中国统计年鉴（2015）》《山西统计年鉴（2015）》《安徽统计年鉴（2015）》《江西统计年鉴（2015）》《河南统计年鉴（2015）》《湖北统计年鉴（2015）》《湖南统计年鉴（2015）》《中国科技统计年鉴（2015）》《中国环境统计年鉴（2015）》《中国金融统计年鉴（2015）》《中国教育统计年鉴（2014）》《中国能源统计年鉴（2014）》《中国文化文物统计年鉴（2014）》，2015 年中部六省经济社会发展公报、国家统计局网站。需要说明的是，万元 GDP 能耗、万元 GDP 能耗降低率、万元 GDP 水耗、万元 GDP 水耗降低率、万元 GDP 电耗、万元 GDP 电耗降低率、外国留学生在校生人数、恩格尔系数、每万人公共文化机构数等指标，由于最新数据公布所限，数据年份为 2013 年。城镇棚户区住房改造采用规划数据。

## 1. 数据标准化

指标体系中的各评价指标量纲不同，有的是实物量，有的是价值量，有的是人均量，有的是百分比，有些指标是逆向指标，要对原始数据进行标准化处理。利用功效系数法对原始数据进行标准化处理：

$$Z_c = 0.6 + 0.4 \times \frac{x_{ij} - \min(x_{ij})}{\max(x_{ij}) - \min(x_{ij})} \quad （正向指标）$$

$$Z_c = 0.6 + 0.4 \times \frac{\max(x_{ij}) - x_{ij}}{\max(x_{ij}) - \min(x_{ij})} \quad （负向指标）$$

其中，$x_{ij}$ 为第 $i$ 个维度第 $j$ 个指标的观测数据，$\max(x_{ij})$ 为观测数据中的最大值，$\min(x_{ij})$ 为观测数据中的最小值。

## 2. 多层主成分综合评价模型

多指标综合评价方法是把多个描述被评价事物不同方面且量纲不同的统计指标，转化成无量纲的相对评价值，并综合这些评价值以得出对该事物一个整体评价的方法。多指标综合评价的方法很多，根据权重确定方法的不同，可以分为两类：一类是主观赋权法。多是采用综合资讯评分的定性方法，如层次分析法（AHP）和德尔菲法，这类方法受到主观因素的影响较大；另一类是客观赋权法。根据各指标间的相关关系或各项指标值的

变异程度来确定权数，如主成分分析法，因子分析法等。

　　主成分分析法是考察多个数值变量间相关的一个种多元统计方法。主成分分析方法的基本原理是利用线性变换的思想，在损失很少信息量的前提下，把多个指标转化成为几个不相关的综合指标（主成分），即每个主成分都是原始变量的线性组合，且各个主成分之间互不相关。使得主成分比原始变量具有某些优越的性能，既能最大程度的反映原变量所代表的信息，又能保证新指标之间信息不重叠。

　　在原始数据标准化处理之后，主成分分析的具体步骤如下：首先，求标准化后数据的相关系数矩阵；再计算相关系数矩阵的特征值、特征值贡献率和特征向量，根据特征值累计贡献率确定主成分个数；其次计算各主成分得分，以特征值的贡献率为权重，计算综合得分。最后用综合的得分模型乘标准化后的系数得到综合得分。

　　主成分分析的数学原理如下：首先对原有变量作线性变换，

$$z_1 = u_{11}x_1 + u_{21}x_2 + \cdots + u_{p1}x_p$$
$$z_2 = u_{12}x_1 + u_{22}x_2 + \cdots + u_{p2}x_p$$
$$\cdots$$
$$z_p = u_{1p}x_1 + u_{2p}x_2 + \cdots + u_{pp}x_p$$

其中：

$$u_{1k}^2 + u_{2k}^2 + \cdots + u_{pk}^2 = 1$$
$$\mathrm{var}(z_i) = U_i^2 D(x) = U_i' D(x) U_i$$
$$\mathrm{cov}(z_i, \ z_j) = U_i' D(x) U_j$$

　　若 $z_1 = u_1' x$，满足以下两个条件：① $u_1' u_1 = 1$；② $\mathrm{var}(z_1) = \max \mathrm{var}(u'x)$ 则称 $z_1$ 为第一主成分，若 $z_1$ 不足以代表原变量包含的信息，就考虑采用 $z_2$。一般而言，选取成分矩阵中累计方差贡献率达到 80% 以上的特征向量。

　　对五个维度以及区域协同发展能力进行测评的方法采用多层主成分分析法。多层主成分分析是普通主成分分析的推广。多层主成分分析的应用分为两层，分别对应两层指标体系。第一层主成分分析，按照主成分分析的步骤，分别计算出创新发展动力、协调发展合力、绿色发展潜力、开放发展活力、共享发展实力五个维度得分。第二层主成分分析，基于上述五个维度得分，再按照主成分分析的步骤，计算区域协同发展能力的综合得分。

# 第二节 长江经济带区域协同发展能力综合评价与比较分析

## 一、长江经济带11省市区域协同发展能力评价与分析

### 1. 创新发展动力评价结果分析

选取2个主成分，累积贡献率达到82.548%，可以反映原有指标信息的绝大多数，因此选取两个主成分，根据两个主成分的特征根，计算两个主成分的权重，加权求和计算得到长江经济带11省市的创新发展动力得分（见表11-2）。

表11-2               解释的总方差：创新发展动力

| 成分 | 初始特征值 | | | 提取平方和载入 | | |
|---|---|---|---|---|---|---|
| | 合计 | 方差的% | 累积% | 合计 | 方差的% | 累积% |
| 1 | 5.390 | 59.886 | 59.886 | 5.390 | 59.886 | 59.886 |
| 2 | 2.040 | 22.662 | 82.548 | 2.040 | 22.662 | 82.548 |
| 3 | 0.723 | 8.034 | 90.582 | | | |
| 4 | 0.494 | 5.487 | 96.070 | | | |
| 5 | 0.242 | 2.686 | 98.756 | | | |
| 6 | 0.072 | 0.803 | 99.559 | | | |
| 7 | 0.018 | 0.198 | 99.757 | | | |
| 8 | 0.015 | 0.162 | 99.919 | | | |
| 9 | 0.007 | 0.081 | 100 | | | |

从表11-3可以看出，上海创新发展动力得分最高，为3.509，然后是江浙两省，其余省市的创新发展动力得分均低于平均值，得分为负。尤其是长江上游的贵州和云南得分很低，创新发展动力排名居最后两位。可见，在长江经济带的创新发展动力方面，长江下游地区的江浙沪的创新能力最强，然后是湖北和安徽，再次是四川、江西、重庆和河南，贵州和云南最差。

表 11 - 3 长江经济带各省市创新发展动力得分计算

| 省市 | 第一主成分得分 | 第二主成分得分 | 创新发展动力得分 |
|---|---|---|---|
| 上海 | 4.722 | 3.006 | 3.509 |
| 江苏 | 3.266 | - 2.977 | 1.282 |
| 浙江 | 1.919 | - 0.506 | 1.035 |
| 安徽 | - 0.140 | - 0.247 | - 0.140 |
| 江西 | - 1.412 | 0.273 | - 0.784 |
| 湖北 | - 0.006 | - 0.611 | - 0.142 |
| 湖南 | - 1.415 | - 0.212 | - 0.896 |
| 重庆 | - 1.484 | 0.127 | - 0.860 |
| 四川 | - 0.959 | - 0.511 | - 0.690 |
| 贵州 | - 2.322 | 0.728 | - 1.226 |
| 云南 | - 2.170 | 0.930 | - 1.089 |

## 2. 协调发展合力评价结果分析

选取 2 个主成分，累积贡献率可达到 84.557%，因此选取两个主成分，根据主成分特征根，计算各主成分的权重，加权求和计算长江经济带 11 省市的协调发展合力得分（见表 11 - 4）。

表 11 - 4 解释的总方差：协调发展合力

| 成分 | 初始特征值 | | | 提取平方和载入 | | |
|---|---|---|---|---|---|---|
| | 合计 | 方差的% | 累积% | 合计 | 方差的% | 累积% |
| 1 | 6.327 | 57.515 | 57.515 | 6.327 | 57.515 | 57.515 |
| 2 | 2.975 | 27.042 | 84.557 | 2.975 | 27.042 | 84.557 |
| 3 | 0.822 | 7.473 | 92.030 | | | |
| 4 | 0.372 | 3.383 | 95.413 | | | |
| 5 | 0.218 | 1.981 | 97.394 | | | |
| 6 | 0.175 | 1.593 | 98.987 | | | |
| 7 | 0.058 | 0.528 | 99.515 | | | |
| 8 | 0.039 | 0.357 | 99.872 | | | |
| 9 | 0.011 | 0.098 | 99.970 | | | |
| 10 | 0.003 | 0.030 | 100.000 | | | |
| 11 | - 1E - 13 | - 1E - 13 | 100.000 | | | |

从表 11 - 5 来看，关于长江经济带 11 省市的协调发展合力得分，上

海得分最高，为 2.858，然后是浙江，协调发展得分为 2.063，江苏的协调发展得分也超过了1。此外，协调发展得分超过平均水平的仅有湖北省，其余省市的协调发展得分均低于平均水平，尤其是上游的贵州和云南的协调发展水平很低，得分分别为 -2.172 和 -1.807。可见，在协调发展方面，长江经济带 11 省市也是呈现上中下游的梯队递减规律。

表 11 - 5　　　　　长江经济带各省市协调发展合力得分计算

| 省市 | 第一主成分得分 | 第二主成分得分 | 协调发展合力得分 |
|---|---|---|---|
| 上海 | 5.850 | -1.874 | 2.858 |
| 江苏 | 1.539 | 1.325 | 1.243 |
| 浙江 | 3.100 | 1.037 | 2.063 |
| 安徽 | -1.764 | 1.319 | -0.658 |
| 江西 | -1.190 | 1.799 | -0.198 |
| 湖北 | -0.451 | 1.076 | 0.032 |
| 湖南 | -0.923 | 0.643 | -0.357 |
| 重庆 | -0.990 | -0.303 | -0.651 |
| 四川 | -0.906 | 0.622 | -0.353 |
| 贵州 | -2.674 | -2.344 | -2.172 |
| 云南 | -1.591 | -3.299 | -1.807 |

### 3. 绿色发展潜力评价结果分析

选取 5 个主成分，累积贡献率可达到 86.308%，因此选取 5 个主成分，根据主成分特征根，计算各主成分的权重，加权求和计算长江经济带11 省市的绿色发展潜力得分（见表 11 - 6）。

表 11 - 6　　　　　　　解释的总方差：绿色发展潜力

| 成分 | 初始特征值 | | | 提取平方和载入 | | |
|---|---|---|---|---|---|---|
| | 合计 | 方差的% | 累积% | 合计 | 方差的% | 累积% |
| 1 | 6.175 | 36.324 | 36.324 | 6.175 | 36.324 | 36.324 |
| 2 | 3.350 | 19.707 | 56.031 | 3.350 | 19.707 | 56.031 |
| 3 | 2.323 | 13.662 | 69.693 | 2.323 | 13.662 | 69.693 |
| 4 | 1.475 | 8.679 | 78.372 | 1.475 | 8.679 | 78.372 |
| 5 | 1.349 | 7.936 | 86.308 | 1.349 | 7.936 | 86.308 |
| 6 | 0.945 | 5.560 | 91.867 | | | |

| 成分 | 初始特征值 | | | 提取平方和载入 | | |
|---|---|---|---|---|---|---|
| | 合计 | 方差的% | 累积% | 合计 | 方差的% | 累积% |
| 7 | 0.623 | 3.667 | 95.534 | | | |
| 8 | 0.416 | 2.446 | 97.980 | | | |
| 9 | 0.254 | 1.492 | 99.472 | | | |
| 10 | 0.090 | 0.528 | 100 | | | |

从表11-7来看，绿色发展潜力得分前五名依次为重庆、四川、云南、江西，然后是湖南，这五个省市的绿色发展潜力得分处于平均水平以上。其余省市的绿色发展潜力得分低于平均水平，其中，江苏、安徽、浙江的绿色发展潜力得分均低于-1，湖北、贵州、上海的绿色发展潜力得分分别为-0.824、-0.652、-0.473。整体来看，在绿色发展潜力方面，长江经济带上中下游之间呈现的格局与创新发展动力、协调发展合力、开放发展活力等方面的格局正好相反，即下游省市的绿色发展潜力得分普遍较低，而上游省市的绿色发展潜力得分普遍较高，中游省市的绿色发展潜力得分介于上游和下游之间。

表11-7　　　　　长江经济带各省市绿色发展潜力得分计算

| | 第一主成分得分 | 第二主成分得分 | 绿色发展潜力得分 |
|---|---|---|---|
| 上海 | -4.160 | -1.621 | -0.473 |
| 江苏 | -2.394 | -0.311 | -2.838 |
| 浙江 | -1.625 | 1.262 | -1.113 |
| 安徽 | -0.539 | -0.330 | -1.771 |
| 江西 | 0.528 | 3.766 | 0.723 |
| 湖北 | -1.182 | -0.325 | -0.824 |
| 湖南 | -0.066 | 0.237 | 0.212 |
| 重庆 | 0.354 | -1.562 | 2.427 |
| 四川 | 0.967 | 1.200 | 2.169 |
| 贵州 | 3.855 | -3.179 | -0.652 |
| 云南 | 4.263 | 0.863 | 2.139 |

**4. 开放发展活力评价结果分析**

选取2个主成分，累积贡献率可达到85%以上，因此选取2个主成分，根据 2 个主成分的特征根，计算各主成分的权重，经加权求和计算得到长江经济带 11 省市的开放发展活力得分（见表 11 - 8）。

表 11 - 8　　　　　　解释的总方差：开放发展活力

| 成分 | 初始特征值 | | | 提取平方和载入 | | |
|---|---|---|---|---|---|---|
| | 合计 | 方差的% | 累积% | 合计 | 方差的% | 累积% |
| 1 | 6.413 | 71.257 | 71.257 | 6.413 | 71.257 | 71.257 |
| 2 | 1.297 | 14.406 | 85.663 | 1.297 | 14.406 | 85.663 |
| 3 | 0.663 | 7.371 | 93.034 | | | |
| 4 | 0.272 | 3.018 | 96.053 | | | |
| 5 | 0.207 | 2.305 | 98.357 | | | |
| 6 | 0.104 | 1.157 | 99.514 | | | |
| 7 | 0.038 | 0.418 | 99.932 | | | |
| 8 | 0.006 | 0.061 | 99.993 | | | |
| 9 | 0.001 | 0.007 | 100.000 | | | |

从表 11 - 9 来看，上海、江苏、浙江的开放发展活力得分位居长江经济带 11 省市的前三甲。其余的 8 省市的开放发展活力均处于平均水平以下，除了贵州、湖南、江西的开放活力最弱之外，四川、湖北等省市的开放发展活力水平比贵州、湖南和江西要高。可见，长江经济带的开放发展活力基本呈现从上游 - 中游 - 下游的梯度递减规律。

表 11 - 9　　　　长江经济带各省市开放发展活力得分计算

| | 第一主成分得分 | 第二主成分得分 | 开放发展活力得分 |
|---|---|---|---|
| 上海 | 5.205 | 1.996 | 3.997 |
| 江苏 | 3.615 | - 2.415 | 2.228 |
| 浙江 | 2.354 | 0.397 | 1.735 |
| 安徽 | - 1.196 | 0.156 | - 0.830 |
| 江西 | - 1.411 | - 0.265 | - 1.044 |
| 湖北 | - 1.057 | 0.100 | - 0.739 |
| 湖南 | - 1.665 | - 0.019 | - 1.189 |
| 重庆 | - 1.114 | - 0.368 | - 0.847 |
| 四川 | - 0.699 | - 1.008 | - 0.643 |
| 贵州 | - 2.806 | 1.312 | - 1.811 |
| 云南 | - 1.227 | 0.114 | - 0.858 |

### 5. 共享发展实力评价结果分析

选取 5 个主成分，累积贡献率可达到 90.112%，因此选取 2 个主成分，根据 5 个主成分的特征根，计算 5 个主成分的权重，加权求和计算得到长江经济带 11 省市的共享发展实力得分（见表 11-10）。

表 11-10　　　　　　　解释的总方差：共享发展实力

| 成分 | 初始特征值 | | | 提取平方和载入 | | |
|---|---|---|---|---|---|---|
| | 合计 | 方差的% | 累积% | 合计 | 方差的% | 累积% |
| 1 | 13.161 | 54.838 | 54.838 | 13.161 | 54.838 | 54.838 |
| 2 | 2.727 | 11.362 | 66.200 | 2.727 | 11.362 | 66.200 |
| 3 | 2.458 | 10.240 | 76.440 | 2.458 | 10.240 | 76.440 |
| 4 | 2.028 | 8.448 | 84.888 | 2.028 | 8.448 | 84.888 |
| 5 | 1.254 | 5.224 | 90.112 | 1.254 | 5.224 | 90.112 |
| 6 | 0.840 | 3.500 | 93.612 | | | |
| 7 | 0.678 | 2.824 | 96.436 | | | |
| 8 | 0.513 | 2.137 | 98.573 | | | |
| 9 | 0.237 | 0.989 | 99.562 | | | |
| 10 | 0.105 | 0.438 | 100.000 | | | |

从表 11-11 来看，浙江的共享发展实力在长江经济带 11 省市中是最好的，共享发展实力指数得分为 4.333，然后得分较高的省市依次有江苏、上海、湖北，得分均在 1 以上。此外，共享发展实力得分在平均值以上的还有湖南和四川。其余省市的共享发展得分较低，均在平均水平以下，尤其是云南和贵州的共享发展得分较低，分别为 -3.486 和 -2.146。可以看出，在共享发展实力方面，长江下游的江浙沪的发展水平最好，湖北省的共享发展水平在中上游省市中排在首位。但仍然呈现下游比中上游共享发展实力高的特征。

表 11-11　　　　长江经济带各省市共享发展实力得分计算

| 省市 | 第一主成分得分 | 第二主成分得分 | 共享发展实力得分 |
|---|---|---|---|
| 上海 | 6.744 | -2.571 | 1.728 |
| 江苏 | 3.878 | 1.778 | 2.966 |
| 浙江 | 4.461 | 0.982 | 4.333 |

| 省市 | 第一主成分得分 | 第二主成分得分 | 共享发展实力得分 |
|---|---|---|---|
| 安徽 | − 1. 120 | 1. 996 | − 1. 611 |
| 江西 | − 1. 821 | 1. 311 | − 2. 283 |
| 湖北 | 0. 285 | 0. 918 | 1. 001 |
| 湖南 | − 1. 345 | − 0. 418 | 0. 630 |
| 重庆 | − 0. 451 | 0. 226 | − 1. 246 |
| 四川 | − 1. 693 | − 2. 931 | 0. 113 |
| 贵州 | − 5. 397 | − 0. 236 | − 2. 146 |
| 云南 | − 3. 539 | − 1. 054 | − 3. 486 |

在对创新发展动力、开放发展活力、绿色发展潜力、协调发展合力、共享发展实力5个维度分别进行评价的基础上，对5个维度的得分进行主成分分析，仍采用主成分分析提取方法，由于存在量纲及两级差异，因此采取的不是相关系数矩阵，而是采取协方差矩阵计算区域协同发展能力综合得分。从表11－12可以看出，选取2个主成分重新标度后累积贡献率达到90.093%，因此选择2个主成分来计算。根据重新标度后的累积贡献率计算主成分权重，应用加权求和方法计算长江经济带11省市的区域协同发展能力得分（见表11－12）。

表 11－12　　　　　解释的总方差：区域协同发展能力综合评价

| | 成分 | 初始特征值[a] | | | 提取平方和载入 | | |
|---|---|---|---|---|---|---|---|
| | | 合计 | 方差的% | 累积% | 合计 | 方差的% | 累积% |
| 原始 | 1 | 12. 504 | 76. 284 | 76. 284 | 12. 504 | 76. 284 | 76. 284 |
| | 2 | 2. 163 | 13. 196 | 89. 480 | 2. 163 | 13. 196 | 89. 480 |
| | 3 | 1. 531 | 9. 341 | 98. 821 | | | |
| | 4 | 0. 151 | 0. 923 | 99. 744 | | | |
| | 5 | 0. 042 | 0. 256 | 100. 000 | | | |
| 重新标度 | 1 | 12. 504 | 76. 284 | 76. 284 | 3. 763 | 75. 268 | 75. 268 |
| | 2 | 2. 163 | 13. 196 | 89. 480 | 0. 741 | 14. 825 | 90. 093 |
| | 3 | 1. 531 | 9. 341 | 98. 821 | | | |
| | 4 | 0. 151 | 0. 923 | 99. 744 | | | |
| | 5 | 0. 042 | 0. 256 | 100. 000 | | | |

注：提取方法为主成分分析。a. 分析协方差矩阵时，初始特征值在整个原始解和重标度解中均相同。

从表 11 - 13 可以看出，区域协同发展能力的前三甲是江浙沪三省市，此外区域协同发展能力得分最高的是湖北省。其他省市的区域协同发展能力综合得分均处于平均水平以下，为负数，其中云南、贵州的区域协同发展能力最差。从区域综合发展能力来看，我国长江经济带上中下游之间的三级阶梯空间格局是十分明显的，下游省市的区域综合发展能力较强，而中上游的区域协同发展能力较弱，上游省市的区域协同发展能力普遍更弱。

表 11 - 13　　　　　　　　长江经济带各省市区域协同发展能力得分计算

| 省市 | 第一主成分得分 | 第二主成分得分 | 区域协同发展能力得分 |
|---|---|---|---|
| 上海 | 3.214 | 1.591 | 2.662 |
| 江苏 | 2.505 | - 0.692 | 1.819 |
| 浙江 | 2.586 | 0.005 | 1.974 |
| 安徽 | - 0.531 | - 1.027 | - 0.541 |
| 江西 | - 1.243 | 0.140 | - 0.930 |
| 湖北 | 0.190 | - 0.659 | 0.058 |
| 湖南 | - 0.501 | - 0.427 | - 0.439 |
| 重庆 | - 1.364 | 0.824 | - 0.932 |
| 四川 | - 0.788 | 0.710 | - 0.508 |
| 贵州 | - 1.801 | - 1.103 | - 1.519 |
| 云南 | - 2.267 | 0.638 | - 1.645 |

从表 11 - 13、图 11 - 2 可以看出，长江经济带 11 省市的区域协同发展能力得分和排名情况。从省市来看，上海市在创新发展动力、协调发展合理、开放发展活力等方面位居长江经济带首位，其区域协同发展能力排名长江经济带第一位。江苏在创新发展动力、开放发展活力、共享发展实力几方面排名第 2，在协调发展合力方面排名第 3，其区域发展综合得分排名第 3 位。浙江省在共享发展实力方面居长江经济带首位，在创新发展动力、开放发展活力方面排名第三，共享发展实力排名第二，其区域发展综合得分排名第二。湖北和湖南区域协同发展能力的综合排名为第四和第五，四川、安徽、江西、重庆分别为第六、第七、第八、第九位，贵州和云南为第十和第十一位（见表 11 - 14）。

表 11 - 14　　　　　　　长江经济带区域协同发展能力评价得分和排序

| 省市 | 创新发展动力 | | 协调发展合力 | | 绿色发展潜力 | | 开放发展活力 | | 共享发展实力 | | 区域发展综合能力 | |
|---|---|---|---|---|---|---|---|---|---|---|---|---|
| | 得分 | 排名 | 得分 | 排名 | 得分 | 排名 | 得分 | 排名 | 得分 | 排名 | 得分 | 排名 |
| 上海 | 3.509 | 1 | 2.858 | 1 | -0.473 | 6 | 3.997 | 1 | 1.728 | 3 | 2.662 | 1 |
| 江苏 | 1.282 | 2 | 1.243 | 3 | -2.838 | 11 | 2.228 | 2 | 2.966 | 2 | 1.819 | 3 |
| 浙江 | 1.035 | 3 | 2.063 | 2 | -1.113 | 9 | 1.735 | 3 | 4.333 | 1 | 1.974 | 2 |
| 安徽 | -0.14 | 4 | -0.658 | 9 | -1.771 | 10 | -0.83 | 6 | -1.611 | 8 | -0.541 | 7 |
| 江西 | -0.784 | 7 | -0.198 | 5 | 0.723 | 4 | -1.044 | 9 | -2.283 | 10 | -0.93 | 8 |
| 湖北 | -0.142 | 5 | 0.032 | 4 | -0.824 | 8 | -0.739 | 5 | 1.001 | 4 | 0.058 | 4 |
| 湖南 | -0.896 | 9 | -0.357 | 7 | 0.212 | 5 | -1.189 | 10 | 0.63 | 5 | -0.439 | 5 |
| 重庆 | -0.86 | 8 | -0.651 | 8 | 2.427 | 1 | -0.847 | 7 | -1.246 | 7 | -0.932 | 9 |
| 四川 | -0.69 | 6 | -0.353 | 6 | 2.169 | 2 | -0.643 | 4 | 0.113 | 6 | -0.508 | 6 |
| 贵州 | -1.226 | 11 | -2.172 | 11 | -0.652 | 7 | -1.811 | 11 | -2.146 | 9 | -1.519 | 10 |
| 云南 | -1.089 | 10 | -1.807 | 10 | 2.139 | 3 | -0.858 | 8 | -3.486 | 11 | -1.645 | 11 |

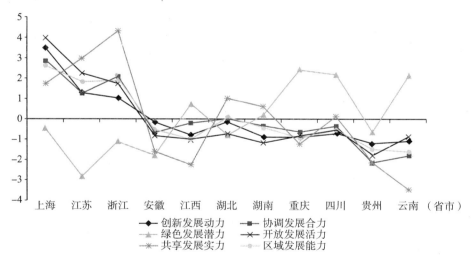

图 11 - 2　长江经济带各省市区域协同发展能力得分比较

从 5 个维度以及区域协同发展能力来看，安徽在协调发展合理、开放发展活力、共享发展实力方面的发展特征更接近长江中游省市，在创新发展动力和绿色发展潜力方面的发展特征更接近长江下游省市。但从综合区域协同发展能力来看，安徽和江西接近，和长江中游各省属于同一发展层次，可能归入长江中游更为妥当。而国家颁布的《长江中游城市群发展规划》中没有将安徽纳入，因此，本书将安徽视为长江下游省市。

## 二、长江经济带上中下游区域协同发展能力评价与分析

再从表 11 – 15 和图 11 – 3 关于长江经济带上中下游的区域协同发展能力得分可以看出，长江下游省市的区域协同发展综合能力，包括创新发展动力、协调发展合力、开放发展活力、共享发展实力等方面的得分都显著高于上游省市，而长江上游省市的绿色发展潜力得分却显著高于下游省市。长江中游省市的区域协同发展综合能力，包括创新发展动力、协调发展合力、开放发展活力、共享发展实力等方面的得分均介于下游和中游省市之间。可以看出，这样的计算结果是符合预期的，也是符合流域经济发展的一般规律。即从流域经济开发次序来看，遵循"下游—中游—上游"的空间推进规律。长江上游地区地势较高，拥有丰富的自然资源和生态优势，这都是中下游地区经济得以次序快速发展的后劲所在。同时，长江上游地区也是少数民族聚居区域，在保护好资源和生态环境的基础上，加强上游地区的经济开发有助于缩小上游地区与中下游省市之间的发展势差，从而有利于促进民族团结、社会和谐与长江经济带协调发展。

表 11 – 15　　　　　　长江经济带上中下游区域协同发展能力得分

| | 创新发展动力 | 协调发展合力 | 绿色发展潜力 | 开放发展活力 | 共享发展实力 | 区域协同发展能力 |
|---|---|---|---|---|---|---|
| 下游地区 | 5.686 | 5.506 | – 6.195 | 7.130 | 7.416 | 5.914 |
| 上游地区 | – 1.822 | – 0.523 | 0.111 | – 2.972 | – 0.652 | – 1.311 |
| 上游地区 | – 3.865 | – 4.983 | 6.083 | – 4.159 | – 6.765 | – 4.604 |

再从绿色发展潜力得分情况看，因为长江上游地区的生态环境具有全流域的影响，具有全流域性，上游地区的水土流失、水质恶化、生态环境破坏，不仅会使上游地区本身的经济发展模式难以为继，更具有破坏性的是，中下游地区的生态环境会受到危害。从生态环境保护的角度来看，上游对中游和下游的生态影响最大，反之，下游地区对上游地区的破坏却较小。因此，从绿色发展的潜力来看，长江经济带的绿色发展潜力呈现从上游—中游—下游的递减格局也符合流域生态环境分布的一般规律。

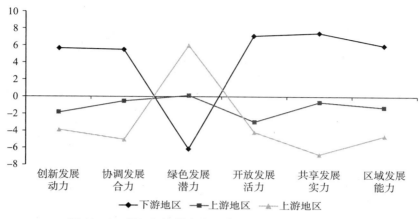

**图 11 – 3 长江经济带上中下游区域协同发展能力比较**

# 三、长江经济带上中下游区域合作模式的借鉴

### 1. 前店后厂合作模式

"前店后厂"模式是港澳与珠三角产业合作模式。20 世纪 70 年代至 90 年代末，香港和澳门的制造业向珠三角地区大转移，与珠三角地区的乡镇企业、民营企业进行合资合作，有效利用了珠三角地区劳动力便宜、土地成本低等优势，使其产品的国际竞争力迅速提升，在国内外市场占有重要份额。这一背景下，珠三角地区逐渐成为港澳最大的生产加工基地。但是，香港在向珠三角地区进行制造业产业转移的时候，却将产品营销、设计和管理等价值链高端环节留在香港。港粤两地这种销售渠道在香港、生产过程在广东的经济合作模式，被学界称为"前店后厂"模式。该模式充分发挥了港粤两地比较优势，是双方内在需要的互补，是珠港澳区域中心城市与周边城市之间优势互补、协同发展、互利共赢的典范，对中部重点试验区的产业合作及模式选择有很好的借鉴价值。

### 2. 总部基地合作模式

"总部—生产基地"模式是长三角城市区域经济合作模式。20 世纪 80 年代至 90 年代初，上海的一些企业开始延伸到江浙地区建立零部件配套基地和原料生产基地，这一时期江浙沪的经济合作以企业合作为主导。20 世纪 90 年代中期以来，长三角开发开放进入新阶段，尤其是浦东开放更加速了长三角对外开放与合作进程，大量外资涌入长三角，大批外资金融机构、法律服务机构、广告公司、中介公司等生产性服务业进入上海，促进了上海产业结构优化升级。经过 30 年来的发展，上海承担了主要的生产性服务业职能和金融中心的职能，是长三角的交通与航运中心、航空中心和对外贸易的重要枢纽，是长三角企业总部、研究机构的聚集地。这种将总部和研发中心落户上海，将生产基地放在上海周边的城市（苏州、昆山、嘉兴等）的开放合作模式，有学者将长三角城市区域经济合作的这种模式称为"总部—生产基地"模式。

### 3. 飞地经济合作模式

广东顺德和清远（英德）经济合作区是顺德和清远合作共建的广东省新型区域合作示范区，也即"顺德飞地"模式。该合作示范区建设，不仅为广东全面实现"提升珠三角、带动东西北、加快建设幸福广东"的战略目标探索经验，而且这种跨区域的合作模式和园区运作机制对长江经济带承接沿海地区产业转移尤为值得借鉴。共建广东顺德清远（英德）经济合作区能使顺德与清远实现优势互补，合作共赢。对于顺德来说，可以解决经济发展面临的"瓶颈"制约问题，通过产业转移将腾出的土地用于发展战略性新兴产业和现代服务业，大力促进传统产业改造升级。对清远而言，利用自身成本优势，既可大规模承接顺德产业转移，又可使企业在示范合作区集聚，破解本地企业向外转移存在的成本较高和风险较大等难题。

### 4. 生态城市合作模式

中国—新加坡建立的天津生态城是中、新两国合作共建的世界上第一座国家间合作开发建设的生态城市，是中新两国政府应对全球气候变化、节约资源能源、建设和谐社会的重大合作项目。中新天津生态城开发建设以来，已从一个由盐碱荒滩、废弃盐田、污染水面组成的不毛之地，逐渐发展成为以服务外包、数字出版、互联网及电子商务三大主导产业为引领，城市与产业良性互动发展的现代宜居城市。该合作项目是继苏州工业园之后中、新两国合作的新亮点。生态城构造一个"资源节约、环境友好、经济蓬勃、社会和谐"的新型城市，探索出一条城市节能环保的良性发展新路，为长江经济带建设资源节约型、环境友好型社会提供宝贵经验和典型示范。

# 第三节　本章小结

根据"五大发展"理念以及区域协调发展内涵，长江经济带绝不能再走"先发展，后治理"的老路，制定战略、出台政策以及规划执行等各方面都务必要坚持将发展和保护并重的原则至于重要位置。加大资源节约和环境保护，推进企业自主创新能力，促进产业结构优化升级，加快城市集群化和网络化发展，推进长江经济带区域协调发展，增强长江经济带各地区的区域协同发展能力，这是长江经济带建设的重中之重。

推动长江经济带区域协调发展是实现我国区域协调发展的重要组成部分，只有长江经济带各个省市都取得了发展，中国区域协调发展才能落到实处。长江经济带的整体发展和科学发展，有赖于长江经济带上中下游和各级城市比较优势的充分发挥，形成合理的地区产业分工格局；有赖于各地区创新发展动力的不断增强以及经济结构转型升级；有赖于各地区之间实现区际良性互动发展，协调发展合力大大增强；有赖于各地区经济社会发展与资源环境承载力相适应，绿色发展潜力不断培育；有赖于各地区对外经济、文化、技术交流和开放发展活力的不断激发；有赖于全面小康社会建设成效和社会福利的普遍增长以及不同地区居民福利差距的尽快缩小。总之，长江经济带区域协调发展进程有赖于各地区，尤其是欠发达的中上游省市综合发展能力的培育和不断提升。

长江经济带的开发、开放和发展，必须基于流域的整体性加以"一盘棋"考量，加强综合的一体化开发。一定要加强区域协调和一体化发展方面的规划引导和管治工作。否则，长江经济带的上、中、下游之间就会出现区域不协调问题，既会牺牲了经济效率，又违背了社会公平，更糟糕的是会破坏长江上中下游之间竞合和谐的发展关系。尤其是将长江流域的生态环境保护置于开发、开放和发展的优先位置，否则一味追求发展而破坏生态环境需要在未来加倍投资治理来修复和偿还，这种为了眼前利益和经济效益而牺牲生态环境、破坏自然资源、恶化流域关系的短期趋利行为，有悖可持续发展的科学内涵和我国区域协调发展大局，也不符合"五大发展"理念的根本要求。

当前长江经济带上中下游之间的开发次序，符合流域经济开发的一般规律；长江经济带上中下游之间的生态优势梯度，也符合流域生态环境保护的一般态势。但要强调全流域的综合开发与治理，一方面，要加强下游发达省市对中上游地区的牵引和带动作用，通过产业转移、技术扩散、城市网络辐射等途径，加强下游发达省市与中下游欠发达省市之间的区域合作；另一方面，上游地区也要进一步扩大开放，激发改革活力，发挥市场机制作用，依靠在绿色发展方面的潜力优势，发挥后发优势，加快与上游和东部沿海地区在产业和城市区域方面的合作互动，实现长江经济带全流域的协调发展。

# 参 考 文 献

1. D F. Batten. Network cities: creative urban agglomerations for the 21st century. Urban Studies, 32 (2): 313 – 327.

2. B. Berudder. On Conceptual Confusion in Empirical Analyses of a Transnational Urban Network Urban Studies, 43 (11): 2027 – 2046.

3. I. Turok. Limits to the Mega – City Region: Conflicting Local and Regional Needs [J]. *Regional Studies*, 2009, 43 (6): 845 – 862.

4. H. Meyer, S. Nijhuis. Delta urbanism: planning and design in urbanized deltas-comparing the Dutch delta with the Mississippi River delta [J]. *Journal of Urbanism*, 2013, 6 (2): 160.

5. HAM. Klemann, J. Schenk. Competition in the Rhine delta: waterways, railways and ports, 1870 – 1913 [J]. *The Economic History Review*, 2013, 66 (3): 826 – 847.

6. A. M826 – 8, K. Volgmann. The Metropolization and Regionalization of the Knowledge Economy in the Multi – Core Rhine – Ruhr Metropolitan Region [J]. *European Planning Studies*, 2013, 22 (12): 2542 – 2560.

7. C. Johnson, R. P. Gilles. Spatial social networks [J]. *Review of Economic Design*, 2000, 5 (3): 273 – 299.

8. R. W. Helsley, Y. Zenou. Social networks and interactions in cities [J]. *Journal of Economic Theory*, 2014, 150: 426 – 466.

9. 孙尚清主编. 长江经济研究——综合开发长江的构想 [M]. 北京: 中国展望出版社, 1986.

10. 孙尚清. 关于建设长江经济带的若干基本构思 [J]. 管理世界, 1994 (1): 27 – 28.

11. 张思平. 流域经济学 [M]. 武汉: 湖北人民出版社, 1987.

12. 刘盛佳主编. 长江流域经济发展和上、中、下游比较研究 [M]. 武汉: 华中师范大出版社, 1998.

13. 顾新华，顾朝林，蔡建辉．长江在呼唤——长江大流与经济开发战略研究［M］．南京：江苏人民出版社，1988.

14. 曼纽尔·卡斯特尔．网络社会的崛起［M］．北京：社会科学文献出版社，2000.

15. 朱铁臻．城市圈崛起是城市化与地区发展的新趋势［J］．南方经济，2004（6）：5－7.

16. 冯云廷主编．区域经济学（第二版）［M］．大连：东北财经出版社，2013.

17. 罗伯塔·卡佩罗著，赵文、陈飞，等译．区域经济学［M］．北京：经济管理出版社，2014.

18. 胡彬编著．长三角城市集群——网络化组织的多重动因与治理模式［M］．上海：上海财经大学出版社，2011.

19. 周牧之．托起中国的大城市群［M］．北京：世界知识出版社，2004.

20. 苏珊·汉森编．改变世界的十大地理思想［M］．北京：商务印书馆，2009.

21. 胡序威．区域与城市研究［M］．北京：科学出版社，2008.

22. 梁琦．产业集聚论［M］．北京：商务印书馆，2006.

23. 顾朝林，等．中国城市地理［M］．北京：商务印书馆，2013.

24. 杨万钟主编：上海及长江流域地区经济协调发展［M］．上海：华东师范大学出版社，2001.

25. 陆炳炎主编：长江经济带发展战略研究［M］．上海：华东师范大学出版社，1999.

26. 陆大道．建设经济带是经济发展布局的最佳选择——长江经济带经济发展的巨大潜力［J］．地理科学，2014（7）：769－772.

27. 徐长乐．建设长江经济带的产业分工与合作［J］．改革，2014（6）：29－31.

28. 徐长乐，徐廷廷，孟越男．长江经济带产业分工合作现状、问题及发展对策［J］．长江流域资源与环境，2015（10）：1633－1638.

29. 秦月，秦可德，徐长乐．流域经济与海洋经济联动发展研究——以长江经济带为例［J］．长江流域资源与环境，2013（11）：1405－1411.

30. 向云波，彭秀芬，徐长乐．上海与长江经济带经济联系研究［J］．长江流域资源与环境，2009（6）：508－514.

31. 向云波, 赵严. 长江中游城市群人口与经济空间分布关系研究 [J]. 云南师范大学学报 (哲学社会科学版), 2015 (4): 88 - 94.

32. 方创琳, 周成虎, 王振波. 长江经济带城市群可持续发展战略问题与分级梯度发展重点 [J]. 地理科学进展, 2015 (11): 1398 - 1408.

33. 王晓芳, 姜玉培, 卓蓉蓉, 等. 长江经济带地区发展差距与协调发展策略 [J]. 城市发展研究, 2015 (6): 65 - 70.

34. 沈玉芳, 罗余红. 长江经济带东中西部地区经济发展不平衡的现状、问题及对策研究 [J]. 世界地理研究, 2000 (2): 23 - 30.

35. 沈玉芳. 长江经济带投资、发展与合作 [M]. 上海: 华东师范大学出版社, 2003.

36. 沈玉芳, 陈江岚, 张超. 上海与长江中上游地区区域经济发展的不平衡性及其协调机制研究 [J]. 华东师范大学学报 (哲学社会科学版), 2000 (2): 100 - 105.

37. 沈玉芳. 长江战略与大区域统筹发展 [J]. 长三角, 2006 (1): 20 - 23.

38. 沈玉芳. 长江经济带高新技术开发区协同发展研究 [J]. 学习与实践, 2007 (8): 5 - 13.

39. 沈玉芳主编. 区域经济协调发展的理论与实践——以上海和长江流域地区为例 [M]. 北京: 科学出版社, 2009.

40. 樊杰, 王亚飞, 陈东, 等. 长江经济带国土空间开发结构解析 [J]. 地理科学进展, 2015 (11): 1336 - 1344.

41. 刘毅, 周成虎, 王传胜, 等. 长江经济带建设的若干问题与建议 [J]. 地理科学进展, 2015 (11): 1345 - 1355.

42. 陈雯, 孙伟, 吴加伟, 等. 长江经济带开发与保护空间格局构建及其分析路径 [J]. 地理科学进展, 2015 (11): 1388 - 1397.

43. 陈修颖, 陆林. 长江经济带空间结构形成基础及优化研究 [J]. 经济地理, 2004 (3): 326 - 329.

44. 陈修颖. 长江经济带空间结构演化及重组 [J]. 地理学报, 2007 (12): 1265 - 1276.

45. 郑德高, 陈勇, 季辰晔. 长江经济带区域经济空间重塑研究 [J]. 城市规划学刊, 2015 (3): 78 - 85.

46. 邹辉, 段学军. 长江经济带研究文献分析 [J]. 长江流域资源与环境, 2015 (10): 1672 - 1682.

47. 王圣云，秦尊文，戴璐，等．长江中游城市集群空间经济联系与网络结构——基于运输成本和网络分析方法 [J]．经济地理，2013（4）：64－69.

48. 王圣云，翟晨阳，顾筱和．长江中游城市群空间联系网络结构及其动态演化 [J]．长江流域资源与环境，2016（3）：353－364.

49. 王圣云，沈玉芳．我国省级区域物流竞争力评价及特征研究 [J]．中国软科学，2007（10）：104－110.

50. 虞孝感．长江流域可持续发展研究 [M]．北京：科学出版社，2003.

51. 张京祥，殷洁，何建颐．全球化世纪的城市密集地区发展与规划 [M]．北京：中国建筑工业出版社，2008.

52. 曾刚．长江经济带协同发展的基础与谋略 [M]．北京：经济科学出版社，2014.

53. 魏后凯，等．中国区域协调发展研究 [M]．北京：中国社会科学出版社，2012.

54. 李国平，王碧瀛．中部崛起中的汉长昌经济圈的构建 [J]．人文地理，2005（6）：1－4.

55. 李国平，王立明，杨开忠．深圳与珠江三角洲区域经济联系的测度及分 [J]．经济地理，2001，21（1）：33－37.

56. 樊杰，郭锐，陈东．基于五个新发展理念对"十三五"空间规划重点趋向的探讨 [J]．城市规划学刊，2016（2）：10－17.

57. 秦尊文．长江中游城市群的构建 [M]．武汉：湖北人民出版社，2010.

58. 徐建，曹有挥，孙伟．基于公路运输成本的长三角轴—辐物流网络构建 [J]．地理研究，2009，28（4）：911－919.

59. 王鑫磊，王圣云．中部地区"轴—辐"物流网络构建——基于公路和铁路运输成本的分析视角 [J]．地理科学进展，2012，31（12）：1583－1590.

60. 侯赟慧，刘志彪，岳忠刚．长三角区域一体化进程的社会网络分析 [J]．中国软科学，2009（12）：90－101.

61. 唐子来，赵渺希．经济全球化视角下长三角区域的城市体系演化：关联网络和价值区段的分析方法 [J]．城市规划学刊，2010（1）：29－34.

62. 赵渺希，陈晨．中国城市体系中航空网络与生产性服务业网络的比较．城市规划学刊，2011（2）：24－32.

63. 王欣，吴殿延，王红强．城市间经济联系的定量计算 [J]．城市发展研究，2006（3）：55－59.

64. 罗家德．社会网络分析讲义（第2版）[M]．北京：社会科学出版社，2010.

65. 段进军．长江经济带联动发展的战略思考 [J]．地域研究与开发，2005，24（1）：27－31.

66. 孙博文，李雪松．国外江河流域协调机制及对我国发展的启示 [J]．区域经济评论，2015（2）：156－160.

67. 夏骥，肖永芹．密西西比河开发经验及对长江流域发展的启示 [J]．重庆社会科学，2006（5）：22－26.

68. 张鹏，贺荣伟．长江经济带城市群建设与流域经济发展研究 [J]．重庆大学学报（社会科学版），1998（4）：30－34.

69. 李桢业，金银花．长江流域城市群经济带城市流——基于长江干流30城市外向型服务业统计数据的实证分析 [J]．社会科学研究，2006（3）：28－33.

70. 彭劲松．长江经济带大都市圈发展格局与竞争力分析 [J]．重庆工商大学学报（西部论坛），2009（1）：41－47.

71. 尚勇敏，曾刚，海骏娇．"长江经济带"建设的空间结构与发展战略研究 [J]．经济纵横，2014（11）：87－92.

72. 李响．基于社会网络分析的长三角城市群网络结构研究 [J]．城市发展研究，2011（12）：80－85.

73. 刘军．整体网分析讲义（第3版）[M]．上海：格致出版社，上海人民出版社，2014.

74. 陈彦光，刘继生．基于引力模型的城市空间互相关和功率谱分析：引力模型的理论证明、函数推广及应用实例 [J]．地理研究，2002，21（6）：742－751.

75. 石敏俊，金凤君，李娜，等．中国地区间经济联系与区域发展驱动力分析 [J]．地理学报，2006，61（6）：593－603.

76. 于涛方，甄峰，吴泓．长江经济带区域结构——"核心—边缘"视角 [J]．城市规划学刊，2007（3）：41－48.

77. 张耀光．中国海洋经济地理学 [M]．南京：东南大学出版社，2015.

# 后　　记

　　本书研究得到了江西省高校人文社会科学重点研究基地 2016 年度项目"长江经济带产业结构演进与城市群协同发展研究（JD16162）"、教育部人文社会科学重点研究基地南昌大学中国中部经济社会发展研究中心 2016 年招标课题"长江经济带区域合作与产业协同研究（16ZB10）"、江西长江经济带协同创新中心项目等资助。本书出版受到了南昌大学"区域经济与绿色发展创新研究平台（9162－22110017）"资助。其中部分研究成果已先后发表于《经济地理》《长江流域资源与环境》《地理科学进展》等。在本书研究过程中，得到了南昌大学中国中部经济社会发展研究中心、南昌大学经济管理学院各位领导以及同事，博士生万科（哥伦比亚大学访学）、戴璐和硕士生罗玉婷、翟晨阳以及程浩、赵雪茹等的鼎力支持和帮助，在此一并致谢。

　　全书由王圣云策划和总撰，向云波参与了第三章、第四章、第八章（1 万字），万科参与了第二章（1 万字），翟晨阳参与了第五章、第六章，罗玉婷参与了第九章、第十一章的撰写工作。王鑫磊、向云波、翟晨阳参与了图件绘制，研究生罗玉婷、翟晨阳协助进行了数据收集、整理和书稿初校。

　　本书对长江经济带区域协同发展问题的探讨是初步的，书中不足与纰漏之处，敬请学术同行和关心长江经济带发展的读者批评指正。

王圣云